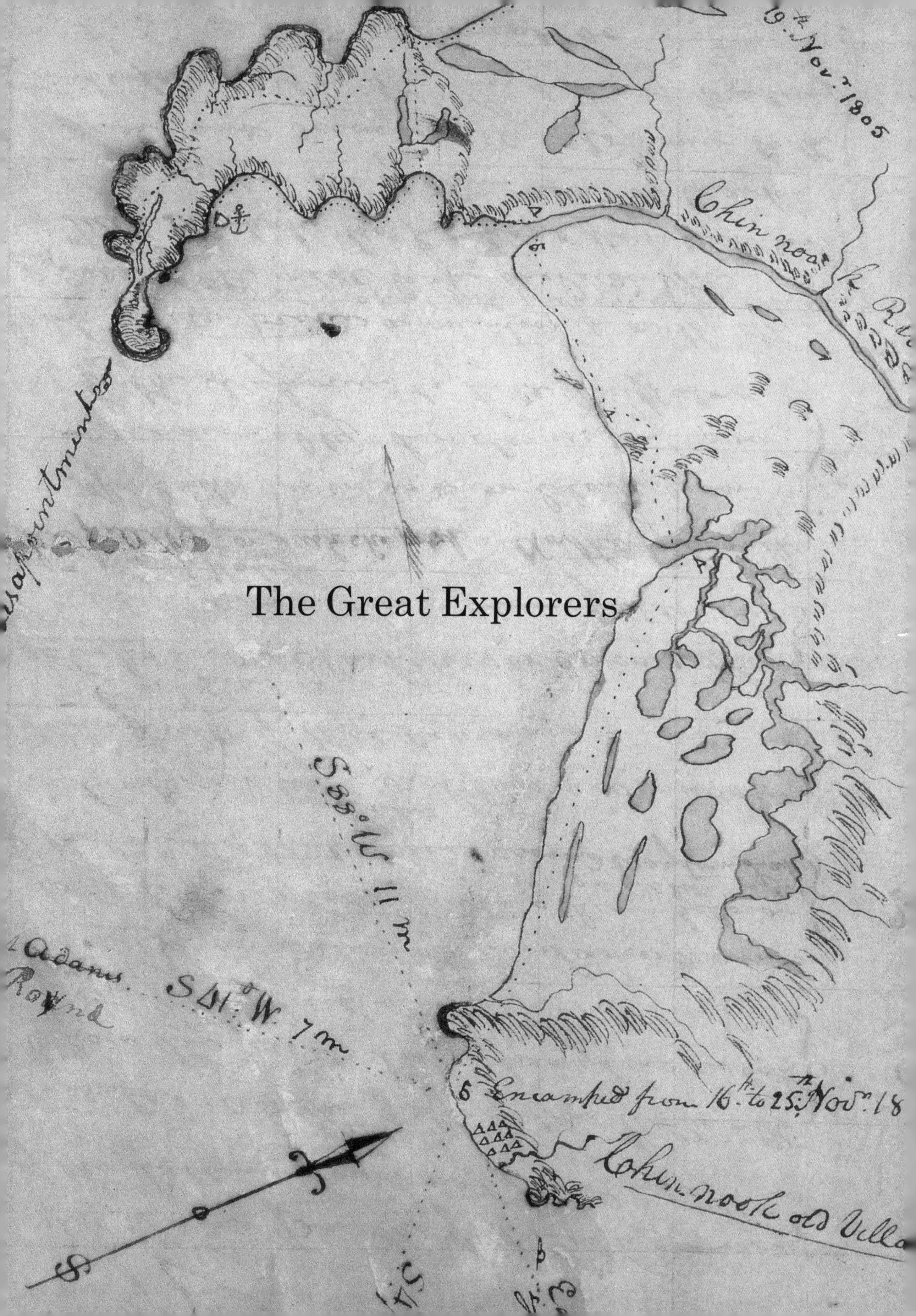

The Great Explorers

The Great Explorers ed. by Robin Hanbury-Tenison

世界探検家列伝

海・河川・砂漠・極地、そして宇宙へ

ロビン・ハンベリ-テニソン［編著］　植松靖夫［訳］

悠書館

目　次

The Great Explorers by Robin Hanbury-Tenison

Published by arrangement with Thames and Hudson, London
through Tuttle-Mori Agency, Inc., Tokyo

This edition first published in Japan in 2011 by Yushokan Publishing Co. Ltd., Tokyo

Printed in China

1ページ図版：ウイリアム・クラークによるコロンビア川河口の地図。1804～06年のルイス-クラークの探検から。
3ページ図版：現エクアドル、カヤンベ火山をめざすアレクサンダー・フォン・フンボルトたち、1814年。

水平線の彼方を目指して

イタケー島へと旅立つ時には、
その旅路が長からんことを、
波瀾万丈の知見に満ちた旅路とならんことを願い給え。
C. P. カヴァフィ（1911 年）

大探検家となる人物は、男女を問わず、他とは一線を画しているところがある。古往今来、世界を一変させるほどの成果をもたらす探検に乗り出した者も珍しくない。彼らは探検を通じて、外界にたいする認識を改めさせてくれた。つまり、この地球の姿を明るみに出し、我々を取り巻く歴史ある自然の世界へと目を見開いてくれたのである。探検は古えの時代よりはじまり、今もなおやむことはない。何事によらず旺盛な知的好奇心、これぞ人間ならではの天賦の才能であるとともに、災いのもとともなってきた。この好奇心なかりせば、誰も外に出ようとはせずに、安穏と暮らしてきたはずだ。現在のような脳を少なくとも 10 万年前から持つようになって、人間は他の動物とは違う目で周囲の世界を捉えてきた。身近にある世界のさらに向こうへと目を向け、新たな世界が生みだす可能性を目指し、もっと遠くまで足を伸ばして調べてみたいという思いは、食べ物や土地のためだけでなく、好奇心の産物でもあった。

人間の好奇心がいかなる結果を招いたか、いかなる知識と理解をもたらしたか、また好奇心ゆえに人間がこの惑星に対していかなる責任を負うことになったのか、今ほどそれを明確に自覚しなければならない時はない。地球はかつては新奇な未知の世界だったのだ。じつは依然として驚異と多様性を失ってはいないのだが、これから理解しなければならないことが山ほどあるのに、この地球を救うのに残されている時間がわずかしかないことに、人間は手遅れになりそうなきわどい時に、やっと気づきはじめたのである。今ほど探検が急務となっている時代はないのだ。

人類（ホモ・サピエンス）は誕生の地とされるアフリカの地溝帯で出現して以来、探検を続けてきた。世界各地に散らばり、人が住める土地ならほとんどどこにでも入りこんでいった昔の開拓者たちは、いわば大探検家の先駆者だった。砂漠から熱帯雨林にいたる、あるいは山岳から肥沃な平原にいたる様々な風景の中に最初の足跡をつけた先達ら

ジェイムズ・クックは三度にわたる大航海によって、次々と大海に浮かぶ島を発見した。ウィリアム・ホッジズ作の絵画には、1769 年にクックがタヒチ島のマタヴァイ湾に到着した時の模様が描かれている。

1856年にデイヴィッド・リヴィングストンが初めてザンベジ川探検を行なった際に使用した羅針盤。

の経験を再び味わえる者はもういないだろう。その後も、それぞれの時代、それぞれの社会で「世界の果て」と思われていた場所を目指して探険に乗り出す者が跡を絶たない。

しかし、好奇心に駆られ勇気をふるい、水平線の彼方の正体を曝こうとし、他を圧倒してそびえ立つような傑士となると、ごく少数にとどまる。それこそが真の〈大探検家〉であり、その名に値する探検家の中から特に厳選した40人を本書で取り上げることにする。男女を問わずこの大探検家たちの生涯をたどると、憑かれたように辺境の地へと向かった並々ならぬ野心の持ち主だったというにとどまらず、強さも弱さもあわせもち、貪欲さも勇気もあれば、権力にも個性にも恵まれ、そして何よりも旺盛な探求心の持ち主だったことがわかる。何が起ころうと自信を失わず、執拗に夢を信じ続けたことこそが、成功につながった。

大海原をかきわけて

記録に残っている大探検時代のはじまり――本書の冒頭となる時代でもある――はおよそ500年前の大航海時代である。コロンブスが新大陸に到達した時、その旅は人類史上最大の衝撃をもたらしたと言っても間違いではないだろう。地理上の発見が、これほど大きな変化をこれほど大勢の人間に与えたことはなかったし、これほど影響が長続きすることもなかった。世界の面積が一気に2倍になったのである。コロンブスが西に向かって出帆するや間もなく、ヴァスコ・ダ・ガマは東方への航路を開いた。ヴァスコ・ダ・ガマは功成り名をとげ、財を築いたままこの世を去った数少ない探検家のひとりとなる。それまで胡椒や丁子などの香辛料は、輸送料金も高く便数も少ない陸路をえんえんと運ばれていたのだが、突如、ヨーロッパは厖大な富の湧き出る源泉に挟まれる格好になったのである。爾来、何世紀にもわたって探検といえば、その豊かな富を利用するためのさらなる方法と迅速な輸送径路を見つけることが目的のようになる。

マゼランもまたいったんこうと決めたら梃でも動かぬ男だったが、〈香料諸島〉への西方ルートを探りながら、世界一周が可能であることを証明した。もっとも、本人は途中で命を落としてしまったのだが。その後、じわじわと大洋は征服されていき、人が住めるような島で人跡未踏のものはついに無くなったと言ってよい。スペインとポルトガルが先陣を切って、アメリカ大陸の諸帝国で略奪の限りを尽くし、貴重な文明を壊滅させ、〈香料諸島〉をわが物にしようと争った。そこに強大な海軍を擁する大国、イギリスとフランスが東進して、次々に新しい島を見つけ出し、植民地にしていった。中でもブーガンヴィルやクックといった名船長たち――このふたりは、時代を問わず歴史に残る最高の航海者といえよう――は認識力も先見の明もあり、富よりも知識を求める気持が強く、いわゆる征服者（コンキスタドール）たちとは一線を画した人物だったが、西洋の疾病と習慣になじみのない世界に彼らがもたらした様々な変化は、壊滅的な影響を及ぼすところとなった。

大陸探検――陸路と河川を利用して

陸地の場合、一番の難題は未知の大陸の奥地までいかにして到達するかにあった。アメリカ大陸には、黄金郷があるらしいという抗しがたい伝説があったために、エルナン・コルテス、フランシスコ・ピサロ、エルナンド・デ・ソトなどの征服者（コンキスタドール）らは非道の限りを尽くすことになったのだ。のちに、新たな植民地となる土地がありそうだとなると、ジェファーソン大統領はルイスとクラークを北米大陸の西部へと送りこむ。このふたりは反目することもなく力を合わせて大探検隊を指揮し、彼らの成功を受けて、アメリカ人が大挙して押しかけ、〈平原インディアン〉の住処を奪うことになった。

無論、アフリカにはその驚異に満ちた自然界や秘密を明らかにしようと、大勢の探検家が集まってきた。写真が登場するまでは、たとえばリヴィングストンに一時同行していたトマス・ベインズのような腕の確かな画家が、目前の光景を絵に残して記録した。絵は、それを買ったロンドンやパリの市民らの目を驚かせるとともに、

1862年4月、現在のボツワナにあったヌガミ湖付近でスケッチをするトマス・ベインズの自画像。ベインズは画家・探検家で、アフリカとオーストラリアの驚異に満ちた自然界の姿をヨーロッパ人に伝えた。

情報源ともなった。アラビアやアフリカを旅してまわったリチャード・バートンなどのような謎めいた人物らが有名人となってもてはやされ、語り部ともなった。アジアでは、覇権争いに血道をあげるロシア帝国と大英帝国が諜報活動を口実と隠れ蓑にして、幾度となく大規模な探検をくり返した。ロシアには狩猟の名人ニコライ・プルジェワルスキー――野生馬にその名を残している――がおり、イギリスにはフランシス・ヤングハズバンドのような軍人・夢想家もいれば、ネイ・エライアスやナイン・シンなどの〈賢者（パンディット）〉らのような、黙々と仕事をこなす人物もいた。彼らは張り合いながら、広大な未開の地で調査・測量を行ない、歴史の流れを変えることになる。また、やむにやまれぬ探求心や好奇心に突き動かされて探検に出る者もいた。一度決めたら梃（てこ）でも動かない、根気の塊のようなオーレル・スタインなどはその一例だろう。このような非凡な人物についての記録を調べていると、ごく少数とはいえ、危険などを度外視して、地の最果てまでも目指そうとする者がどうして現われるのかが分かってくる。

水源がどこにあるとも知れぬ大河があると、その未知の水源を突きとめようと躍起になる。そんなこともよくあった。両岸に広がる豊かな自然を眺めながら、この川を征服し調査をすれば、その流域が自分たちのものになると考えるのはおかしなことではなかったようだ。北米の場合も南米の場合も、奥地へと最初に入りこんだのは、川を通じてなのだ。フランス人サミュエル・ド・シャンプランなどのように、先住民を手本に多くを学ぶ賢明な者もいて、勢力を拡大し、母国のために広大な土地――シャンプランの場合にはカナダ――を獲得するに至ることもあった。アメリカ大陸を流れる川の中には、極東まで通じているものがあるかもしれないと思いこんで、無謀な探検に着手する者が跡を絶たず、スコットランドからの移民で商人だったロバート・マッケンジーなどは、夢を追って櫂（かい）でボートを漕ぎながら、未知の川をどんどん遡行していった。

ナイル川は太古の昔から探検家を引きつけてやまなかった。初めてイギリスからやって来たジェイムズ・ブルースは、国に帰ってナイル川（「青ナイル」ではあったが）の水源を発見したと言っても信じてもらえなかった。のちに王立地理学会が水源を確認するために探検隊を次々に送りこむが、真の水源を求める探索は激しい競争を招き、名誉と恥辱をかけての争いとなった。水源を発見できないことは、「地理学者の恥」とまで言われた。激しい競争と執着は悲劇を生むことにもなる。ジョン・ハニング・スピークは、ナイル川の水源発見をめぐってリチャード・バートンと議論することになっていた日の朝にこの世を去った。

ニジェール川の流域を解明したカリスマ的なマンゴ・パークは、初探検から英雄となってロンドンに帰り、引退を望んでいたのだが、この種の冒険家のご多分に漏れず、アフリカ探検の魅力には勝てず、再度出発したものの、生きては帰ることができなかった。宣教師でもあった探検家デイヴィッド・リヴィングストンの場合、

1903年から1904年、チベットへと侵攻するヤングハズバンドの率いる軍勢を護衛し、ラサの近くを流れるキョチュ川の畔を歩くチベット辺境使節団の一行。

動機となったのは布教活動で、富を得るためではなく、原住民を改宗させ奴隷貿易をやめさせるために、広く各地を行脚した。リヴィングストンは河川、特にザンベジ川こそがアフリカ大陸を正当な貿易へと導く鍵になると確信していた。ウェールズ生まれの孤児からアメリカのジャーナリストとなり、やがて探検家をへて、最後にはイギリスの議員となったヘンリ・スタンリーのように、さらに奥地へと足を伸ばして、アフリカにはまだまだ開発利用できる資源があることを明らかにする者もいた。探検家が道を先導し、入植者らがその跡に続いていった。事情は極東でも同じで、中国との新たな貿易ルートが見つかりそうだとなると、フランスが率先してインドシナを植民地にしようと乗りだし、たとえば小柄だが質実剛健なフランシス・ガルニエの一行などは、メコン川を遡上し、揚子江にまで達している。

一面の氷原と灼熱の砂漠

南極の荒涼たる氷原は、地の果てまでも行き、何があるのか見とどけようとする探検家魂に火をつけることになった。のちにノーベル平和賞を受けるフリチョフ・ナンセンや、南極点に初めて到達したり飛行船で北極点の上空を通過したりするロ

エドワード・ウィルソンはスコット大佐に随行し、南極点を目指した悲劇の探検を含めて二度の南極探検に加わっている。ウィルソンは医師だったが、優れた博物学者であり絵の心得もあり、下図の皇帝ペンギンのように、出会った動植物を写実的に記録した。

月明かりに照らされた北極の風景。後方にはよく見えないが、ホッキョクグマ用の罠（わな）がある。写真は1893～96年にナンセンが行なった北極探検の際のもので、1893年12月20日の撮影。

アルド・アムンセンなどのノルウェー人は、この点で環境に恵まれていた。シャックルトンやスコットのような探検家の偉業は一般人の想像力を釘付けにしたが、本書で取り上げるのは、そのふたりと探検した経験のある、柔軟な思考を見せた科学者・博物学者で医師だったエドワード・ウィルソンのほうである。ウィルソンには、偉大な探検家にふさわしい数々の特徴がそなわっているからである。極寒に耐えながらの探検といえば、ウォリー・ハーバートの極地横断がその最たるものであろう。ハーバートは3人の仲間と気温氷点下の中を15カ月も耐え続けたが、その不撓不屈の精神に負けず劣らずすばらしいのが、絵の才能だった。極地の氷原の魅力は、いまなお南極や北極を目指して自らの限界に挑戦する勇猛果敢な男女を引き寄せている。

砂漠もまた人類を引きつけてやまない魅力を持ち続けている。世界の大宗教は大半が砂漠の静寂の中で誕生し、夢ばかり追うような探検家はいうに及ばず、しっかりと現実を見据えて行動する強者（つわもの）の心にまでも浸透していった。ふつう砂漠の探検を目指すのは、その見返りを期待してということもあるが、同時に、夢と冒険を求める気持も劣らず強いものなのだ。名文で熱く語られた探検譚も少なくない。サハラ砂漠は、アフリカ探検の行く手を阻むとてつもない障碍だった。人びとはこの果てしなく続く砂漠の横断に挑んだものの、多くは途中で命を落とした。ハインリ

バルト著『北及び中央アフリカにおける旅行と発見』所収の図版。バルトは言語学者でもあり、旅先の人々を観察研究して克明な記録を残した。

ヒ・バルトは目にした事象を細大漏らさず記録し、その長旅から生還した最初の人物となった。バルトは探検に科学を応用したのだが、それはやがて、19世紀の探検の特色にもなっていく。

オーストラリアの内陸も広大な砂漠となっているが、じつは内海もあって、豊かな大草原が広がっていると信じられていた時代もあった。ほとんど得られる物などないという事実を明らかにするのに誰よりも貢献したのがチャールズ・スタートである。

アラビアの砂漠もまたその峻厳な絶景の中へと多くの人びとを引きこんだ。レディー・ヘスタ・スタノップやレディー・アン・ブラントといった女傑もその中にいた。しかし、イラク建国の立役者といういささか怪しい評判もあるが、最も大きな貢献を果たしたのはガートルード・ベルである。アラビアのルブアルハリ砂漠には、横断一番乗りを目指してやってくる男たちがいた。大探検家の名に価しそうな者も中にはいる。

ハリー・セント・ジョン・フィルビーは、欠点もあるが魅力あふれる人物で、この砂漠をたぶん一番良く理解していたのは彼だろう。ウィルフレッド・セシジャーの名著『アラビアの砂漠』には、郷愁を誘うような砂漠の人びとのモノクロ写真が収められているが、撮影したのは、写真を軽蔑すると公言して憚(はば)からなかったセシジャー本人である。これは彼の有名な言葉であるが、「自動車を使えるのに駱駝(らくだ)に乗って旅をしたばかりに、冒険が曲藝になりかねなかった」。同じ時代を生きたラルフ・バグノルドは、すでに車を利用して、サハラ砂漠で遺跡の調査と砂丘の性質を研究していたが、その経験が、第２次世界大戦では〈長距離砂漠部隊〉（Long Range Desert Group）に活かされることになる。

知識の探求

科学が宗教を抑えて、探検で主役の座をかち得るまでの道のりは長かった。しかし、ほぼ19世紀には勝負がつき、そこから幅広い知識を追求してやまない新しいタイプの知識人が誕生して、未知の多様な生物世界の姿を明らかにすることとなった。見るもの聞くもの、ことごとく几帳面に記録に残したという点ではいまだ右に出る者がいない奮励努力の人アレクサンダー・フォン・フンボルトから、高熱にうなされながらハンモックで寝ていた時に進化論を思いついた思索の人アルフレッド・ラッセル・ウォレスに至るまで、苛烈な環境の中で学問的な蒐集を目指して、人間業（わざ）とは思えない忍耐力を発揮して成果をあげた人物が、男女を問わず少なからずいる。40歳になってから、しかもそんなことは女性のすべきことではないとされていたヴィクトリア時代に、旅行をはじめたマリアンヌ・ノースやフランク・キングドン-ウォードが旅行と探検への想いにかられたのは、世界各地の多彩な植物に心を奪われたためである。彼らがひときわ目立っているのは、全身全霊を傾けて精力的に活動した点である。

人間の技術と知識をもってすれば、この惑星を支配して、結果の心配などせずにいくらでも開発利用することが可能だと思われていた時代もあった。ジーノ・ワトキンズは、冒険を求めるロマンティックな気持に実践的な目的を持たせた。グリーンランド上空を飛ぶ航空路の確立に貢献し、今日の大西洋横断旅行への道を開いたのはワトキンズである。しかし、いわば底までの深さを測りはじめ、天の星々に手を伸ばしはじめてみて、人間がじつは自然界の活動をいかほども理解していないこと、なすべきことがどれほど多く残っているのか、それが分かってきたのは、この数十年来のことにすぎない。一気に宇宙空間に飛び出し、一躍有名になった大工の息子ユーリイ・ガガーリンのように、この大変化の波に偶然巻きこまれていった者もいた。

地上に残された秘境を探し出そうと情熱を傾ける者はいまでもいないわけではない。海底探査の事実上の考案者であり、深海の驚異の世界を広く伝えたクストー、洞窟の９割は調査を行なって、その神秘を解明しようとしている探検家のアンドルー・イーヴィスもいる。新たな大探検時代が幕を開けようとしているのかもしれない。この世界を脅かしている諸問題の多くはもう回避しようにも手遅れだろうが、それでもひたむきに力の限りを尽くそうとし、我々を鼓舞してくれる人物が必ず現われてくれるはずだ。

大　海　原

探検家とはなんぞや、それはコロンブスが基準になっている。彼は未知の航路を見つけるために船出したが、確実に帰還できる見こみはなかった。コロンブスはその指導力を遺憾なく発揮し、たとえ自らの発見に失望を味わったにしても、世界に変革をもたらしたのだ。あまりにも有名になったこの「ジェノヴァの成り上がり者」には、当然のように神話と伝説が取り巻くことになった。この時代は先見の明ある冒険商人たちが手を結び、力を合わせ、競い合って、思いがけずふたつの新大陸を見つけ出すに至った時代である。

コロンブスが西へと船出して5年もたたないうちに、ヴァスコ・ダ・ガマがアフリカを回ってインド航路の先鞭をつけ、東方への航路が開かれた。1493年、スペイン北西部の町トルデシリャスで条約が結ばれ、地図上に線を引いてスペインとポルトガルの間にある未知の土地を分割し、ポルトガルは〈香料諸島〉に至る東航路をうまく手に入れたのである。世界一周の航海に出たフェルディナンド・マゼランが西から太平洋を横断した時には、ポルトガル人はいたって安穏な暮らしに浸かっていて、マゼランはフィリピン諸島をスペイン領だと宣言することができた。

15世紀最後の10年間の探検ブームがもたらした成果は、人類史上類を見ないほどの重要性を持っていたといえるだろう。それを境に、ヨーロッパは外界へと目を向けはじめ、列強は帝国を築きはじめた。世界はもう二度と、もとの状態にもどることはない。欲にかられた夢の向こうには、富が奪われるのを待っているのだ。それから400年にわたって、富が容赦なく奪われ続ける。現在、人間の欲が撒いた恐るべき種を刈り取りはじめるに際して、暴力的な占領ではなく平和な貿易を原則にしていたなら、世界の情勢がどれほど違ったものになっていたかを立ち止まって考えてみるのも悪くないはずだ。もし、探検家の遭遇したそれぞれ長い伝統をもった民族が真の姿を理解され、軽蔑ではなく敬意をもって扱われていたなら、疑うことを知らない民族に加えた恥ずべき残虐行為も、広大な自然環境に対する大規模な破壊行為も避けられた可能性がある。探検家の中には、遭遇した土地の住民が自分たちと同じ人間だろうと漠然とながら認識する者もいたが、現実には、目先の欲に目がくらんでいる同僚らに押し切られるのが常だった。

1519年の地図はポルトガル人がアフリカ西海岸をいかによく把握していたかを示している。スペイン人はアメリカ大陸へと出航したが、ポルトガル人はヨーロッパ人としては初めて赤道を越え、喜望峰をまわって、インドと〈香料諸島〉に到達した。大西洋のかなた3千キロにあるブラジルを「発見」して、植民地にしたのもポルトガル人だった。

T
V
M
T
V
M
ISPA
NIA
DORIA
LVSITAN
ISPA
NIA
BETICA
V
M
MARE ATLANTICVM
AFRIC
D
V
M
GVINE
CANCRI
M
V
M

フランスの医師で植物学者だったフィリベール・コメルソンは 1766 ～ 69 年のブーガンヴィルの探検に加わり、フォークランド諸島まで行った。上の写真はコメルソンの所持品の一部で、本のほかに、顕微鏡、剃刀、植物標本帳などがある。

世界の政治地図をすっかり変えたかも知れない可能性があったのが中国人の国民性である。つまり国外には目を向けようとしなかった中国人の性格である。その中国にも、わずかな期間ではあったが、まったく別の方向に歴史が動いていたかもしれない時期があった。1405 年、外国への意識が強かった永楽帝が、史上最強の大艦隊を組織した。大宦官だった鄭和のもと、63 隻のジャンク船が、未知の世界に向かって中国の宗主権を主張しようと大海原に出帆した。ヨーロッパで普及する 500 年も前に羅針盤を発明し、コロンブスの乗ったサンタ・マリア号の 10 倍もある船に、2 万 8,000 人の乗員を擁する無敵の艦隊である。その後も 6 度にわたる航海で、最低 35 カ国を訪れ、これには疑義が呈されているが、南アフリカに到達した可能性すらある。真偽のほどはともかく、コロンブス出航の 50 年前、大帝国を築くことも可能だったこの時期が過ぎると、中国は従来の孤立主義に立ち返ってしまい、それが今もなお続いている。

コロンブス以降３世紀にわたって、大洋は発見と征服の武器となり続ける。ポルトガル人が先がけとなった航海術が進歩し、船員たちの環境と栄養が改善されると、世界の隅ずみまで長距離旅行が可能になった。マゼランがこの世界が本当に丸いことを証明するや、地図の作成が一気に加速して、多くの空白地帯が埋められるようになった。それでもオーストラリアはさらに100年間見逃され、ポリネシアに至ってはさらにその後ということになるが、はるか彼方の孤島の社会も徐々にヨーロッパ人に見つけ出され、伝統ある地元の生活様式が、新たな疾病とキリスト教の伝播によって破壊されることも少なくなかった。

ルイ-アントワーヌ・ド・ブーガンヴィルはフランス人としては珍しく、イギリスの王立協会員だった。もう一点、珍しいことがある。探検家というのは清教徒のような者が多く、結婚しない者が圧倒的に多かったのだが、ブーガンヴィルはいかにもフランス人らしく女性好きで、科学者としての鋭い知性と〈生きる楽しみ〉を謳歌する精神をあわせもっていた。世界一周の航海をした最初のフランス人男性であり、同行させたジャンヌ・バレは同じく最初のフランス人女性となった。バレは探検に加わった植物学者の従者に変装していたという。

ジェイムズ・クックは最も偉大な探検家といえるだろう。典型的なルネサンス人で、壮大な発見の旅を指揮して、オーストラリアをイギリス領だと宣言した。神業ともいえる航海術を駆使して、乗員たちを極東や太平洋のまだ知られていない数々の地域へと連れて行ったが、当時としてはその距離は月世界への旅にも匹敵するものだ。伝説の〈南方大陸〉を丹念に探し続け、南極大陸から120キロメートルも離れていない地点まで到達していながら、そこにたどり着いたのはハワイ人たちで、1779年のクック死後のことだった。なお、ハワイ諸島には1778年に、すでにクックが接触していた。この時期になると、世界の大洋の大部分は地図に収められていたが、広大な大陸の方は、依然として未踏の部分が多かった。

ジェイムズ・クックが航海中にソシエテ諸島から持ち帰った蠅払い。こういった物を船員たちはただでもらったはずだが、タヒチ女性の売春には鉄釘１本あれば事足りたようだ。

デイヴィッド・ボイル

クリストファー・コロンブス

世界の形を変えた男

(1451 ~ 1506)

ここで述べた大きな変化を観察しているうちに、
この世界の形状についてあれこれ考えはじめた。
そして、よく言われるように丸いのではなく、
梨のような形、(中略)*あるいはまん丸なボールを*
持っていたとして、その表面の一点に
まるで女性の乳首をつけたような形をしている
という結論に達した。この乳頭みたいな部分が
いちばん突き出ていて、空に最も近いことになる。
それはこの大海の中の東の果ての赤道の上にあるはずだ。
3度目の航海について説明する
クリストファー・コロンブス

探検家といえば、捉えどころのない矛盾した性格の持ち主ということで有名だ。探検をするには気持を奮い立たせたり、同行する仲間を説得したりするために虚勢を張る必要もあるから、そうならざるを得ないのだろう。しかし、大探検家の中でもクリストファー・コロンブスは、矛盾に満ちた人物の筆頭に来そうである。コロンブスは計算も理屈も間違ってばかりいたが立派に航海は遂行していたし、救世主さながらの運命観をもっていながらも、階級の階段を昇ろうとする俗っぽい男だった。強欲の固まりであるかと思えば、狂信的なまでの信心深さを見せる一面も持っていた。

このように、一見矛盾するような性格を見せていたが、面白いことに、コロンブス自身の経歴をたどりつつ事実と虚構を選別していくと、そこにも矛盾点が見られるのだ。コロンブスが遺した日記や言い訳がましい手紙は山ほどあるが、当時から伝わる肖像画は一枚もなく、その人物像をめぐって、文献は多いが百家争鳴のありさまだ。コロンブスはイタリア人だったとか、スペイン人だったとか、いやユダヤ人だった、挙げ句の果てにはアメリカ人だったと言う者までいる。最近では、ポルトガル人貴族でスパイだったという説が飛び出しているが、生誕500年を祝してジェノヴァで開催された記念祭では、クリストバル・コロンと名乗った人物と、1451年にこの土地で生まれたクリストファー・コロンブス——毛織物職人で政治活動家だったドメニコ・コロンボの息子——を結びつける数々の証拠文書が展示された。1451年といえば、コンスタンティノープルがオスマン・トルコに屈して、ジェノヴァが黒海にある豊かな植民地を失うのは、それから1年半後のことである。

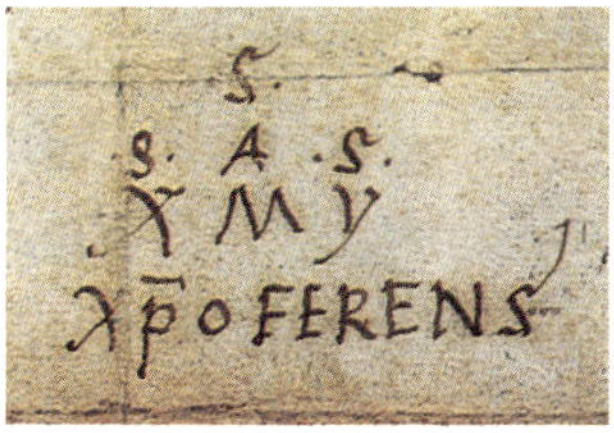

上：現存するコロンブスの肖像画は、いずれも実際に彼の姿を見たことのある者が描いたと信ずるにたる根拠はないが、ロドルフォ・ギルランダイオ作のこの肖像画は、コロンブス死後の作品ではあるが、一番本人に似ているとされている。

左：コロンブスは暗号のような文字で自分の名前を記し始めた。この署名は「クリスト・フェレンス」で、自らを聖クリストフォロスになぞらえつつ、キリストを連れて大西洋を渡ることを意味している。コロンブスは自ら神に選ばれたという使命感をもっていた。

コロンブスの紋章にはカスティーリャとレオン――のちにスペインを構成することになる四王国のうちの二国――の紋章と、彼が発見した島々、さらにコロンブス個人の象徴が盛り込まれている。

コロンブスの青少年時代についても不明な点が多い。フランス人とアラゴン人がジェノヴァをめぐり紛争を繰り広げている際には、海賊として名を馳せていた可能性もある。1476年、フランスの海賊に護衛船が襲撃され、25歳だったコロンブスがポルトガルの海岸で難破したことは、現在わかっている。最終的にはイングランドにたどり着くのだが、最初は護衛船の本来の目的地だったサウサンプトンに上陸し、そこからブリストルに向かったようだ。そこで彼は15メートルもの潮の満ち引きを目の当たりにしたことだろう。大西洋の広大さが垣間見られる現象だ。後年コロンブスが誇らしげに語るアイスランドへの旅もここから出発し、既知の大陸の沿岸やグリーンランドのすぐそばを航海して行ったのだろう。アイスランド滞在中には、その先のヘルランド、マルクランド、ヴィンランドにある古代スカンディナヴィア人の入植地について色々な話を聞かされた可能性もある。帰国の途上、ゴールウェイで将来について考える決定的な事件が起きた。漂流の末に発見された男女の乗った小型船が曳航されているのに遭遇したのだが、男女はともに「見たこともないような顔立ち」だった。コロンブスは、ふたりが中国人だと思った。

計画を立てる

コロンブスが大西洋を渡るまでの経緯についても、その他諸々の事情についても、十分に裏づけとなる文書もあり、議論も尽くされている。ポルトガルの著名な探検家一族の娘との結婚、はるか遠いポルトサント島で過ごした時代のこと、フィレンツェの賢人ことパオロ・ダル・ポッツォ・トスカネッリと手紙のやりとりがあったことなどもわかっている。トスカネッリは、東方に隠されている豊かな富を手に入れるには西へ西へと船を進めればよいと以前から言い続けていた。リスボンにいたこともあり、波止場付近の酒場では、井戸端会議に耳を傾けたこともあったはずだ。

ここからまたひとつ、面白そうな可能性が考えられそうだ。コロンブスがリスボンで出会った人物の中には、当時すでにヴェネチアに帰化していた同郷ジェノヴァの商人ジョン・カボットがいた。ふたりの関係はよくはわかっていないが、要するにインド諸国の事業は、元来はカボットとコロンブス（さらにコロンブスの弟バルトロメも加わって）の共同事業だったようだが、やがて負債と不和が原因で解消となった。ともにジェノヴァの出身で、同じ政党と関わりを持ち、サヴォナの港を利用していた。年齢もほぼ同じ。またふたりとも羊毛と絹を南ヨーロッパからブリストルとロンドンに輸入する貿易に関わっていて、同じ港に出入りしていた。さらに、共に1480年代半ばには大きな負債を抱えて、家族とは別居して暮らさなければならなくなっている。

この共同事業は、もしリスボンにいた時にふたりの間でもちあがった話だとすると、ここから重要な問題に対する答えが見つかりそうだ。つまり、ふたりは発見を利益に変える何らかの手段を必要としていたのだ。当時、探検を実現させるには、ひとつの選択肢として国王に自分を売りこむという手があったが、そうすると、土地を発見しても自分には権利が認められない。報酬をもらって、それでおしまいということになってしまうのだ。コロンブスとカボットが思いついたことはそうではなかった。もし探検がうまくいった場合には、さまざまな権利とともに、探検の成果の一部を自分のものにできるように、国王の了解を得ておくのである。

計画通りにことが運んで中国にたどり着いていたら、ふたりは世界一の大金持ちになっていたはずだ。

サンタ・マリア号の船主で、最初の2回はコロンブスと一緒に航海したフアン・デ・ラ・コサの〈世界地図（マッパ・ムンディ）〉。1500年頃に描かれた地図で、左の方に、現存する最古のアメリカ大陸の姿が見える。この地図は1831年にセーヌ河畔の中古品店で発見されたもの。

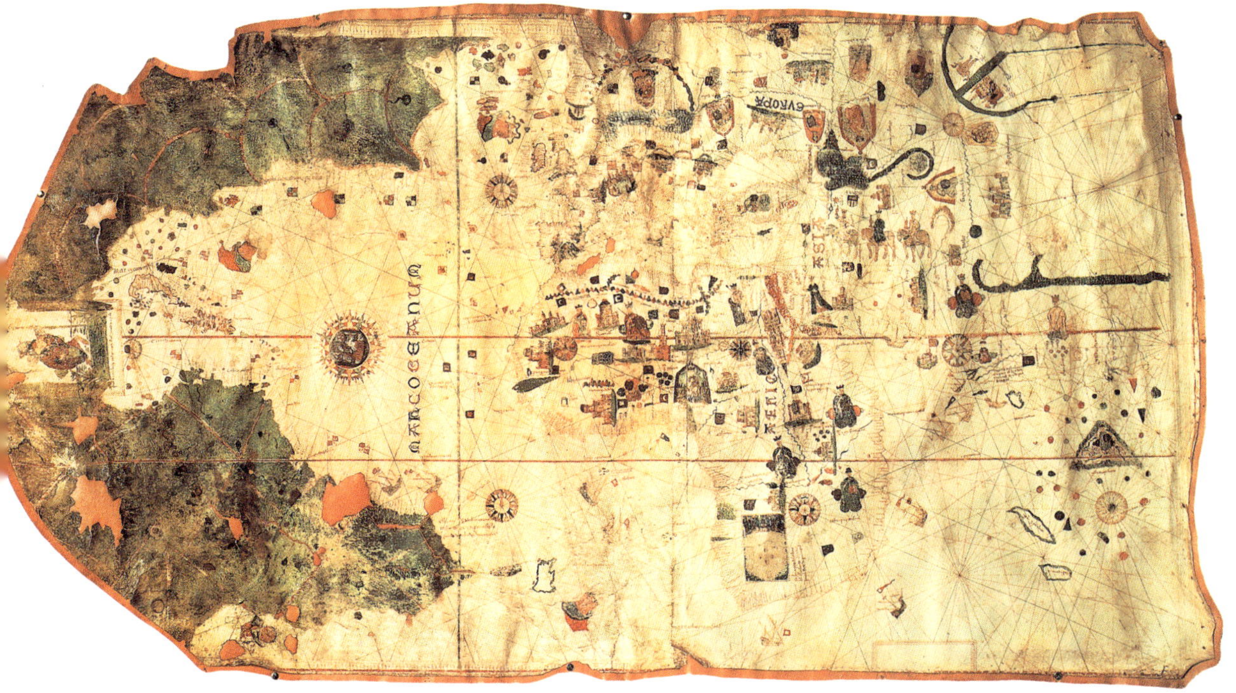

事情のほどはともかく、コロンブスはポルトガル人と手を組むことはやめて、弟のバルトロメとふたりで、まずカスティーリャ、さらにイングランド、フランスに話を持ちかけたが、まとまらなかった。しかし、カスティーリャの財務担当官ルイス・D・サンタンゲルの後押しのおかげで、コロンブスはやっとカスティーリャの国王フェルナンドと女王イサベラの支援を取りつける。かくして1492年8月には、パロスの港をサンタ・マリア号、ニーニャ号、ピンタ号が出帆することとなったのである。

第1回目の航海

いよいよ海に出ると、生来楽観的すぎる性格だったコロンブスは、航海が実際以上に順調に進んでいるように船員たちに報告した。未知の世界への旅は決して引き返せないわけではないことを船員たちに納得させるために海図の作成を行ない、その海図の方が旧来のものよりも正確であると断言していた。それでも、船員らはついに暴動をおこしたのだが、10月11日午前10時、コロンブスは水平線の彼方に「小さなローソクのようなものが、上下に動いている」のが見えたような気がした。翌日午前2時に、ピンタ号の見張り番が陸地を見つけた。コロンブスはその小島をサン・サルバドルと名づけ、王旗をもって上陸し、海岸にひざまずいた。その姿を見ていた裸の島民たちに、コロンブスは赤い帽子とガラス玉やら「大して価値のない物を色々とやると、彼らは大喜びしていた」という。

コロンブスはイスパニョーラ島――現地の住民はハイチと呼んでいた――を発見し開拓に乗り出したが、悲劇だったのは、原住民の純朴さに感激したのも束の間、金鉱がないとわかってひどく失望し、暴力的な弾圧を加えた挙げ句に、最後に大虐殺に至ったことだ。これがやがて、ヨーロッパと新世界の関係の典型的な展開となるのだが、それはとりもなおさず、コロンブスの航海が、探検というより山師の賭けごとに近く、どうしても儲けを出さなければならなかったからである。最後には利益をあげるのだが、根本的な問題は、コロンブスが中国までの航路を誤解していたことにある。計算が違っていたのだ。コロンブスは地球の円周を25パーセントも短く計算していて、広大な新大陸が途中にあることは当時の誰の目にも明白なのに、コロンブスだけはそれを信じようとしなかった。

クリスマスの夜、サンタ・マリア号は座礁して沈没。船の木材が島民の協力で回収され、それを資材に乗組員のために小さな入植地を造って、コロンブスは愛人の従弟ディエゴ・デ・アラーナにその統率を任せることにする。ヨーロッパへの帰途、コロンブスはアゾレス諸島でポルトガル人らに連行されそうになった乗組員たちを救いだし、その際にピンタ号のマルティン・ピンソン船長と離ればなれになってしまい、ために新大陸発見の功績もあやうく失いかけた。その後、うっかりリスボンの港に入っていってしまい、ポルトガル王と対面せざるを得なくなり、危うい目に会うことになる。

タイノー族に初めて出会ったコロンブスの姿を描いたテオドール・ド・ブリの作品。タイノー族はコロンブスが発見した西インド諸島に住む一族。現実より 100 年後に制作されたが、実際の場面もこれに近かったはずだ。当初、コロンブスはこうして出会った人々の純朴さに感激していた。

大洋提督

無事にカスティーリャにもどり、コロンブスは成功した暁には戴きたいと要求していた肩書きをすべてフェルナンドとイサベラから授与され、「大洋提督」「副王」「西インド諸島における各発見地の総督」となった。国王に拝謁するためバレンシアに向かうコロンブスは、にこりともせず誇らしげに、裸同然の捕虜6人を従えて凱旋した。6人はありったけの黄金やアクセサリーを身につけ、それぞれ手には極彩色のオウムを入れた鳥籠を持っていた。コロンブスの姿を見守っていた群衆の中にカボットもいた。

コロンブスは必死の思いで帰国し、1493年9月には17隻の船に開拓民・修道士をはじめ1300人を乗せ、イサベラ女王からは現地人を改宗させ、丁重に遇するようにとの命を受けて出航した。しかし、この時まさにコロンブスは運命の転機を迎えていたのだ。イスパニョーラに再上陸するや、不吉な発見が待っていた。新大陸でコロンブスが最初に入植地としたラ・ナビダドがなくなっていて、その住民は死んでいた。一部の入植者が島内で黄金や女性を略奪してまわったために、島民に逆

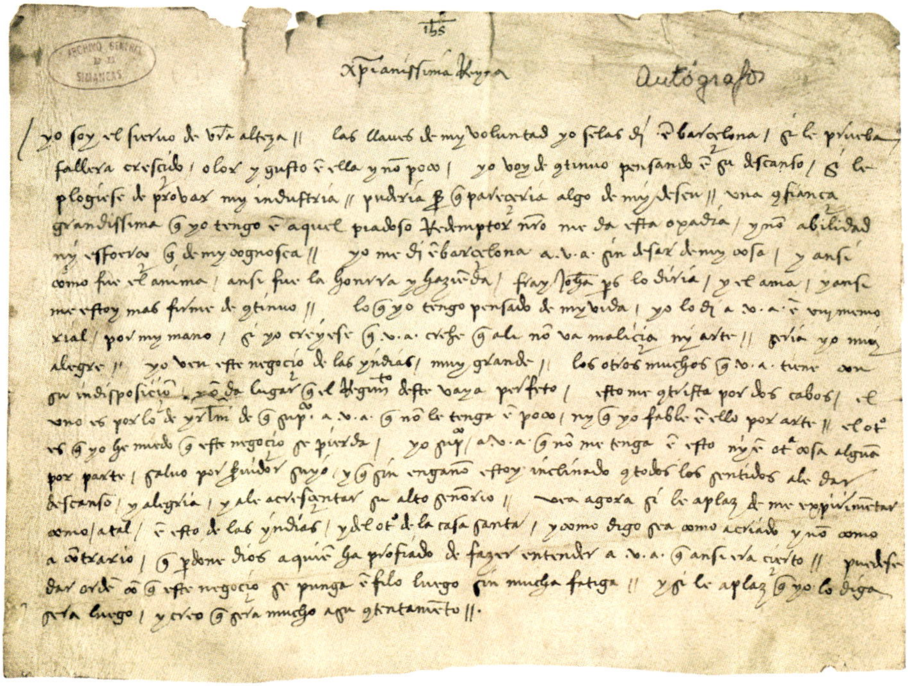

コロンブスはイサベラ女王に絶大な信頼を寄せていた。彼の書翰の多くは女王に宛てたもので、この書翰はスペイン国立シマンカス総文書館蔵。女王が信用し続けてくれたからこそ、コロンブスは毎回新たな冒険に乗り出すことができたのである。

襲されたのだ。

健康状態が悪化する中で、キューバ、トリニダード、そして現在のヴェネズエラの沿岸まで航海してもなお、コロンブスは頑迷にも考えを変えようとしなかった。彼は自分こそが神に選ばれた僕だと信じていた。しかし、イスパニョーラ島の原住民タイノー族を奴隷にしたことから、コロンブスはほんとうに彼を高く評価してくれていた一番の理解者イサベラ女王と衝突することになる。仲間であるはずの植民者らを虐待したり、絞首刑をはじめとする残虐な処罰を下したりしたが、いずれも女王が禁止していた行為であり、しだいにコロンブスを排斥する 声が高まっていった。3度目の航海に出たものの、鎖につながれて本国に送還されるところとなった。

不遇を託つ身となったものの、コロンブスは最後にもう一度航海を許された。彼は「大航海」と呼び、今度こそはインド諸国までたどり着いて、失った名誉を取り戻すに足るだけの黄金を持ち帰るつもりだった。ところが乗組員の半数が武器をもって反旗をひるがし、抗争のすえ、コロンブスはジャマイカのセント・アンズ・ベイの浜辺に置き去りにされ、イスパニョーラ島には敵がいるので、救いの手を待つしかない状況に追いやられた。

コロンブスが月蝕を利用してかの有名な大一番の博打を打ったのは、原住民らが食糧の支給を拒否した時だった。コロンブスは暦を見て、1504年2月29日に月蝕がおこることを予測していたのだ。弟のバルトロメは近隣の族長ら全員に29日の夜に集まるように呼びかけ、参集すると、コロンブスは食糧の支給をやめるなら、神は月を隠してお前たちに罰を与えることになるだろうと警告した。そして、絶妙のタイミングで月が姿を隠しはじめると、村人たちはコロンブスに許しを請うたのである。慎重に頃合いを見計らって、コロンブスは村人らに向かって言った。きちんとまた食糧の供給を約束すれば、月はまた現われるだろう。かくして、食糧は翌日からまた運ばれてくるようになった。

コロンブスは晩年、病気がちになっていき、国王らの冷遇と困窮した生活を嘆くばかりとなる。じっさいにはそれほど窮乏した生活を強いられていたわけではなかった。コロンブスを破滅させた張本人でもあるフランシスコ・デ・ボバディィリャの艦隊が、帰国途中で猛烈なハリケーン（タイノー族の言葉である）に襲われて沈没したが、そのハリケーンを逃れた唯一の船こそ、コロンブス自身の黄金を積載していた船だったのだ。しかしコロンブスは、自分は貧乏だと思っていた。

1506年5月20日、コロンブスはバリャドリードの小さな家で、長年敬仰の念を抱いていたフランシスコ会修道士らの看護を受けて息を引き取った。享年54。彼の死に触れている当時の文献はほとんどない。酷薄で誤解・誤認が多く、一度思いこんだらそれしか考えられないタイプの人間だったコロンブスは、本当に自分の行った先がどこなのかを理解することはなかったが、偉大な海の男であり、偉大な開拓者だった。

ロナルド・ワトキンズ

ヴァスコ・ダ・ガマ

海路にてインドへ

(1469／70～1524)

神はポルトガル人に揺りかごとして小さな国を、しかし
墓所として全世界を下賜された
17世紀ポルトガルのイエズス会士
アントニオ・ヴィエイラ

15世紀の間にポルトガル人が成しとげた発見がどれほどのものだったのかは、その影響があまりにも広範囲に及んでいるために、かえって一般には評価されていない。しかし、現在我々が知っている世界は、その善し悪しはともかく、ポルトガル人のおかげで誕生したのである。そのポルトガル人の功績の中でも要(かなめ)になるのが、ヴァスコ・ダ・ガマのインド航路発見である。

ポルトガル人の航海は、未知の世界を目指す長期計画の探検の一環として行なわれた。これほど短期間のうちに、これほど広範囲に、ここまで徹底して世界に乗り出していった民族はいなかった。大西洋への航路を開いたのも、アフリカ大陸の西部沿岸を最初に航行したのもポルトガル人だった。彼らはヨーロッパから船で初めてインドに到達し、さらにその向こうのアジアまでも遠征したのみならず、赤道を超え、アフリカ大陸を回航した最初のヨーロッパ人となった。アメリカ大陸では、ブラジルを「発見」した。

インドへの航路を確立して香辛料貿易で儲けようと、ポルトガル人は最新の航海術を採り入れたり、考え出したりしては、どんどん船舶を改良していった。異国風の船体に大きな三角帆を取り付けたカラベル船のおかげで、すべてが可能になったのである。大航海時代の一番悩ましい点は、アフリカ黒人を奴隷にしてヨーロッパ経済の世界に持ちこんだことだった。ポルトガル人が奴隷制度を考え出したわけでもなければ、アフリカ人奴隷を造り出したわけでもなかったが、前代未聞の規模に拡大し、情け容赦なく奴隷制度を活用して、無数の黒人に、はなはだしい苦痛と苦悩を与えた。

インドへの道

ガマ家は裕福でも貴族でもなかったが、昔から代々王家に仕えてきた由緒ある一族だった。ガマの父親は騎士で、シネスの町長のような職にあったこともあり、この町でガマは、1469年か1470年に生まれた。彼が育った時代は、ポルトガル人の成しとげた数々の発見がすでに伝説となり、しかも航海の季節が巡ってくるたびに、新たな発見がまた付け加わるという華々しい時代だった。ガマはヨーロッパでも

ヴァスコ・ダ・ガマはすべての任務に成功し、生前に名声と名誉と莫大な富を手に入れた稀有な探検家（『リスアルテ・デ・アブレウの図譜』所収の肖像画、1565年）。

屈指の航海術の名人となり、カスティーリャとの戦争では目覚ましい活躍をした。1492年、当時の国王から特別な任務を与えられるが、辣腕を発揮してみごとにその職責を果たした。

これは重要なことだが、ヴァスコ・ダ・ガマは、国王と対立したことがある一族とはいっさい関係を持たなかった。だから、ポルトガル王マヌエル1世がインドへの航路を見つけるための探検を計画した際に、名誉ある任務が若きヴァスコに回ってきたのだ。国王は、自分の冒険から生まれる富と名誉が潜在的な競争相手の手に渡るのだけは何としても避けたかった。

航海は無謀なことこの上なく、15世紀にこうして初めてインドを目指すのは、今でいえば、さしづめ火星旅行を企てるに等しい。175名ほどの乗組員が粗末な4隻の船で艦隊を編成した。1496年7月8日、国王マヌエルが見守るなか、盛大なファンファーレに送られ、艦隊はリスボンの南に位置するベレンを出帆した。

「ギニア迂回航法」により大きな弧を描きながら、陸地がまったく見えない状態で、南西へと5,420キロメートル以上も船を走らせ、11月4日にはアフリカ南部の目的地から160キロメートルもない海域に投錨した。これは今もなお歴史に残るみごとな航海とされている。

原住民との交流は多少の例外はあったにせよ、おおむね良好だったが、3月1日にモザンビーク島でアラブ人とイスラム教徒の支配する地域に入るや、状況は一変する。侵入者がキリスト教徒だとわかるや、その地域を治めていた首長が攻撃を命じたのである。ガマが雇った水先案内人らは船を座礁させようとした。この裏切り行為をしのいで、ガマは3隻になってしまった艦隊を、4月7日には何とかモンバサ島に着岸させる。そこでも友好的な関係は築けず、ある夜、激しい攻撃を受けて敵を撃退することもあった。ところが1週間後、マリンディで、ガマは好意的な支配者に出会う。モンバサ島の統治者とは反目し合っていて、ガマには食糧を支給してくれた上に、熟練の水先案内人まで手配してくれた。23日間、季節風に乗って、艦隊はアラビア海を抜け、5月20日にはインド南部のマラバル海岸の沖合に到達した。

ヴァスコ・ダ・ガマの航海とその衝撃

インドを支配下に置いた者は、多くの場合、ポルトガル人よりもはるかに暴力的で残虐だったのだが、それでもポルトガル人が先陣を切り、他のヨーロッパ人が後に続くように押しかけてきたために、インド亜大陸は永遠に姿を変えることになった。イスラム教徒は、ヨーロッパ人が直接インドに入りこまないように阻止していたが、インドのヒンドゥー教徒が直接ヨーロッパ人と交流しないようにもしていた。

最初は友好的な関係にあったが、地元のアラブ人貿易商らがカリカットを統治していた支配者に貿易協定を拒否するようにしむけていたため、ガマはやむなく引き下がり、さらなる裏切り行為についても察知したために、北へと船を進め、船体の修理と食糧の補給を行なった。それから8月29日、水先案内人の助言を無視して、強い季節風も吹いていない中で、アフリカへと針路を取った。3カ月にわたる悲惨な航海で、壊血病のために乗組員の半数が命を落とし、何とかポルトガルにたどり着いた2隻の船で生還できたのは、わずか44人だけだった。

航海は2年に及んでいた。ヴァスコ・ダ・ガマと乗組員らは、2万3000海里（約4万2600キロメートル）を航海したことになる。赤道を通って地球を1周するよりも長い距離である。その何十年か前には不可能と思われていたことを、彼らは成しとげたのである。ホメロスの英雄たちさながらに持ち上げられ、その冒険譚は神に導かれた一国の叙事詩として語られた。ガマは最も偉大なポルトガル人となったのである。ポルトガル国王は東方との定期的な貿易によって新たな富を得たがために、ほとんど際限なく香辛料を求め、莫大な利益を得るに至った。香辛料の生産は飛躍的に増えたが、ヨーロッパでの価格は3倍に跳ね上がった。国王マヌエルは、ローマ皇帝以来、ヨーロッパでは例がないほど贅沢な生活をした。

ヴァスコ・ダ・ガマはその後さらに2度、インドまで行っている。3度目の航海は1524年、すなわち54歳の時で、インド総督にしてヴィディゲイラ伯爵となったガマは、上陸後間もなく病に倒れ、数カ月後には穏やかに息を引き取った。現在はベレムのジェロニモス修道院で安らかに眠っている。

ヴァスコ・ダ・ガマの大航海は、人類史上最も大きな意味をもっているといえるだろう。アレクサンドロス大王以来初めて西洋人が直接東洋人と出会い、その後、交流が途絶えることなく続くことになるのだ。ヨーロッパの優れた技術と武器を世界中に押しつけることにもなる。また、キリスト教と西洋文化を辺境の地にまで広めることになった。再燃したキリスト教徒とイスラム教徒の争いは、そのまま今もなお収まっていない。

ヨーロッパから船でインドに渡るためには気の遠くなるような距離を航海しなければならない。そのためにポルトガル人は『艦隊図譜』（15世紀から16世紀初めの写本）にあるような新型の船と新たな航海術を編み出した。

No Anno de 502 — 4

Tornou á Jndia Dom Vasq da gama Almirante por capitão mór, e partio a dez de feur co vinte vellas, Repartidas em tres capitanias. ſſ Vicente sodree tio delle dom vasquo da gama Jrmão de sua may, q leuaua a sucessão por capitão mór de cinq vellas que a Vião de ficar na Jndia em fauor das feytorias de cochi e cananor, e tambem pera e algũs meses do verão Jrem guardar a boca do estreyto do mar Roxo, e a capitania mór doutras cinq vellas que não estauão prestes se deu a estenão dagama primo cõ Jrmão de Vasquo da gama, que depoys partio a primeyro dabril; na qual frota hião estes capitães

S. pantaliao
Pedr afonsso daguiar

Diogo fiz correa por feytor de coxim

lionarda
Dom luis coutinho Ramiro

S. Jeronimo
Dom Vasq dagama

S. grauiel
gil matoso

João lopez perestrello

bate cabello
Ruy de castanheda

gil fiz

leytua noua
francisq dacunha das Jlhas terceyras

Antonio do campo com temporal esgarrou, e mes perdido foy Jnuernar e hua das Jlhas na costa de Mellinde sem saber onde estaua

ポール・ローズ

フェルディナンド・マゼラン

世界周航

(1480 ～ 1521)

海図を知り尽くしていて、誰よりも
航海術に長けていた。その証拠に
誰から教わったわけでもないのに、
天賦の才能と持ち前の心臓の強さで
世界一周を試み、それをほぼ成しとげたのだ。
アントニオ・ピガフェッタ
『航海記』

フェルディナンド・マゼランは、現地調査の決定打となる計画を企てた。航海は当初、この大地が丸い形状であること、円周が4万キロを少し超えていることを証明するのが目的だったが、マゼランが航海で使用していた地図には太平洋の大部分がなかったために、1万1000キロしかなかった。

マゼランは1480年にポルトガルで生まれた。9歳の時に両親が死んだが、一家は王族とつながりがあったため、12歳の時に小姓として王室に雇われる。1505年、25歳の時には、フランシスコ・デ・アルメイダをインド総督に任命するため、また途中で軍事基地を設置するためにインドに派遣される。マゼランが有能な船乗りであり、勇敢な軍人だったことは間違いないが（1509年にディウ沖海戦で闘った)、頑迷固陋な性格が災いしてたびたび問題をおこし、船長に昇進した直後には、軍の命令に従わなかったために、ポルトガル本国に送還されている。

その後また出世するが、とかく後ろ指をさされることになった。1512年、マゼランはモロッコへと航海し、1513年にアズマールの戦いではムーア人と闘って足に重傷を負う。戦争では活躍したのだが、イスラム教徒のムーア人と不法な取引をしたとの非難を浴びた。まったく根拠のない非難もあったが、マゼランは最後には国王マヌエル1世の不興を買い、もう金輪際お前を登用することはないと言い渡される。1517年、37歳のマゼランはポルトガルに背を向け、国籍を捨てて、カール5世に仕えるべくスペインに向かった。スペインに到着すると、フェルナン・デ・マガリャンイスからフェルナンド・デ・マガリャネスと改名する。

東方への西航路

当時のスペインにとって、アジアに至る西回りの航路を見つけることこそが重要な最終目的だった。東回り航路はポルトガルに独占されていたからである。1513年、バスコ・ヌーニェス・デ・バルボアがすでにパナマ地峡を通って太平洋沿岸を航海していた。ヨーロッパ人としては初めての快挙である。マゼランは〈香料諸島〉への航海を決意していて、自国のためにそれができない場合には、スペインの傘下に入ってでも乗り出すつもりだった。そうなると西に向かうことになる。マゼランは、自分には技術と覚悟があるばかりか、南アフリカ南端を通れそうな航路をしめす新しい地図と情報を持ってスペインに渡ったことをカール5世に納得させた。西回り航路の価値は文字通り値段をつけられないほどで、国王はマゼランの航海を全面的に支援した。1519年8月、マゼランは5隻——ビクトリア号、トリニダード号、サン・アントニオ号、コンセプセシオン号、サンティアゴ号——の艦隊を指揮してセビーリャを出帆する。

状況は厳しかった。叛乱を企てている船長もいることがわかった。サン・アントニオ号のフアン・デ・カルタヘナ船長がマゼランの命令を拒否して、指揮権を剥奪された。その上、ビクトリア号のアントニオ・サラモン船長はキャビンボーイを慰みものにして、死罪を宣告された。食糧の配給でも問題が生じて、船員らの不満はさらにつのった。大西洋のまん中で、食糧の配給が減らされたのである。

マゼラン自身は〈香料諸島〉への西回り航路を探す航海の途中で死んだが、最終的に目的が達せられたのは、彼の強硬なまでの決断があったからだ。

〈聖エルモの火〉〔嵐の時にマストの先端などに見られる放電現象〕のような自然現象を見ては神様が現われたと思いこむ連中を相手に、さまざまな問題の解決を図らなければならなかったのだ。探検の記録を取り続けたヴェネチアの学識豊かなアントニオ・ピガフェッタがこう記している。「このような嵐の間に、聖アンセルムスの姿が我々の前に何度か現われた。とりわけ暗かったある夜、悪天候だったが、この聖人が大檣楼（たいしょうろう）のあたりに松明（たいまつ）の姿となって現われ、2時間半以上もそこにいてくれたので、全員の心が慰められた」。

12月、一行はブラジルの海岸、現在のリオ・デ・ジャネイロ附近に到着した。マゼランは南米大陸の向こうに出られる航路をすぐに探しはじめた。入江ごとに、

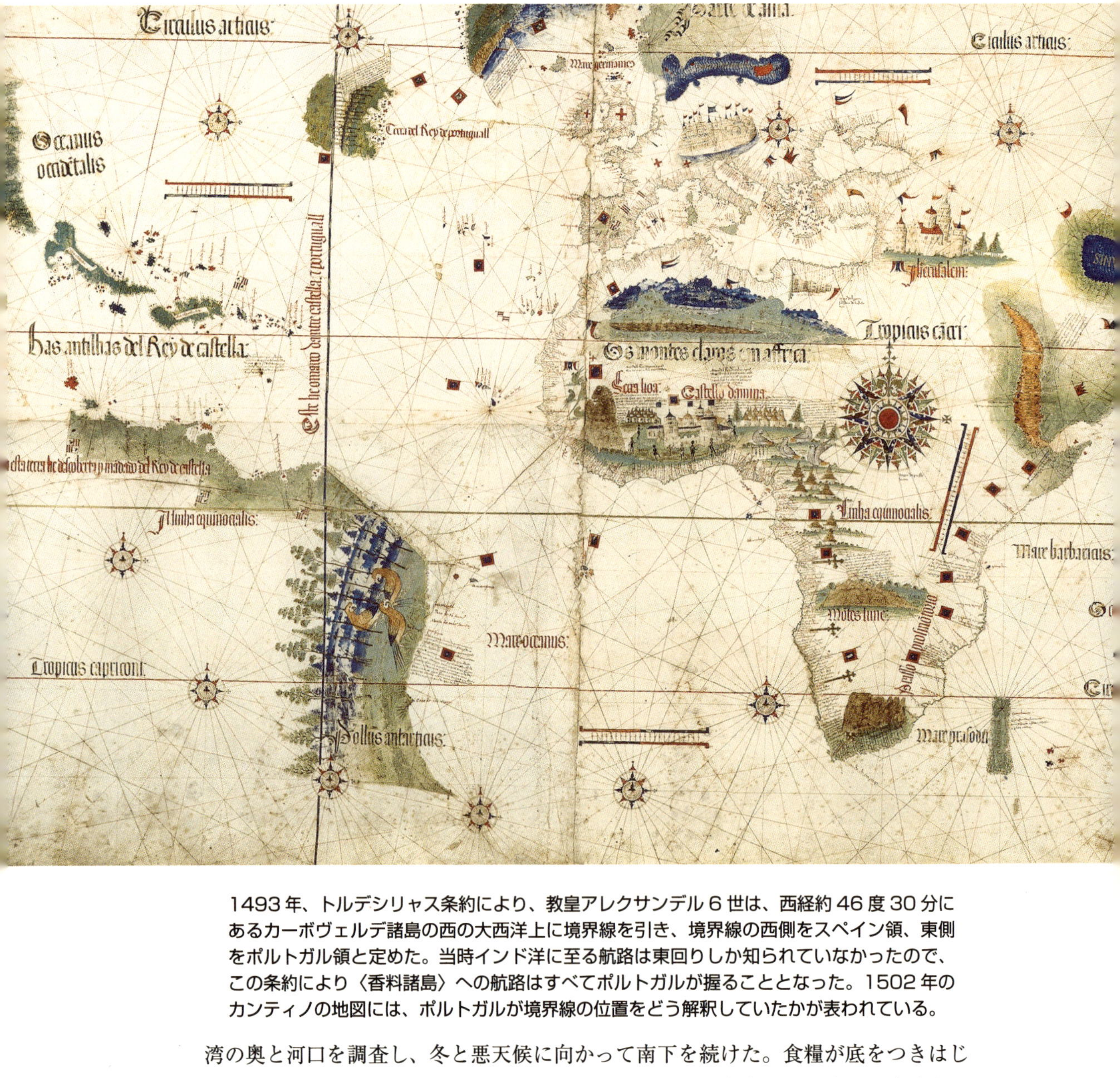

1493年、トルデシリャス条約により、教皇アレクサンデル6世は、西経約46度30分にあるカーボヴェルデ諸島の西の大西洋上に境界線を引き、境界線の西側をスペイン領、東側をポルトガル領と定めた。当時インド洋に至る航路は東回りしか知られていなかったので、この条約により〈香料諸島〉への航路はすべてポルトガルが握ることとなった。1502年のカンティノの地図には、ポルトガルが境界線の位置をどう解釈していたかが表われている。

湾の奥と河口を調査し、冬と悪天候に向かって南下を続けた。食糧が底をつきはじめ、しかも海図のない海で船を操縦しなければならない大変さと、時には座礁することもあったりして、船長たちがマゼランに帰国を命ずるようにと迫ることもあった。マゼランは例によって、そう簡単に折れる人間ではなかったので、きっと目的の航路が見つかると自信を持ち、南下を続けるのを譲らなかった。

3月を迎えるころには状況は悲惨をきわめ、海岸で越冬せざるをえない見通しと

なったので、南緯約49度にあるプエルト・サン・フリアンで投錨した。船体修繕用の硬材もあるし、鳥・アザラシ・魚も捕れて食糧補給にも事欠かず、停泊地としては申し分なかった。しかし、荒天が続くということは修理に時間を要することにもなり、マゼランは長い冬に備えなければならず、乗組員らは食糧を制限された。不満がしだいにつのり、4月になるとまた良からぬ企みをマゼランは耳にした。マゼランは即座に手を打ち、ビクトリア号までボートを出して、叛乱の首謀者メンドーサ船長に不意討ちをくらわせ、命を奪った。叛乱分子に占領される船もあったが、マゼランは入江を封鎖して一隻も外海には出させなかった。マゼランの迅速で容赦のない行動に加えて、まだ忠誠心を失っていない船員もいたおかげで、叛乱は鎮圧された。マゼランは刑罰を言い渡した。40名が死刑を宣告されたが、のちに重労働に減刑。占星術師のサン・マルティンは拷問にかけられ、コンセプシオン号のガスパル・デ・ケサーダ船長をはじめとして処刑された者もいる。カルタヘナと神父だったペドロ・サンチェス・デ・ラ・レイナは、串刺しにされた罪人の亡骸（なきがら）とともに海岸に置き去りにされた。

海峡を抜けて太平洋へ

マゼランはサンティアゴ号を南下させて探検を継続させたが、望みのありそうな航路を帆走しているうちに、強風を受けて岸に乗り上げてしまい、しかもその航路もじつは川だったことがわかった。乗組員のふたりが自力で陸地を歩いて難を逃れ、他の乗組員も救出された。10月には残った4隻の修理も終わり、食糧を補給して、目的の航路を見つけるべく調査が続けられた。そしてついに南緯52度でその航路に入ったのである。迷路のように入り組んだ水路が480キロメートルも続き、悪戦苦闘を強いられているうちに、サン・アントニオ号は機に乗じて逃亡し、本国へと向かった。しかしマゼランは3隻の船と200人の乗組員を従えて苦境に堪え、1520年11月末にやっと海峡を抜けて、太平洋に出ることができた。

マゼランの海図はプトレマイオスの計算にもとづくものだったが、それでは地球の円周が1,100キロメートルも短かくなっていた。つまりマゼランは太平洋までの航路をはるかに短かく見積もっていたのに、じっさいには96日に及ぶ大冒険を生き延びることになったのだ。食糧も水も尽きて、壊血病が蔓延し、乗組員は生死の境をさまよう状態におちいっていた。ピガフェッタの記録によると「我々が口にした物といえば、崩れて粉々になったビスケットばかりだったが、それも虫がたかっていて、ネズミが食べ残してひっかけた小便の臭いがひどかった。（中略）ネズミは一匹が半エキューで売られたが、それさえも満足に手に入れられない者がいた。もうだれも二度とこんな航海はしようと思わないだろう」。

3月初め、生きのびた乗組員がグアム島に上陸した。食べ物も見つかった。3月のうちにホモンホン島に到着。マゼランは、フィリピン諸島をスペイン領であると権利を主張した。船隊は諸島の間を1カ月にわたって航行し、わりと鷹揚な条件で取引したり、親しげな地元民と交流したり、食事を楽しんだり、女性たちとも親密度を増していったりした。マゼランはこの好機をとらえて、できる限り多くの住民に洗礼をほどこした。キリスト教への改宗はスペインの支配力強化につながることだった。

マゼランの死

マゼランは慣れ親しんだポルトガルの流儀を踏襲して、地元の有力者と親しくし、その敵との争いごとには加担してやって、地域での支持を得ようとした。セブ島でマゼランは、指導者だったフマボン酋長と親しい友人となり、さらには「血を分けた兄弟」となったが、フマボンは改宗してキリスト教徒となった。フマボンの仇敵ラプ・ラプは近隣のマクタン島の首長だったので、マゼランはこの仇敵を攻撃して殺す約束をした。マゼランは楽勝を確信し、少人数でマクタン島に上陸した。ところが、この時ばかりは彼の絶対的な自信はあてがはずれ、目の前には1,500人もの屈強な熟練の戦士が立ちはだかった。この戦闘でマゼランは命を落とし、めった切りにされた。同行した部下の８人は虐殺され、残りは命からがら船に逃げ帰った。ピガフェッタは愕然として記している。「全員でマゼランに襲いかかり、一人は大きなジャヴェリン（これは三日月刀に似たもので、もっと刃が厚い）を左脚に突き刺したので、マゼランはうつ伏せに倒れた。するといっせいに鉄槍、竹槍、ジャヴェリンをもって襲いかかったのである。我らの鑑、我らの光、我らの慰め、我らの真の導き手の命が奪われてしまった」。

香料諸島と帰国の旅

３隻の船を航行させるには、生きのびた115名の乗組員では手が足りなかったの

中国語とスペイン語で書かれた16世紀の写本に描かれているフィリピン諸島のセブ島民。マゼランは島民の改宗に尽力し、島の有力者と兄弟となり、近隣のマクタン島にいる仇敵を攻撃すると約束したが、それがマゼランには命取りとなった。

で、コンセプシオン号は海に沈めて、ビクトリア号とトリニダード号で香料諸島を目指すことになった。ミンダナオ島、パラワン島、ブルネイを半年がかりでまわり、地元の水先案内人の協力で航路を見つけたり、食糧などの補給のために族長らと闘ったり、女性を人質にして船内に連れこんだり、また脱走する者もいたり、小競り合いで命を落とす者もいて、さらに乗組員の数は減った。1521年11月に、一行はついにモルッカ諸島、すなわち〈香料諸島〉に到達した。

探し求めていた香料を手に入れたものの、トリニダード号の船体の損傷が大きいことが判明し、東回りでスペインに帰国することが決まった。しかし、壊血病に苦しめられたり、危うく沈没したりしそうになるなど、7カ月の航行のすえ、トリニダード号がモルッカ諸島に舞いもどってみると、モルッカはポルトガルの手に落ちていて、乗組員らは幽閉されてしまった。

フアン・セバスティアン・カノを船長とし、乗組員が60名のビクトリア号に何トンもの丁子（ちょうじ）が積みこまれ、1521年12月に本国を目指して西へと出帆した。船体は頻繁に修理しなければならなかったのだが、ティモール島とジャワ島でドックに入れられている間に、逃走する乗組員もいた。喜望峰をまわるころには、船には米と汚れた水しか残っていなかった。20人の乗組員が餓死し、7月にはカノ船長は、食糧と飲料水の補給のために、ポルトガル人の支配下にあるカーボヴェルデ諸島に入港せざるをえなくなる。最低限の補給をしたところで攻撃を受け、カノは13人を置き去りにしたまま船を出さなければならなかった。食糧などないも同然の状態で北へと向かったが、浸水が激しく、ポンプで水を汲み出し続けなければならなかった。1522年9月10日、ビクトリア号はわずか18人になった乗組員とともにセビーリャに到着した。丁子の船荷はわずかひとつだったが、航海の全費用をまかなった上に、利益まで出るほどの価値があった。

マゼランの遺産

マゼラン本人は世界一周したわけではないが、その冷酷で一途な思いがあったからこそ、香料諸島への西回り航路を見つける夢が叶ったのである。また、この航海は、国際日付変更線を定めるのにも一役買った。それというのも、ビクトリア号の乗員らは帰国の途につくと、カレンダーが1日ずれていることに気づいたのだ。彼らは南米大陸の南端を通る航路も発見すると同時に、ふたつの銀河系外星雲も観察していた。いずれの星雲も、現在はマゼランの名を冠せられている。しかし、なんといっても重要なのは、この航海によって、我々の住む大地が球形であることが証明されたことである。

フランス語で書かれたピガフェッタの航海日誌に収められている図版には、モルッカ諸島の中で香料が取れる主要４島が描かれており、羨望の的だった丁子の木が誇張して描かれている。

ヴァネッサ・コリングリッジ

ルイ-アントワーヌ・ド・ブーガンヴィル

フランスの太平洋進出

(1729 ～ 1811)

だが、地理学というのは事実を扱う学問である。間違いを恐れて肘掛け椅子に坐ったままで考えこんでいても埒はあかない。間違いは船乗りたちが犠牲になって正してくれることがよくある。

ルイ-アントワーヌ・ド・ブーガンヴィル

『世界周航記』

太平洋探検に乗り出した多彩な人物の中でもとりわけ異彩を放つルイ-アントワーヌ・ド・ブーガンヴィルは、1729年11月12日にパリで生まれた。裕福な家庭で3人の子供の末子だったルイ-アントワーヌは、初めは法律を学んだが、間もなく数学に強い関心を見いだし、25歳で2巻本の『積分論』を刊行した。これにより、すでに兄マリ-ジャンも優秀な研究者となっていたパリで学会の名士らの注目を集めただけでなく、1756年にイギリスの王立協会の会員に選出されることにもなった。その同じ年にシャルル・ド・ブロスがみごとな太平洋航海史を出版したが、ブーガンヴィルも兄も、それが人生の方向を変えさせることになろうとは思ってもみなかった。

ブーガンヴィルは軍務に就き、マスケット銃兵を皮切りに副官を務め、しばらくフランス大使の秘書官としてロンドンで勤務し、最後には艦隊司令官にまでなっている。北米をめぐる英仏間のいわゆる七年戦争がはじまると、最初の重要な航海に出て、1756年4月にはモンカルム侯爵とともに、カナダのニューフランスに渡った。フランスからの入植者たちは、セント・ローレンス川づたいにケベックとモントリオールに至る径路を利用して物資の補給をしていた。ブーガンヴィルは戦闘の合間の大半の時間を、ギリシア・ローマの古典の読書に費やしたり、仕事にも負けないくらい遊びにも力を注いだ。

セント・ローレンス川の河口を守っていたルイスバーグの要塞が陥落し、1759年9月にケベックが英軍の手に落ちると、フランス軍の勢いは失われていった。ブーガンヴィルはモントリオールまで退却せざるを得なくなり、英軍との最後の戦いに加わったが、1760年9月にフランス軍が降伏して終戦となった。これでもうフランスに帰るしかなくなり、軍人としての名誉はすべて剥奪され、戦闘に加わる

将校を従えたブーガンヴィルに果物を貢ぐタヒチ島人。航海に随行した博物学者フィリベール・コメルソンはタヒチで多数の植物の標本蒐集を行なった。タヒチ島人はコメルソンの従者だったジャンヌ・バレのほうに関心を示した。ジャンヌは男性ということにされていた。

ことも禁じられた。保護観察下の生活にストレスがつのり、やがてサロンへの出入りをはじめとして、女遊び（有名なフランスの女優ソフィー・アルノーとの関係も含め）と賭博に慰めを見いだすようになる。ふたたび軍務への復帰を許された時には、終戦となった。1763年2月にパリ条約が締結され、フランスは海外の植民地を失って面目は潰れ、士気もなくなり、事実上は破産したようなものだった。

フォークランド諸島

持ち前の楽観的な性格により、ブーガンヴィルは1763年にはもうフランスの自尊心と自らの財産を取り戻す計画を立てていた。兄とシャルル・ド・ブロスからの刺戟もあって、ブーガンヴィルは太平洋探検に関する文献を相当読み漁っていて、太平洋で新たな大陸を発見すれば、フランス帝国の再建とカナダを追われた植民者たちに住むべき場所を提供できそうだと見ていた。そして彼は、今こそ着手すべき時だと思ったのである。

戦時中、フォークランド諸島については知識を得ていた。そこからブーガンヴィルは、ノヴァ・スコシアの領地を追われたフランス学士院会員らをその島に住まわせようと考えるようになった。無人の諸島をフランス領にすれば、太平洋への入り口を確保できるし、大西洋から太平洋に至る航路を支配することもできる。本国からの経済的支援はほとんどないままに、1763年初めに自分で会社を興し、2隻の船――エーグル号とスフィンクス号――を購入した。国王ルイ15世の承認を得て、船は9月に出帆した。1764年4月、フランスはフォークランド諸島を占領し、ブーガンヴィルの従弟を指揮官として、29名の入植者が島で新たな門出を目指すこととなった。

1765年1月にブーガンヴィルが再度島を訪れると、植民地の様子は順調だった。食糧に木材、苗木を船に積みこんで本国にもどってみると、スペインがフランスにフォークランド諸島の領有権をすべて放棄するように迫ったばかりか、こともあろうに、フランス政府がそれを承認したことがわかったのである。1766年の冬から春まで、ブーガンヴィルはそうはさせじと裁判で反論したが、時すでに遅く、自らの損失に対する損害賠償には勝訴したものの、成長期にある植民地をスペインに譲渡するために11月には出航した。これがさらに大きな冒険となるのである。

世界一周

ブドゥーズ号とエトワール号の2隻とともにブーガンヴィルは、史上初ともいえる科学的な探検に向けて出発し、海上を支配しようというフランスの夢にふたたび火をつけた。マゼラン海峡を抜けて太平洋に出たのは1768年1月で、そこから北西へと針路をとった。3カ月後、〈危険諸島〉（ツアモツ諸島）を見つけて、上陸はしなかったが、命名して領地とした。

4月、ブーガンヴィルは楽園のような島々へと入りこみ、そこをヌーヴェル・シテール（タヒチ）と名づけ、フランス領として、9日後にふたたび航海に出たが、地元の島民アフ・トル（アオトウロウ）を船に乗せてフランスに連れ帰っている。アフ・トルはフランス人の考える「高潔な野人」を体現していて、タヒチがブーガンヴィルのいうとおり、太平洋の楽園であるという証拠に見えたことだろう。ブーガンヴィルはこう記している。「天候は健康に非常に良く、この島で我々は重労働をしたにもかかわらず、しかもみんな灼熱の太陽にさらされ続けて、寝る時も野外の土の上で眠っていたというのに、誰ひとりとしてそこで体調を崩す者はいなかった」。

ブーガンヴィルはさらに現在のサモア諸島とホーン諸島、さらに1605年の探検でペドロ・フェルナンデス・デ・キロスが発見して名前もつけていた「エスピリトゥサント島」（ヴァヌアツ）へと向かっていった。ここでフランス人は初めてメラネシア人に出会ったのだが、最後には衝突して、出会いは活かされなかった。ブーガンヴィルは先を急ぎ、5月末にはニューホランド（オーストラリア）を求めて西へと航海した。何日もしないうちに波の砕ける音がして、船が危険な暗礁に向かっていることがわかった。オーストラリアのグレートバリアリーフが迫っていたのだ。船員らは陸地があるならマストの見張り台から見えるはずだと言ったが、船長は北西に針路を取り（オーストラリア探検はのちにジェイムズ・クックが乗り出す）、

1820年代の版画。マゼラン海峡のフロワード岬附近の小さな岩場にブーガンヴィルがフランス国旗を掲げている。船出が遅れ、海峡の悪天候にも足を引っ張られたが、ブーガンヴィルは1768年1月16日に、ついに太平洋にたどり着いた。

ニューギニアへと向かったが、またしても上陸は危険に見舞われた。ソロモン諸島まで行ったものの、メラネシア人と小競り合いが激しく、ブーガンヴィルはニュージーランド経由でニューギニアの北海岸まで出て、香料諸島へと向かった。

食糧が底をつきかけ、エトワール号の調子も悪かったので、1768年8月にオランダの統治下にあるセラム島にやっとたどり着いた時には、誰もが安堵の胸をなで下ろした。緊急の修理と補給のためにやむなくフランス船の入港が認められたが、6日後にはもうバタヴィア（ジャカルタ）へと出港し、バタヴィアに着くと乗組員も英気を養い、2隻の船もしかるべく修理された。そこから一行はフランス島（イル・ド・フランス）（モーリシャス島）まで行った。博物学者のフィリベール・コメルソンとジャンヌ・バレ、本当は女性だったその「従者」は、そのまま島に留まることにした。エトワール号はさらに修理の必要があり、ブドゥーズ号が単独でケープタウンに向かったが、1769年4月には2隻そろってフランスにもどった。

影　響

ブーガンヴィルは一躍有名人となり、国王の接待を受けるほどだった。フランス人として初めて世界周航に成功し、「高潔な野人」アフ・トルを連れ、フランスに新たに7カ所の「領地」を獲得して帰国したのである。40歳にして大佐に昇進し、すっかり財力のなくなったフランス政府から5万リーヴルの生涯年金を授与された。アフ・トルはモーリシャスまで連れて帰られたが、天然痘にかかり、タヒチに着く

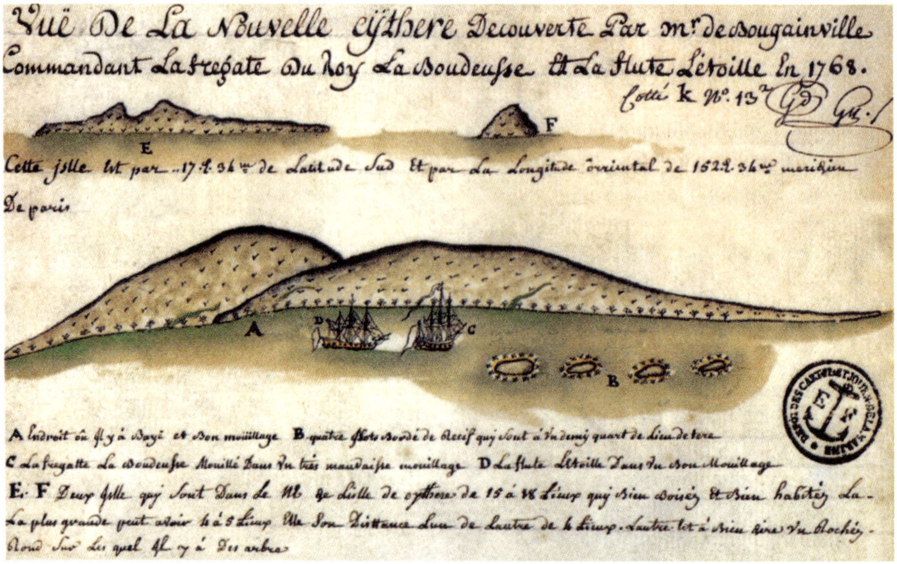

ブーガンヴィルが「新しい愛の島（ヌーヴェル・シテール）」と呼んだタヒチ島。この島には9日しかいなかったが、彼らがフランスに帰ってからは、タヒチは本物の「高潔な野人」が住むユートピアだというイメージが定着する。

1772 年にヨハン・ラインホルト・フォースターが訳したブーガンヴィルの『世界周航記』の英訳初版。フランス語の原典は 1771 年の出版で、たちまち好評を博した。

前にこの世を去った。

ブーガンヴィルの周航記は 1771 年に出版され、一般大衆からは絶讃されたが、専門家からは不評を買った。探検の半分はフォークランド諸島の譲渡に費やされたばかりか、サモア、ヴァヌアツ、タヒチに至っては中途半端な調査をしただけで終わっていた。そのうえ、コメルソンと天文学者のヴェロンは、記録と蒐集品をもったままモーリシャスにいたために、周航記の学術的な功績にも物足りなさが残った。

アメリカ独立戦争に従軍した後、ブーガンヴィルはラ・ペルーズ伯ジャン-フランソワ・ド・ガローには太平洋での探検について助言し、その後、ニコラ・ボーダンが 1800 年にオーストラリアへと航海する際にも助言を与えた。ブーガンヴィルはフランス革命時に何度も危機一髪のところで難を逃れて、ナポレオン・ボナパルトと親しい友人となり、のちに上院議員に選出される。1804 年、ナポレオンの後ろ盾があって、新設されたばかりのレジオン・ドヌール勲章を授与され、1808 年にはブーガンヴィル伯爵となった。

1811 年 8 月 30 日、ルイ-アントワーヌ・ド・ブーガンヴィルは永眠し、国葬が執り行なわれた。遺骨はパリのパンテオンに収められ、心臓はモンマルトルに眠る妻の隣りに埋葬された。フランスは歴史に残る煌(きら)びやかで華のある天才を失ったのである。軍人にして船乗り、政治家にして科学者という、いわば啓蒙時代のルネサンス人だった。

ヴァネッサ・コリングリッジ

ジェイムズ・クック

学術的な南海探検

(1728 ~ 1779)

野心に突き動かされて、目指すのは遙か遠く
前人未踏の世界のみならず、
人間の行ける果てまでも目指すのだ。
ジェイムズ・クック
『航海日誌』1774年1月30日

3度にわたる航海でジェイムズ・クックが発見した地表の面積は、誰よりも上回っていた。多くの記録を残した船乗りであり、地図制作でも天体観測でも測量でも高い評価を得、科学的航海術の新時代を切り開き、世界地図の3分の1を完成させた。卓抜した指揮官であり、部下たちからは忠誠心、いや愛情までも勝ち得た船乗りの中の船乗りで、何度も彼と航海を共にした船員もいた。生前はその実績により先達らの顔色なからしめ、死しては大英帝国の象徴的な存在となり、さらに彼の功績を受け継ぐ形でウィリアム・ブライやジョージ・ヴァンクーヴァーなどの大物探検家が誕生した。コールリッジの『老水夫行』がクックの2度目の航海に着想を得て作られた詩で、その航海を下敷きにしている部分もあることはよく知られている。

ジョン・ウェッバー作、クックの肖像画。クックは3度目の航海の時にはすでに世界的な名士となっていて、ウェッバーは画家として任命されて航海に加わった。

1728年10月27日に、ジェイムズ・クックはイングランド北部の粗末な家に生まれた。その時は、やがては国民的、いや国際的な伝説の人物になろうかという気配すらなかった。8歳の時に裕福な地主だったトマス・スコットウに嘱望されて、4年間の学費を出してもらい、そのおかげで、1745年には漁村ステイジズの商店に初めて職を得ることになる。この村でジェイムズは海に夢中になり、1746年7月、ノースヨークシャーの港町ウィットビーの船主だったジョン・ウォーカーとヘンリ・ウォーカー

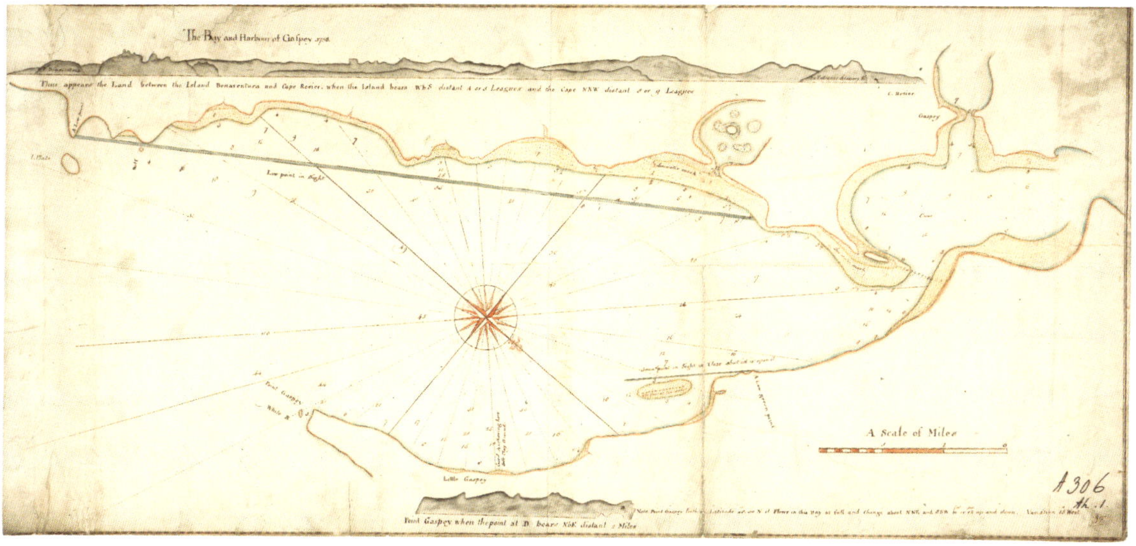

1758年にクックが描いたガスペ湾。これがクックの描いた最初の海図で、ニューアルビオン（カナダ）の地形を捉えようとする、政治的戦略的な意図が表われている。当時、イギリスはフランスと領有権を争っていた。

の兄弟と契約して、商船の見習い船員となった。18歳になったクックは同僚たちよりも年長となり、教育もあり、仕事熱心で定評もあった。ジョン・ウォーカーはクックを3年間雇い、伝説の礎（いしずえ）を築くとともに、クックには人生で一番の深い友情の基盤を作ったのだった。

北海は厳しい訓練の場となった。記録に残っているクックの初航海はフリーラヴ号で、「使用人」として乗船している。フリーラヴ号は平底の石炭船だったが、のちにクックが世界の海を駆けめぐるのと同じタイプの船である。3年間の修業をへて、さらに5年、しだいに重い責任を負わされるようになっていく。

しかし、1755年に商船の船長という重責を任されたのに、それを棒に振ってまでイギリス海軍に入り、最下級から出直すことになるのだが、その理由は「そうやって自分の運を試してみたかった」のだという。じつに愚かな決断をしたようにみえるが、間もなく挽回することになる。最初に乗った船はさえないイーグル号で、乗組員ときたら寄せ集めの集団で、しかも最低限の人員しかいなかった。その中でクックはまばゆいばかりに輝いていた。1カ月もしないうちに商船時代の地位に相当する航海士に任命された。2年後の1757年には船長となり、船の航行と毎日の方針決定の責任を担うようになった。

1758年の初め、すでに七年戦争ははじまっており、クックはペンブルック号でノヴァ・スコシアのハリファックスを目指して出帆し、次にルイスバーグへと向かった。軍属の技師サミュエル・ホランドが測量しているのを見て、クックは同じ原理を利用すれば海図の精度もあげられることに気づいた。1カ月後にクックはガスペ湾の測量を行ない、みごとな海図を作製した。その年の冬は新たな技術の開発に力を入れ、その甲斐あって、イギリス海軍の艦隊は難所の多いセント・ローレンス川を無事に通過することもできたし、ウルフ将軍はケベックでフランスを破ることもできたのだ。

クックは七年戦争終結まで海図の作製を続け、1762年12月にイングランドに帰って、21歳のエリザベス・バッツと結婚した。しかし、その測量の「才能と能力」は海軍省の注目するところとなって、4カ月後には測量士としてニューファウンドランドに向かった。

初航海――世界を巡る

クックの生活は、夏はカナダで測量をし、冬はロンドンのマイル・エンドに帰り、海図の作製と水路を示す図面を作製して海軍に提出するというパターンになった。1767年から68年にかけての冬、海軍省と王立協会はイギリス初の学術的探検を計画し、南太平洋を目指していた。目的はふたつあった。ひとつは金星の太陽面通過の観測で、めったに見られない天文現象だが、地球と太陽の距離を計測し、科学と航海術の発達のために活用できる現象だった。もうひとつは〈南方大陸〉の発見で、そこには世界最強の国家となるほどの富があるとされていた伝説の大陸である。

航海をするのに指揮官が天文学・航海術・測量に通じている必要はないが、ジェイムズ・クックはいずれについても群を抜いていた。船長にすぎなかったのだが、

シドニー・パーキンソンが描いたニュージーランドの風景画の一枚。パーキンソンの画才により、クック初航海の功績の多くがみごとに捉えられている。この深く思いを巡らす、才能に恵まれたクエーカー教徒は帰国途中で世を去ったが、日誌とともに一千点近いデッサンと絵を遺した。

抜擢されて、たちまち大尉に昇任した。クックを世界一周の旅につかせることになるバーク型帆船の名はエンデヴァー号、これも平底船で、同乗したのはイギリスの青年貴族で博物学者だったジョゼフ・バンクス、スウェーデンの博物学者ダニエル・ソランダー、そして画家がシドニー・パーキンソンとアレグザンダー・バカンの２名、そのほかに隻腕の料理長、帆布の修繕をする老いぼれで飲んだくれの縫帆員、ドルフィン号ですでに世界を一周してきた搾乳用の山羊が１頭いた。

1768年8月25日、94人の乗組員と１年半分の食糧を載せて、エンデヴァー号が南太平洋を目指してプリマスを出港した。大西洋を通ってリオに至り、ホーン岬をまわって太平洋に出て、1769年4月にタヒチ島のマタヴァイ湾に到着した。ここで約６週間後の金星観測にそなえてキャンプを設営した。同時にバンクス一行は植物の採集をし、クックは部下とともに島の調査を行なっている。タヒチの島民らとの関係はおおむね良好だったが、盗みの横行は目にあまるほどだった。とはいっても、島民だけのしわざだったわけではない。また、タヒチの女性を鉄釘１本で「買える」こともすぐにわかったために、クックは乗組員の統率を図るために、厳しい規律を徹底せざるをえなくなった。

金星の太陽面通過は1769年6月3日だったが、現象を精確に捉えることができず、観測者の間で結果がまちまちとなり、この任務は取りやめとなった。クックは海軍省から指示されていたもうひとつの秘密の任務に着手した。〈南方大陸〉の発見である。

彼のとった針路は真南だったが、伝説の島は一向に見えてこなかった。10月2日になると、未知の国の南岸が視野に入ってきた。バンクスはこれこそ目的の大陸だと確信したが、クックはアベル・タスマンが1642年に発見した、現在ニュージーランドと呼ばれている島だろうと思った。それから半年以上にわたって、エンデヴァー号はニュージーランドの中心となる北島と南島を入念に調査して海図に記入し、それがかの南方大陸の一部ではないことを証明するとともに、クックはこの島に住んでいるマオリ族への敬意の念を強めていった。

バンクシア・セラータ。パーキンソンのデッサンをもとに描いたジョン・フレデリック・ミラーの水彩画。パーキンソンのデッサンは版画にされて、ジョゼフ・バンクスの『植物図譜』に収録されたが、この書物が出版されて陽の目を見るのは 1988 年である。

任務を完遂すると、クックはヴァン・ディーメンズ・ランド（タスマニア）と

ニューギニアが本島とつながっているのかどうか確かめるために、ニューホランド（オーストラリア）の、当時はまだ知られていなかった東海岸を経由してイングランドへ帰ることにした。天候が悪く、北に流されたため、4月19日に視野に入ってきた最初の陸地は、現在のヴィクトリア州にあるポイント・ヒックスだった。それからちょうど1週間を過ぎたところで、エンデヴァー号は〈植物学（ボタニー）〉湾――ジョゼフ・バンクスと彼に同行した「素人研究者たち」の熱心な蒐集活動に敬意を表して命名された――に投錨した。そこからバンクスは、グレートバリアリーフの魔の隘路が待ちかまえているとも知らず、海岸を北上していった。

1770年6月11日、エンデヴァー号はサンゴ礁に突っこみ、そのまままったく身動きがとれなくなった。必需品以外はすべて海中に投じるなど24時間の奮闘のすえ、やっと潮が満ちて船体が浮かび上がった。どうにかこうにか現在のクイーンズランド州クックタウンにたどり着いたが、応急措置の修理をするだけでも7週間を要した。やむをえず島に逗留することになったので、勢い先住民との交渉が生まれ、鹿に似た風変わりな動物の名前を知るところとなった。「カンガルー」である。

クックが間に合わせの修繕をほどこしたエンデヴァー号を海へと出したのが8月4日。熟達の腕前を発揮して暗礁を回避し、ニューホランド東海岸の最北端をまわって、そこをニューサウスウェールズと名づけ、国王の領地とした。クックはこうして、すでに地図に記載されている世界へとふたたびもどろうとしていた。ニューホランドとニューギニアの間にあるとされていた海峡を抜け、やっとバタヴィア（ジャカルタ）に到着し、エンデヴァー号の船体は本格的な修理を受けた。ただし、費用も嵩んだが。この時点では病死者はひとりもいなかったのだが、1771年7月に帰国するまでの間に、船員の3分の1が赤痢などで亡くなった。

第2回航海――南方へ

死者が出たものの、イギリス史上初となる学術的な発見の航海は、前例のない大成功と絶賛されたのだが、その功績の栄誉はほとんどバンクスのものとされた。クックは大佐に昇任し、次の航海がすぐに計画され、南太平洋へのさらなる大胆な冒険に乗り出した。南緯40度の地点には大陸が存在しなかったので、クックは海軍省を説得して、さらにその先、南緯60度まで調査を続けることにした。

帰国して家族と1年も過ごさないうちに、クックはプリマスから出港した。1772年7月のことだった。探検史上屈指の功績をあげることになる旅立ちだった。太平洋をくまなく探索して、新発見の島はすべて海図に記入し、見たという話しか伝わっていない幻の島は地図から削除していく計画だった。今回はレゾリューション号とアドヴェンチャー号の2隻の船で、喜望峰を経由して南下し、「茫洋たる氷原」へと入っていった。

パーキンソンの『南太平洋航海日誌』には「ニュージーランドの族長。顔には彼らのしきたりに従って風変わりな刺青あるいは模様がほどこされている」と記されている。クックはマオリ族には絶大な崇敬の念を抱き、ニュージーランドは南洋での彼の拠点となった。

1773年1月、クックは部下たちとともに南極圏横断を成しとげた記録上最初の人間となり、当人たちが知らないうちに、南極大陸から120キロメートルと離れていないところまで接近しながらも、霧と氷に阻まれて引き下がらざるをえなかった。しかも、伝説の大陸はまったく視界には入ってこなかった。ついにクックは1万7700キロメートルの距離と122日間を航海に費やして、大陸を発見できずにニュージーランドに到着した。やっと新鮮な食べ物と休息にありついた疲労困憊の船員たちには、愕然となる命令が下った。クックはすぐに出帆の準備を命じたのである。1773年6月早々に、2隻の船は時計回りと反対に大きな円を描くように進みはじめた。こうすればホーン岬までの中間点あたりまで行って、ピトケアン島の北からタヒチとソシエテ諸島の西を通り、クック諸島を抜けてトンガに至り、10月初旬には南下してニュージーランドにもどれる計算だ。太平洋の海図を作製しながら、クックは精確に島を描き入れたり、消したりした。これだけでも驚異的な航海術の偉業といえるだろうが、クックはさらにその先を目指していた。1カ月後、クイーン・シャーロット・サウンドのシップ・コーヴ〔現在のウェリントンの海を挟んで西方〕で補給をし、すでにアドヴェンチャー号とははぐれていたので、また南下して氷原を目指した。

12月も下旬、クックは南極圏を再度横断し、さらに1774年1月には3度目の横断をするが、その時には南緯71度10分まで到達している。この記録は1823年のジェイムズ・ウェッデルまで破られることがなかった。しかし、クックといえどもこれが限界だった。北上してから西に針路をとり、2度目となる太平洋の探査に向かって、イースター島をへて、マルケサス諸島、タヒチ、ニューヘブリディーズ、ニューカレドニア、そしてノーフォーク島に至って、約8カ月後にニュージーランドにもどってきたが、それで終わりではなかった。イギリスに帰る途中でも、クックは東へと向かい、ホーン岬に至り、ふたたび南下して氷の海へと向かい、サウスジョージア島とサウスサンドイッチ諸島を見つけ、さらに北東に進んで喜望峰まで行き、最後にイギリスへと針路をとった。1775年7月、航海史上最大の探検を成しとげて、レゾリューション号は「3年と18日」ぶりにスピットヘッドに投錨した。

最後の航海

クックは帰国するや数々の栄誉に浴した。王立協会の特別会員に選ばれ、大佐艦長（ポスト・キャプテン）に昇任し、国王ジョージ3世との拝謁も賜わり、230ポンドの年金も与えられた。47歳になろうかという年齢で、育ち盛りの息子がふたりいて、妻が身ごもったばかりとなれば、ふつうの男ならあえて冒険はしない。ジェイムズ・クックはちがっていた。2度目の航海で、健康にも気力にも陰りが見えはじめていたが、これで最後と本人も納得しての航海に出ることになった。アドヴェンチャー号の船

ゲオルク・フォルスターによるハイガシラショウビン（学名*Halcyon leucocephala*）の水彩画。クック2回目の航海より。ゲオルクと、頭は切れるが気むずかしい父親ヨハンの父子は博物学者で、船の設備に不満を持ち怒りを爆発させ参加しなかったバンクスの代わりに、クックの2度の太平洋大探査に同行した。

60.

クック２度目の航海に同行したウィリアム・ホッジズが描いたウリエテア（ライアテア）島の絵（部分）。ライアテアはクックがソシエテ諸島と名づけた島々の中で、タヒチに次いで２番目に大きい。1769 年、クックはこの島を発見した最初のヨーロッパ人となり、ポリネシア人の司祭で地理にも明るかったトゥパイアを乗船させた。トゥパイアは案内をして太平洋をまわった。この時の航海では、アドヴェンチャー号のファーノー船長が船に乗せたオマイ（またはマイ）が、イングランドで有名人となった。

長がイングランドに連れてきたタヒチの島民「マイ」（オマイ）を帰らせるためと、大西洋と太平洋を結ぶ北西航路を探すのが目的だった。

クックは1776 年７月にイングランドを出港し、レゾリューション号とディスカヴァリー号の２隻の船とともに、最後の旅に出た。予定より大幅に遅れ、レゾリューション号は水漏れが激しかったが、クックは喜望峰をまわって東進し、ヴァン・ディーメンズ・ランドとニュージーランドに向かった。ニュージーランドでクックは、以前アドヴェンチャー号の乗組員が殺害された事件の詳細を知らされるが、復讐したところで何も益がないことはわかっていた。食糧などの補給を行ない、1777 年２月下旬にはタヒチに向けて出帆。時間との闘い、思うように吹いてくれない風との闘い、しかも船員同士の険悪な雰囲気もあり、２隻の船は針路を変更して、フレンドリー諸島（トンガ）に寄港する。ここで指揮官クックが、癇癪を爆発させたかと思えば、すぐに皆を集めてパーティを開いたりという一貫しない態度を見せ、船員らは戸惑って、クックと一緒ではうまくいくこともうまくいかないと、内心見放した。

1777年8月、2隻はやっとタヒチに到着。マイは近くのフアヒネ島に居を構えた。こうして最初の目的を果たすと、クックはライアテア島とボラボラ島に短期間ながら逗留し、それから北極を目指しての苦難の長旅についた。1777年12月24日、サメがうようよ泳いでいるクリスマス（キリティマティ）大環礁を通り過ぎると、もう北アメリカの海岸に着くまでは陸地が視野に入ってくることなどないとクックは思っていた。ところが1カ月もしないうちに、いくつも並んでいる火山島が目に飛びこんできたのである。サンドイッチ諸島と命名した。現在のハワイ諸島である。期せずして大発見に至ったことは自覚していたが、さすがのクックも、これからあまり好ましくない理由で、自分が有名になるとは思ってもいなかった。船員たちは、潤沢な食物も水も女もぞんぶんに楽しんでから、北西航路を求めて北上した。

ほぼ2カ月がたった1778年3月下旬、2隻はやっと陸地の見えるところまでたどり着いた。ヴァンクーヴァー島のキング・ジョージ（ヌートカ）湾である。そこからまたさらに北上して航路を探った。悪天候に阻まれて、一行はベーリング海を渡り、シベリアのチュクチ半島に至り、北極海に入ったが、いつまでも前進はできなかった。8月中旬、北緯70度で、クックは氷壁にぶつかる。退却して南で冬期をやりすごしてから、また翌年に挑戦するしかなかった。

1779年1月、レゾリューション号とディスカヴァリー号はハワイ島のケアラケクア湾に投錨した。クックはほとんど畏敬の念をもって迎えられ、ハワイ人たちは惜しげもなく料理をふるまって一行をもてなした。やっと運が向いてきたようにみえた。食糧の補給をし、休養を取り、2週間が過ぎると、クックは再度、北に針路を取るように命じた。しかし、出港から何日もたたないうちに、レゾリューション号のマストが破損し、また港にもどらざるをえなくなった。ところが、今回は歓迎会どころか、不満をもった島民が盗みをはたらいたのである。クックは激怒し、報復に出た。

2月14日の未明が山となった。夜の間にディスカヴァリー号のボートが1隻盗み出されたため、クックは部下に湾を封鎖させ、マスケット銃を構えた海兵隊員たちを従えて上陸した。島の首長を捕虜にしてボートにもどろうとしていると、それを見ていた島民らが暴れだしたのである。石やら短剣やら弾丸が飛んでくる中、クックは部下たちにボートにもどるように命じたが、時すでに遅し。間もなく、クックはうつ伏せになったまま、打ち寄せる波間に消えていった。

最後にもう一度、目的の航路を探ってから、2隻は1780年9月に帰国した。すでにクック死亡のニュースがマスコミには届いていた。国民が悲歎の声をあげるなか、クックは英雄から伝説の人物へと持ち上げられ、その人物像は今なお変わることがない。

陸地の探検

世界の大洋がほぼ制覇され、残るは孤島の発見だけとなると、探検の矛先は陸地へと向けられた。南北アメリカ大陸では、やって来たばかりのヨーロッパ人の目前に、調査を待ちかまえるように広がる風景が、ジェイムズ・エルロイ・フレッカーの言葉を借りると「雪がまだらに残り青くかすむこの山のもう少し先へといつも」進もうとする者には、際限のないチャンスを与えていた。ただ、残念ながら征服者（コンキスタドール）たちを突き動かしていたのは、黄金をわがものにしようとする常軌を逸した欲望ばかりで、その行動は残虐の限りを尽くした。自分たちの生活様式と宗教こそが最高だと信じ切って、手当たりしだいに文化を破壊したが、今では、彼らの文化と少なくとも同等の価値があったと見られている。この時のスペイン人の中でも、破壊活動に屈指の手際よさをみせたのが、エルナンド・デ・ソトだった。ソトと500人（最終的に生きのびたのは311人）の遠征隊員が、現在のアメリカ合衆国南部にあたる広大な土地を切り開いていったが、後に残したものといえば、破壊された無惨な光景だった。

メリウェザー・ルイスとウィリアム・クラークは、1804年から翌年にかけて、北アメリカ大陸の未知の西部で大規模な探検を指揮した人物だが、ソトらとはまったくちがった路線を打ち出した。探検に加わった48人の隊員のうち、命を落としたのはわずかに1名、しかも盲腸炎だった。途中でショショーニ族の女性、サカジャウェアの協力も得られた。彼女こそ、この探検の真の主役であり、彼女の通訳ととりなしがなければ、敵意をもった部族に殺害されていてもおかしくはない。

画家で探検家だったトマス・ベインズが際立っているのは、かなり危うい状況で物騒な地域を回りながら、目にするものを細大漏らさず、ことごとくきっちりと記録に留められる才能の持ち主だったことだ。画才によって植物学・人類学・文化の面から、アフリカ南部とオーストラリアの風景を当時の人々に認識させた功績の大きさでは、ベインズの右に出る者はいない。リチャード・バートンはまた別の理由から有名人となった、というよりは、悪名高い人物になった。発見の「熱」に浮かされて、ヨーロッパ人が足を踏み入れたことのない土地へと、よく単独で変装までして入りこんだ。

19世紀後半、スパイ活動が活発になり、中央アジアと東アジアでは、探検によ

タコノキの油彩画。トマス・ベインズ作。1859年3月10日、テテ（モザンビーク）にて、リヴィングストンと旅行中に描く。あまり目にすることのない土地を生き生きと克明に描いたベインズの絵は、きわめて精確で、植物の種類も地質も特定できるほどだった。

る数々の成果が上げられた。ロシアは広大な領土で支配権を強化しようとしていたので、イギリスは、インド帝国の北方にある得体の知れぬ国に対して神経をとがらせていた。インドの向こうから侵略してくるのではないかと恐れていたのだ。いずれの陣営にとっても、各首長らの動向やその土地の状況について、直接現地からの情報を集めておくのは重要なことだった。こういった懸念から、今までにない新しい探検家、地理の専門知識を持ちながら、スパイ活動もこなせる探検家が誕生した。情報蒐集を目的に、唖然とするほどの距離を動き回る場合もあった。

ロシアでその代表的な人物となったニコライ・プルジェワルスキーは筋金入りの軍人であり、狩猟を得意とし、勇猛果敢に遠征して回り、土地にある物を食べては露命をつなぐことも珍しくなかった反面、遊び半分に必要以上の殺生をすることもまたあった。対照的に、イギリス生まれのネイ・エライアスは、控え目で、いるのかいないのか分からないほど目立たず、スパイにはもってこいの資質を備えていたが、仲間からは不世出の探検家と目されていた。

この地上に残っている最も広大な未知の近寄りがたい一帯、すなわちヒマラヤ山脈をまたいで広がる神秘の国チベットを地図に収めようとすれば、ヨーロッパ人はいやでも目立ってしまう。しかし、大英帝国にとって、インドとほぼ同じ面積をもつのに、隣接する地帯を「なぞの地域」にしておくのは、いささか沽券に関わることだった。インド測量局のトマス・モンゴメリが解決策を考えた。インド人に測量を教え、巡礼を装わせてこの敵地に送りこむのだ。こうして、探検史上最も危険

リチャード・バートン著『エルメディナ及びメッカ巡礼記』に掲載されている「大公の籠」。バートンはメッカに行った最初のヨーロッパ人というわけではなかったが、『巡礼記』は、旅の手に汗握る事件と危険についてはもとより、巡礼の様子を活き活きと伝えた点では前例がない。

キルギス人とフェルト製のテント。カシュガルの南に位置するムスターグ・アタ峰のメルキ山道にて。写真を撮影したのは、ヨーロッパ人として初めてこの道を通ったオーレル・スタイン。遊牧民たちのテントに泊めてもらったようだ。

で困難だが価値もある遠征に、ほとんど何の見返りもなく乗り出した男たちがいる。その先陣を切ったのがナイン・シンだった。また、フランシス・ヤングハズバンドは、まさにこの分野で活躍したいという熱い想いを実現できる時代に幸運にも生を受けた。ヤングハズバンドは、北京からスリナガルまでの長距離を単独で踏破して、すでに生前に伝説の人物となり、特に、チベットに侵攻した無謀なイギリス軍を率いた統率力は際立っていた。

オーレル・スタインは非凡な学者で、労苦を惜しまぬ探検によって、地中海から中国にかけての過去の文明の歴史に関する発見を成しとげた。この地域でスタインに匹敵する功績をあげた者は、それ以前も以降もいない。遺跡の発掘により数々の人工遺物が発見され、その多くは、現在、大英博物館に収められているが、とりわけ有名なのは膨大な量の仏典の写本で、それをスタインは、ゴビ砂漠の敦煌にある千仏洞で見つけた〔発見したのは王道士だが、その価値を世界に知らしめたのはスタインやフランスのペリオらの探検家たち〕。

デイヴィッド・ユーイング・ダンカン

エルナンド・デ・ソト

黄金を求めて

（1500頃～1542）

二日ほど先に進んで行ったところに、オカレというまた
町があり、そこでは取引が盛んで、人も
大勢集まるとか、金銀も豊富で、真珠も
たくさんあるという話です。それが本当であるようにと
祈っています。ここのインディアンたちが何を言おうと
じっさいにこの目で見たものしか私は信じません。私に
嘘をつけば命がないことは、彼らも知っていますし、
口が酸っぱくなるほどそう言ってもいます。

エルナンド・デ・ソト、フロリダのタンパ湾より
サンティアゴ・デ・クーバの司法行政局宛の書翰。1539年11月8日付

1541年5月8日、スペインの征服者（コンキスタドール）エルナンド・デ・ソトと500名ほどの遠征隊員が、ミシシッピ川の川岸にたどり着いた。ソトはこの川の発見者とされている。ワシントンの国会議事堂からはじまり、合衆国南東部の数多くの郡庁舎と博物館に飾られている想像力豊かな絵画には、煌（きら）びやかな甲冑に身を固め、勝ち誇ったように笑みを浮かべてミシシッピ川の川岸に立つソトの姿が描かれている。

現実はそれほど華やかなものではなかった。エルナンド・デ・ソトは、ミシシッピ川を発見したわけでもないし――探検家も船乗りも、30年前から川のことは知っていた――華やかというよりは、死に物狂いになっていたのだ。2年間もソトは、この未知の大陸でアステカ族やインカ族の帝国に匹敵する国を探し求めていた。しかし、一行がミシシッピ川に到着した時には、立派な衣服もテントも甲冑も刀剣も弓も槍も火縄銃その他の装備も、大半がなくなっていた。650名いた隊員の5分の1はすでに死んでいた。原住民と闘って戦死した者もいたが、餓死したり過労死や病死した者もいた。しかし、さらに何千人も多くの原住民が、奴隷にされたり、探検隊の荷物を運搬させられて、過労のあまり命を落とした。1543年9月に311人がやっとの思いでメキシコにもどってきた時には、探検の距離は6,440キロメートルに及んでいた。これは、265年後にルイスとクラークが探検する距離の2倍になる（本書64頁）。

この〈奥地探検（エントラーダ）〉が徐々に堕落していくさまは、この41歳の征服者のリーダーが残した功績とあまりにもかけ離れている。ソトはスペインの田舎で下級貴族の息子だったが、貧乏に近い生活に14歳で別れを告げ、パナマに渡ってスペインの植民地で指導者として名を馳せた。征服者たちの一団が黄金と奴隷を求めて、中央アメリカの植民地帯をくまなく略奪して回った、この時代の残虐きわまりないやり口をすっかり自家薬籠中のものとし、ソトはニカラグアの豊かな都市を占領していった。

ソトはフランシスコ・ピサロのもとで副司令官となって、南米のインカ族を征服した。南米でソトは、先兵を率いる隊長として名をあげた。先兵は馬にまたがり――これは当時のアメリカ大陸では知られていなかった戦法で――インカ族の軍勢と市街のまっただ中に、猛然とまたたく間に突っこんで行くので、数百人のスペイン人が、インカ族の闘い慣れした戦士たちの大軍団を破ることさえ珍しくなかった。インカ帝国皇帝アタワルパの拉致と解放にもかかわり、168人のスペイン人を8万のインカ族兵士が取り巻く中で、皇帝の解放と引き換えに一部屋一杯の黄金と二部屋分の銀を要求した。ピサロがアタワルパを処刑しようとしたことにソトが反対したのは有名だが、身代金の分け前は拒否しなかった。

1536年、ソトは1万3000ポンドの金銀をスペインまで輸送するために、9隻の船を必要とした。スペインに帰ると大宮殿をいくつも買い、贅の限りを尽くして宴を催し、高位の貴族の娘を娶った。しかしソトには、アレクサンドロス大王からナポレオンに至るあらゆる征服者に共通する欠点があった。自分の過去の業績には満足できないのだ。メキシコでアステカ族を征服したエルナン・コルテスや、ペルーでのピサロに匹敵する功績をあげたくて、ソトは1538年に北アメリカを目指して出帆した。スペイン人が「ラ・フロリダ」と呼ぶ国には黄金のあふれる第三の帝国があるという噂話と伝説を信じたのである。

ラ・フロリダ

ソトは、自分の率いる遠征隊には金に糸目をつけず、ルネサンス時代最新の武具を装備させた。250頭の馬と、本人が手紙で得意げに書いている言葉を借りると「スペインで1艦隊に支給されるよりも多

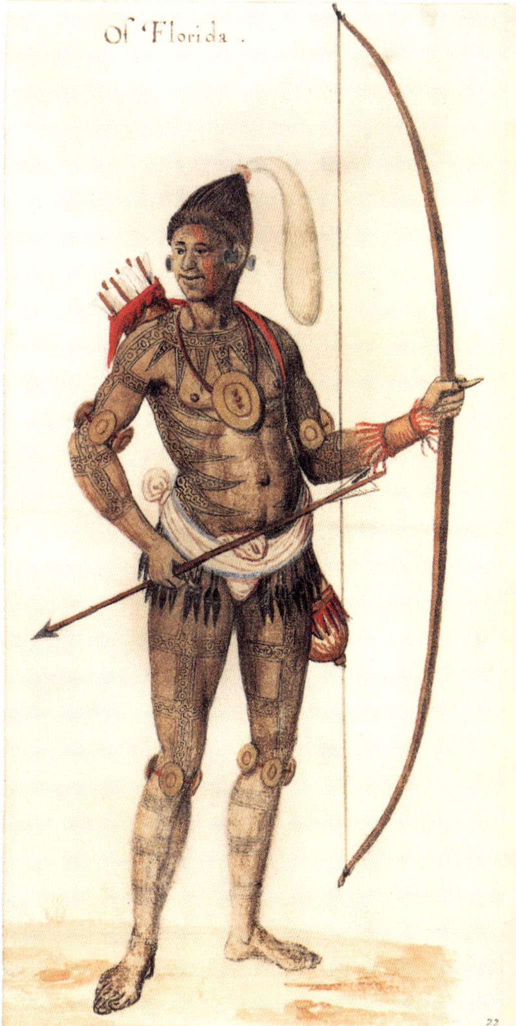

金と銅のアクセサリーを身につけているティムクア族の酋長。1564年〔一般には1588年頃とされる〕、ジャック・ル・モワーヌのデッサンをもとにジョン・ホワイトが描いた。ティムクア族インディアンは、フロリダ北東部のセントジョンズ川流域に住んでいた。

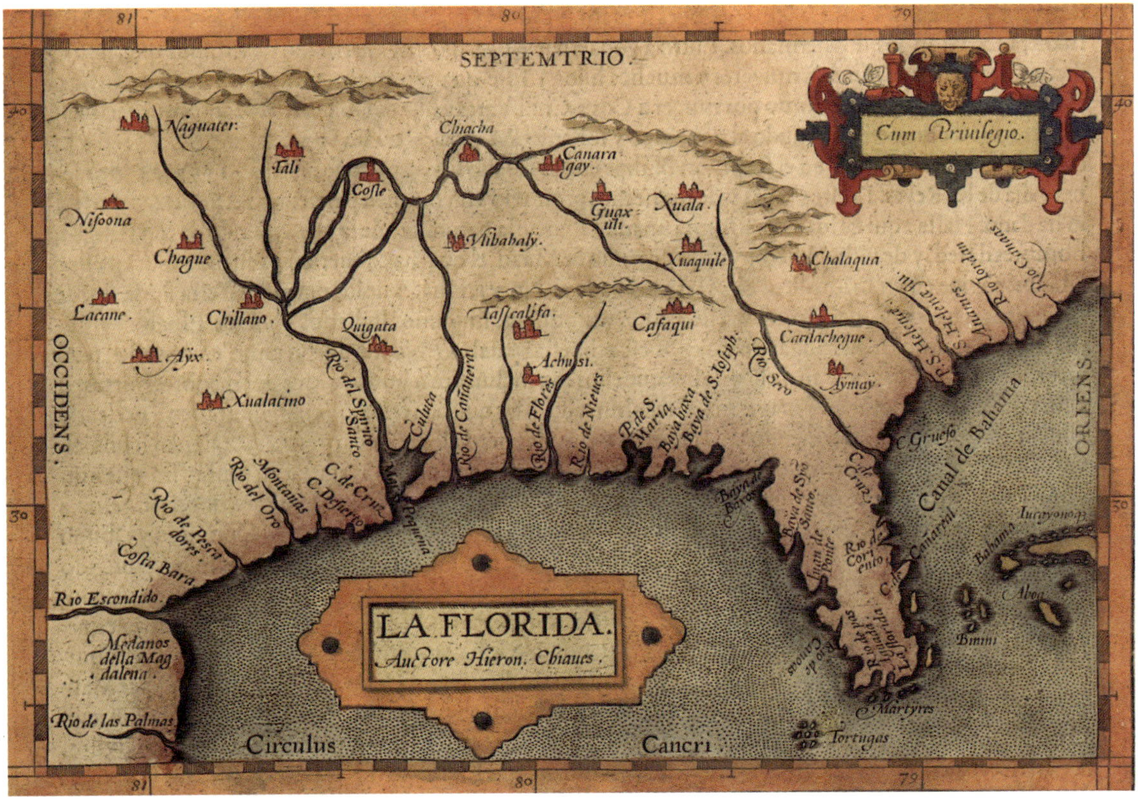

1584年、アントワープ（アンベルス）〔ベルギー北部の港市〕のアブラハム・オルテリウスが制作した地図『世界の舞台』に描かれている「ラ・フロリダ」。フロリダだけが個別に描かれた初めての地図で、ヴァージニアからニューメキシコに至るまでの広い地域が含まれているが、この地域を探検したソトの情報も反映されている。

いくらいの食糧」を調達した。1539年の春、タンパ湾に上陸すると、すぐにソトは現地の文明社会と遭遇する。その文明も、100年以上のちだが、フランスとイギリスから探検家が大挙して押しかけるころには消滅してしまう。ミシシッピ人と名づけられたその原住民は酋長たちが治めていて、複雑な宗教や儀式をもち、さまざまな競技の大会を行ない、軍隊ももっていた。彼らの集落の中には人口が3万人近く、当時のヨーロッパの都市にも匹敵するほどの規模のものもあって、トウモロコシ、マメ、カボチャなどの野菜が広大な畑で栽培されていた。現在、巨大な土塁がその名残りをとどめているばかりだが、北米の南東部から北はイリノイ州まで点在して、不思議な光景を見せている。ミシシッピ人は真珠や銅などの金属片を持っていたために、黄金に目がくらんでいたソトは、隣町にはもっと金目の物があると思いこんだ。

エルナンド・デ・ソトほど、力づくで有無を言わさずに効率よく原住民をおさえこんでいった征服者はそうそういるものではない。ミシシッピ人の王国にあっという間に攻めこむと、たちまち支配下に置いてしまい、食糧を要求し、隣町まで荷物を運ぶ人員の手配も要求した。拒否しようものなら、酋長は殺害され、一族は奴隷にされた。このよそ者の突然の襲来を団結して食い止めようとしたことも何度かあったが、不首尾に終わった。最初のころの抵抗はうまくいかなかったが、中央アラバマでの襲撃は、スペイン人らに大きな打撃を与えることになった。インカ帝国皇帝を拉致した者にしては皮肉なことだが、ソトは酋長タスカルーサにだまされて、防備を固めた町の中へと大した護衛もつけずに酒盛りのために入っていき、襲われたのである。アタワルパを拉致するのにソトが使ったのと同じ手口だった。最終的には、部下たちのほうがタスカルーサを殺し、インディアンたちを完膚無きまでに叩きのめして勝利を収めたのだが、スペイン人側も大勢の戦死者を出し、物的な損害も大きかった。

エルナンド・デ・ソト、征服者にして探検家。ペルーでスペインがインカ帝国を征服する際に活躍し、莫大な富を手に入れたが満足せず、ラ・フロリダにあるとされた黄金を探しに行った。

このあと、スペインに手ぶらで帰らざるをえなくなりそうだったので、ソトは南方のモビール湾で彼を待っている艦隊に連絡することすら拒んで、まとまりのなくなった隊員たちを唖然とさせた。それからさらに1年、ソトは黄金があるという噂に惑わされ、アーカンソーで一攫千金を夢見て探し回るが、ついに1542年、熱病に倒れて世を去った。ソトは、しだいに手がつけられなくなっていく粗暴な隊員を率いてミシシッピ川までもどっていたが、ある隊員の日記によれば、その地域の有力者だった酋長に自分は神だと言い放つと、酋長は「この大きな川を干上がらすことができたら、信じてやろう」と答えたという。ソトが死去する直前のことだった。

あとに残された隊員たちは、1年以上かかってラ・フロリダから逃げ出した。当初はテキサスを通ってメキシコに抜けようとしたのだが、食糧と水が不足したために、やむなく引き返した。最後には筏（いかだ）を組んでミシシッピ川を下ったが、途中でインディアンに悩まされ、やっとのことでメキシコ湾にたどり着く。1543年9月10日、一行は遠く母国を離れて新大陸に駐留していた同胞の度肝を抜くことになった。エルナンド・デ・ソトの探検隊一同はとうの昔に死んだものと、皆思っていたのだ。

キャロリン・ギルマン

ルイスとクラーク

アメリカ大陸の未知なる西部へ

(1774 ～ 1809 & 1770 ～ 1838)

我々は少なくとも２千マイルは延びている国、それまで
文明社会の人間が誰ひとり足を踏み入れたことのなかった国に
いよいよ入ろうとしていた。そこで我々を待ちかまえているものが
善なのか悪なのかは、これから決めなければならないことだった。
この小さな船団には自分たちの命をつなぐための、あるいは自分たちを
守るためのすべてが収められていた。

メリウェザー・ルイス
『日誌』1805 年 4 月 7 日

1803 年、北アメリカの西部は、東海岸に住む者には依然として謎の地帯だった。この年、トマス・ジェファーソン大統領が、合衆国政府公認の地図制作者ニコラス・キングに対して、〈西部〉についての信頼できそうな情報をすべて集めてまとめるように指示を出した時には、西部についてはほとんど白地図状態で、キングは「不確定」の文字しか記入していなかった。「この土地が一体どこまで続いているのか分かる者などいるのか？　この茫漠たる大陸の半分も歩いたことのあるヨーロッパ人は、まだ一人としていないのだ」と、ジャーナリストのヘクター・セント・ジョン・ド・クレヴクールが、西方に目を向けながら記している。

無論、いろいろな考え方や見方があったが、いずれも当時のアメリカ人の夢を映し出しているものが多かった。ルビーや黄金の都市ではなく、鉛や塩、何マイルもえんえんと続く緑の豊かな農地といった実用性の高いものを求めていたのだ。それから大陸を横断する水路を見つけるという以前からの夢もあった。北西航路なるものは、もう海上の航路ではなく、河川を利用した水路へと発想が移っていた。机上の検討しかしない地理学者らの説によると、東に流れる川と西に流れる川の２本があるはずで、その２本は水源から近いところで合流しているので、わずかな距離だけ船を陸路で移動させれば、大陸横断ができるという。

トマス・ジェファーソンは、荒野にはいっさい足を踏み入れることのなかった大探検家のひとりだった。もっぱら書物と着想の豊かな頭の中でだけ探検をしていたのだ。アメリカの西部には何年も前から関心を持っていたが、ただ科学的な好奇心にとどまってはいなかった。ジェファーソンにとって、西部は民主主義の一番の難題を解決する方策だった。たえず独裁政治と腐敗へと向かおうとする動きに対して、見識ある一般市民が油断なく目を光らせている必要があったのだ。しかるべき環境があれば、民主主義に不可欠の独立独行の精神をもった新しいタイプの市民が誕生するはずだとジェファーソンは思っていた。歴史に汚されていない若い西部こそがその環境であり、西部なら、自然環境が人間に揺るぎのない徳性を養ってくれると

ルイスとクラークの日誌には、2年半にわたる探検の毎日の出来事が記されている。探検から100年後に初めて出版された時は、全80巻だった。

考えたのだ。

ジェファーソンの予想通り、彼の計画の妨げになるのはスペイン人とインディアンだった。アメリカ合衆国は、1783年にイギリスからミシシッピ川の東側の土地を割譲されたが、スペインは依然として、川の西側すべての所有権を主張していた。しかし、これはほとんど他国の知らないことだったが、スペインは保有地の北側の一部――ルイジアナと呼ばれていた――をすでにフランスに割譲していたのだ。そこで、1803年にジェファーソンはその土地の購入を目的に、パリの大使らにナポレオンと交渉させた。インディアンの方が厄介だった。ヨーロッパのどの国が西部の領有権を主張しようと、依然として支配しているのはインディアンの諸部族だった。合衆国はミシシッピ川東側の部族との闘争をやっと終えたばかりだったが、いずれの戦いでも、ほとんどはインディアンが勝利を収めていた。ジェファーソンの解決策はフランスの時と同様だったが、大使を送りこんで、今度は土地を買収するのではなく、貿易と外交で関係を樹立しようとしたのだ。そして、西部探検の計画も密かに軌道に乗せられた。

ルイス-クラーク探検隊

ジェファーソンが、のちに〈ルイス-クラーク探検隊〉と呼ばれるようになる探

ルイスとクラークの探検から30年後の風景。画家のカール・ボドマーが二人の足跡をたどって描いたもの。ミズーリ川の上流には二人がやってきた時代と同じように、バッファローと大型鹿（エルク）が群れをなしている。

検隊のリーダーを必要としていた時に、テーブルをはさんで向かいに坐っていた29歳の私設秘書、メリウェザー・ルイスに何気なく目をとめた。元陸軍将校だったルイスは、ジェファーソンと同様に、独学で該博な知識を身につけた男だった。大統領とこの秘蔵っ子は、アメリカ人には最高水準の技術を採り入れた探検ができることを世界中に見せつける探検を、ふたりで協力して計画した。ふたりが基準にしたのは、18世紀啓蒙時代のイギリス海軍、とくにジェイムズ・クック（本書46頁）の探検だった。ルイスの探検には、貿易、領土拡大、学術調査などいくつも目的があった。植物・動物・鉱物・民族、さらに天文観測により修正した地勢など、その土地と資源の情報を完璧に網羅する調査を行なうのである。ジェファーソンが議会から認可を得た2,500ドルの予算では、科学者を派遣するなど望むべくもなかったので、成果はすべてルイスの双肩にかかっていた。

ルイスは出発前に、軍隊時代の旧友ウィリアム・クラークに将来を決する手紙を書いて、地位も責任も「すべての点でまったく私と対等」な関係での探検参加の話を持ちかけた。尋常ではない要請だったが、それがまた尋常ではないことに、功を奏したのである。ふたりが行動を共にした期間は3年を超えるが、これ以上はない信頼関係を見せていたことだけがしっかりと記録に残っている。ルイスとクラークはまったく対照的な人物だった。クラークは長身で赤毛、独立戦争で英雄を何人も輩出した大家族の出で、生まれながらにして指揮官の素質があった。手紙を書いても回りくどくなく率直で、しかも情感に溢れていて、日誌には実践的なことが細かく（ただし単語の綴りに間違いが多い）記載されている。ルイスの方が複雑な面を持っていて、気分にむらがあり内省的で、独りでいるのが好きだったが、クラークは社交的だった。ルイスの日誌を見ると、植物に夢中になっている様子もなく、クラークに比べてはるかに言語が明晰で、鋭い理解力を示している。しかし、ルイスは衝動に駆られた行動、無礼とさえいえる行動を取れないわけではなかった。

1803年から1804年にかけての冬、探検隊はミシシッピ川のほとりでキャンプ生活をせざるをえなくなった。スペインは、ルイジアナが正式に合衆国に割譲される1804年3月まで、一行のルイジアナ入りを認めなかったのである。5月になり、ルイス-クラーク探検隊は、全長17メートルの平底船（キールボート）1隻と大型丸木船2隻に、48名ほど──寄せ集めの乗組員で、フランス人の漕ぎ手もいれば、ケンタッキーの開拓者たちも、米軍兵士もいたし、黒人奴隷が1名とルイスの愛犬シーマンもいた──が乗りこんだ。間もなく、平底船（キールボート）では大きすぎて、急流の上に、川面のあちこちから木が突き出しているミズーリ川を安全に航行するのは無理だとわかった。やむなく最初の1,600キロは竿（さお）を使ったり船をロープで引っ張ったりしながら進め、あとはカヌーに乗り換えた。

2カ月が過ぎ、それまで目にしたことがない光景に出くわした。大平原である。四方八方どちらをみても茫洋とした草原が彼方の地平線まで続いていて、そこには数え切れないほどのレイヨウ、エルク、バッファローが群れをなしていた。探検家たちは、博物学者の研究用に新種の生物の死骸を熱湯処理し、皮革は保存し、記録に残した。さらに「吠えるリス」（プレーリードッグ）を生け捕りにしてもいる。プレーリードッグは乗組員らが大切に飼育し、翌年、無事にワシントンに到着すると、ジェファーソン大統領は嬉々としてホワイトハウスの応接室で飼うことにした。

大平原のインディアン

しかし、学術調査と比べて、外交使節としての任務はあまりうまくいかなかった。平原インディアンの中でも最大の武力を誇っているのがダコタ族だった。ダコタ族はバッファローの群れを追い、テント小屋（ティピ）で生活する騎馬民族だった。ルイスとクラークはテトン族と出会うと、そこを通してもらうための貢ぎ物を拒否し、その上、武装した戦士たちに向かって、お前たち一族が「子供」として従わなければならない新しい「父親」がワシントンにいると言い放ったのである。ルイスらが無事に旅を続けられたのは、ひとえに初老の酋長が仲介の労をとってくれたからにほかならない。

一行が現在のノースダコタにあったマンダン族とヒダーツァ族の村に着いた時には雪が舞っていた。村には、丸太と泥で造った丸屋根の小屋が並んでいた。ふたつの部族は協力して豊かな川の流域で農耕をし、1750年代からその土地に集まって来ていたカナダの毛皮商人と景気よく取引をしていた。ルイスらはその附近に丸太で基地を造り、歓迎してくれる隣人たちから食糧や情報を得た。

極寒の冬――壊れていない唯一の温度計は零下40℃を示した――の間じゅう、ルイスらはインディアンたちにその界隈の地勢についてさんざん聞きまくり、これから太平洋に出るために越えなければならない山を通っている道がショショーニ族の支配下にあるとわかった。運良くショショーニ語を話せる捕虜――十代の身重のサカジャウィア（Sacagaweaだが、日誌の編者はなぜか"Sacajawea"と表記している）という名の娘――が村にいた。彼女を通訳にするために、あまり評判のよくない夫のトゥサン・シャルボノーを雇い入れ、春にまた探検に出発する時には、31人にまで縮小した隊に、女性がひとりと生後2カ月の乳児が加わっていた。あだ名をつけるのが得意だったクラークは、彼女を「ジェイニー」、男児を「ポンプ」と呼んだ。

ミズーリ川は一行を西へ西へと導いた。岩肌がむき出しの乾いた大地の中を進んでいくと、はるか遠くの山並みが地平線から突き出していた。両岸には2メートルをはるかに超える獰猛な熊がうようよしていたが、人影はまったくなかった。8月にはまったく未知の世界へと突入し、一面を松が覆う山間（やまあい）を、小石のころがる浅瀬に乗って東に進んだ。ロッキー山脈を越える道を見つけるあてもなく、とにかく道案内してもらえるショショーニ族をなんとしても見つけ出さなければならなかった。ルイスは3名の隊員とともに、幻の一族を捜して歩き回った。じつはショショーニ族は隠れていたのである。仇敵のブラックフット族から猛攻を受けたばかりで、とても客人の相手をできるような心境ではなかった。偵察兵から、よそ者4人が山の野営地に近づいているという連絡が入ると、酋長カメアウェイトと騎馬兵60人が侵入阻止のために出動した。ルイスめがけて全速力で突進してきた。

1807年、ショショーニ族酋長カメアウェイトからもらった衣裳を着て画家シャルル・B・J・F・ド・サンメマンの前でポーズをとるメリウェザー・ルイス。

ところが、さいわいルイスは、その直前に3人のショショーニ族の女性と出会い、悪意がないことを理解してもらっていたのだ。酋長は女性たちに説得され、ルイスたちを歓迎することにした。身ぶり手ぶりでルイスは酋長に、一緒に来て探検隊の仲間と会ってくれるようにと意思を伝えた。疲労困憊していた隊員たちは酋長に会うと、精いっぱいの歓迎をして、通訳を呼び入れた。すると、サカジャウィアはカメアウェイトを見て、兄であると気づいたのである。

右から３番目がサカジャウィアの夫トゥサン・シャルボノーと思われる。1833年に画家のカール・ボドマーが会った時は、まだヒダーツァ族の通訳をしていた。当時、ヒダーツァ族は全盛期にあったが、４年後には天然痘に襲われることになる。

「彼女はすぐさま跳び上がり、走っていくと酋長に抱きついて、自分の毛布を彼に掛けて号泣しはじめた」と、のちにクラークは言っている。

やっと話ができるようになると、ルイスとクラークは前途多難な状況にあることを知った。ルイスの方はすでにうすうす勘づいてはいた。次の尾根を越えると一望千里の光景が広がっていることはわかっていた。なだらかな下り坂が太平洋へと続くのではなく、「西側には山脈がどこまでも連なり、その頂は所どころ雪に覆われていた」のだ。山脈の麓にたどり着いたと思ったら、もう夏は終わりかけていた。唯一通れそうな道まで行くにしても、240キロメートル以上は北に引き返さなければならない。しかも、「その道はとてもひどかった」とカメアウェイト酋長が嘆息した。

山脈越え

それからというものは、艱難辛苦の連続となる。荷物を運搬する馬とショショーニ族のガイドをひとり手配して、山越えに出発した。山道はほとんど垂直と言ってもいいような急勾配で、そこらじゅうに倒れた木が散乱していた。眠りから覚めると雪に埋もれていた。空腹のあまり馬を食用にしてしまったりもした。靴下が不足すると、ぼろきれを足にまいた。9月20日に、ふらふらになりながら山脈を脱して、ネズパース族の野営地に入っていった時には、一行は飢えと寒さで息も絶え絶えになっていた。ここでもまたひとりの女性が、脅えている原住民に向かって、探検隊を攻撃しない方がよいと忠言してくれた。女性の名前はワトクウェイスといい、ネズパース族の中でただひとり、白人に会った経験の持ち主だったのである。おかげで新来の客人たちは歓迎され、料理をふるまわれ、クリアウォーター川を利用して山脈を脱するためのカヌー作りにも手を貸してくれた。

初めて川を下っていくと、間もなくコロンビア川に出た。流域には青々とした草原が広がり、川を遡上するサケの大群を頼りに生活している諸民族が大勢暮らしていた。チヌーク族は太平洋沿岸に定期的にやってくるイングランドとアメリカの貿易船を相手に商売をしていて、ビーズや薬罐（やかん）、おまけに「クソッたれ」といった言葉まで仕入れていた。しかし、ヨーロッパ人をよく知るようになるにつれて、インディアンはしだいに態度を硬化させていった。クラークによると「我々は時と場所を選ばず、常に油断なく警戒していた」という。行く手にはカスケード山脈が立ちはだかっていたが、コロンビア川がその息を呑むような険しい峡谷を突っ切って、やがて広い河口へと流れていた。11月7日、探検隊はついに波の砕ける音を耳にした。「海が見えた！　ああ、嬉しい」とクラークは日誌に書いている。

一行はボストンの商船をあてにしていて、それに乗せてもらって帰るつもりだった。ところが、雨の多い冬を過ぎても、船は一隻も現われなかった。オレゴン州の沿岸に宿泊施設を建て、雨漏りで水びたしになる中、ロッキー山脈の雪解けまで待って、来た道をまた引き返した。

帰還

1806年9月23日、ルイス-クラーク探検隊のカヌーがセントルイスの波止場が見えるところまで来ると、町の人たちが集まってきて、万歳三唱をして、探検隊の帰還に驚歎の声をあげた。一行の噂がわずかながらも伝わって来てから1年半が過ぎていたので、政府としてはもう行方不明になったものと絶望視していたのである。生還したとの情報がかけめぐり、彼らは行く先々で熱狂的な歓迎を受けた。

見方によっては、探検は大成功だったとも言える。ルイスとクラークを指揮官として出発した隊員の中で、命を落としたのは1名だけで、しかも原因は虫垂炎で、出発してからまだ何カ月もたっていなかった。最後には数多くの植物標本・種子・工藝品を持ち帰り、何冊もの日誌も書き綴られていた。しかし、太平洋までの航路を見つけるという重大な使命のほうは果たせなかった。そんなものは存在しなかったからだ。苦心惨憺のすえ、山越えを果たしたおかげで、〈北西航路〉という神話の息の根を止めることになった。

さらにがっかりするようなことが続く。ルイスは書き上げた探検日誌を出版する責任があったのに、それを怠り、誰もが失望した。探検から帰還し、英雄として出迎えられてから3年、テネシー州の僻地で自らの命を絶ち、そのために探検隊の学術的な成果は100年も公けにされることがなかった。蒐集物は散逸して、彼らの発見もしだいに忘れられていった。ところが、冒険譚として、ルイスとクラークの話

ルイスとクラークが蒐集した植物の多くは未知の新種だった。このヒイラギメギ（学名*Berberis nervosa*）は現存する200種以上の標本のひとつ。

は新たな生命を得ることになった。ふたりが伝えた広大無辺の西部の姿が、国民の想像力に火をつけたのである。くり返し語り継がれていくうちに、彼らの旅路はそのままアメリカという国の象徴となった。つまり、過去を捨てて新天地と新生活を求める旅についての楽天的な物語の象徴となったのである。〈北西航路〉は夢幻（ゆめまぼろし）で、インディアンとの平和な関係と商取引もとんでもない思い違い、科学的な発見もうまくいかなかったかもしれないが、しかしそれでもルイスとクラークは、合衆国国民をひとつにまとめあげる「物語」を造り出したという点で、大きな期待をはるかに上回るだけの功績を残したのだ。

ジョン・マッカリア

トマス・ベインズ

遙かなる大地の画家
(1820 ～ 75)

私は画家で、目にしたものをできる限り忠実に
自分の知っているやり方で説明しているだけだ。
トマス・ベインズ
『アフリカ滞在日誌』(1842 ～ 53)

1876年、王立地理学会での会長就任演説で、サー・ヘンリ・ローリンソンはこう述べている。トマス・ベインズこそは「生まれながらの画家にして探検家であり、野生の生物をこよなく愛し、探検家としての技術と力量に秀でていた」。探検家として画家としてベインズは、遙か彼方の大陸に向けるヴィクトリア人の眼差しを根本から変えたのである。アフリカ南部とオーストラリアを探訪し、学術的資料、動植物の標本、途中で出会った原住民について新たな認識をもたらした。《未知の世界(テラ・インコグニタ)》と白地図の代わりに、ベインズは画布(カンバス)に向かって、豊かな動物・植物の姿と目映いばかりの極彩色の世界を一面に描きつけた。他の探検家たちは分厚く重い書物を残したが、ベインズは出くわした風景を絵画と日記の中に結晶させた。そこには発見と探検の昂奮、自然界を前にした畏敬の念があふれている。

冒険心

トマス・ベインズは1820年11月27日に、ノーフォーク州の町キングズ・リンに生まれた。16歳の時に、同じ町の「装飾画家」ウィリアム・カーのもとに弟子入りする。1842年、ベインズは南アフリカへと旅立ち、ケープタウンで3年間、馬車の塗装工のもとで働いた。ベインズの仕事ぶりを知っていた友人のすすめで、「海洋・肖像画家」と称し、プロの画家として再出発。この港町に次々とやって来て途絶えることのない船乗り・軍人・商人たちを相手に、ベインズは「いつまでも変わらぬ『テーブル湾とテーブル山を擁するケープタウン』」を売り物にした。アフリカに関心を寄せるこのようなヨーロッパ人がいたおかげで、ベインズの探検生活が成り立ったのである。

観光客受けするケープタウンや近隣の海岸を描いていない時には、ヨーロッパの探検隊の歴史を調べていた。その冒険談と、彼の後からやって来て1846年から翌年まで滞在した、やはり画家で探検家のジョージ・フレンチ・アンガスに刺戟を受けて、ベインズは「しばらく私の中で眠っていた冒険心」がよみがえったという。

ベインズはアンガスとふたりで、奥地にあるといわれる「巨大な湖」を探しに行くことにした。

しかし、ベインズの、画家にして探検家という経歴が本格的にはじまるのは、1848年に船でアルゴア湾に行ってからである。1848年6月から8月まで、ベインズは、狩猟と商売のためにケープ地方の東部へ行くウィリアム・リドル、ジョージ・リドルに同行し、オレンジ川の流域まで行った。そこでベインズは目に入ってくるものをことごとくスケッチブックに描き、土地の動物、植物、風景を記録した。精密な鉛筆画と水彩画を描いて、時刻・日付・場所（時には緯度まで）を記入し、それは後に油彩に仕立てられた。

1850年2月、ジョゼフ・マッケイブとともに、現在のボツワナでヌガミ湖を精確に地図に収めた。明確に学術的目的をもった遠征はこの時が初めてで、ベインズはあらかじめ距離の測定方法や観察の仕方、方位の測定について指導を受けて準備していたのである。

ベインズが描いたバッファローナシの木の枝（1849年）。植物の細部にまで注意を向けて精確に捉える作者の才幹がみごとに表われている。

翌年、ベインズはヘンリ・サマセット大佐と出会う。大佐はベインズを第8次辺境戦争（1850～53）――ヨーロッパ人入植者と、ケープ植民地の東の辺境に住んでいたコーサ族との間で幾度もくり返された戦争――の状況を写生させるために雇い入れた。公式の従軍画家であり、スケッチが『図解ロンドンニューズ』に掲載されることもあったのに、ベインズはわずか1年で辞めてしまった。グレアムズタウンに1年ほどいてから、1853年5月にイギリスに帰国し、2年間は、アフリカでの経験を題材に文章や絵にしたり、講演を行なって過ごした。

1855年、ベインズはオーガスタス・グレゴリーの率いるオーストラリア北方探検隊に、画家と物資管理係の兼務で任命され、3月にブリスベーンに向けて出港した。1857年、任務をみごとにこなしてイギリスに帰ると、地理学への貢献により、王立地理学会の特別会員に選出される。その後、ザンベジ川への探検を計画していたデイヴィッド・リヴィングストン（本書142頁）に紹介される。リヴィングストンはその探検によって、いまだに奴隷貿易の食いものにされている中央アフリカ地域に、商業とキリスト教を広める先鞭をつけようと思っていた。議会はザンベジ地区に交易場を開設できるならと、5,000ポンドの資金を投入した。

1858年1月に、ベインズはオーストラリア探検の時と同様の任務を与えられ、探検隊に随行する画家向けに、うんざりするくらい事細かに定められた規定に従って職務に就いた。ベインズは「その地域全体の特徴を忠実に描写し、野生の動物と鳥類のスケッチをし、有用で稀少な植物と化石の詳細な描写をして、全般にわたるコレクションを目指す」のが責務だった。

ベインズの作品には、たとえば、一行がザンベジ川を遡上中に遭遇したカボラバッサの急流など、自然現象の力強さが捉えられている。彼はまた「民族学のために原住民の肖像」を描く仕事も与えられていたが、肖像画には単なる学術的研究の閾を超えて、モデルにした人物たちの個性と威厳と気品までが収められている。

しかし、多彩な人物を寄せ集めた隊員間の緊張は悲惨な結果を生み、おそらく根拠もないのに、ベインズがポルトガル人役人に売るスケッチを描くため探検隊の資材を流用していると告発されたのである。1859年7月には解任され、熱病と眼病を患いつつも、ベインズはスケッチと探検ができる絶好の機会を無駄にしたくないという思いで、年末まで現地に留まった。

「キュリオシティ山（ピーク）とブロークンヒルの間を流れるヴィクトリア川のホースシュー浅瀬（ショール）でアリゲーターを仕留めている私とハンフリーズ」（1856年）。クロコダイル（ベインズはアリゲーターと言っている）の襲撃は、オーストラリア北部の探検隊には脅威だった。

商業探検

リヴィングストンとの経験をへて、ベインズは政府の紐付きの探検はやめて、営利目的の事業だけを引き受けるようになった。1860年4月、象牙と牛の貿易をしているジェイムズ・チャップマンに出会った。チャップマンは、西海岸のウォルヴィスベイから東海岸のザンベジ川河口まで大陸横断をして、アフリカ南部を両岸から結ぶ形で貿易の拠点を設けていこうと考えていた。ベインズはチャップマンと行動を共にする決意を固めた。費用は自分の描く絵で支払えばよい。

1861年7月にウォルヴィスベイを発ち、12月にヌガミ湖に到着。1862年7月から8月にかけて3週間、ヴィクトリア瀑布に留まった。結局、急流に阻まれて先には進めず、引き返さなければならなくなった。

ベインズの旅行記は1864年に『南西アフリカ探検』となって出版され、1865年には彼の油彩をもとにしたリトグラフの画集も刊行された。画家としては《崇高(サブライム)》という美的概念から大きな影響を受けていた。畏敬の念をかき立てる自然界の力をヴィクトリア瀑布で目の当たりにしたからである。その眺望は「藝術家の魂が想像しうる最高の景観」だったという。彼の画集はヨーロッパ人のアフリカ探検史の中で特異な記録となっており、その後の《瀑布》の絵画に重要な影響を与えた。

この探検の後、ベインズはナミビアで過ごし、1865年にはイギリスに帰り、W・B・ロードと共著で、実用的なマニュアル本『実践キャンプ生活』を出版。1868年には、マタベレランド（現在のジンバブエ）での採鉱権獲得をねらう南アフリカ金鉱踏査会社が、ベインズに協力を要請してきた。1869年から1872年まで2度、探検隊の指揮を執ってダーバンから遠征し、金鉱が見込まれる場所を特定し、ヌデベレ族の酋長ロベングラと採掘権の交渉をした。ベインズの作成した地図も絵も日記も、すべて死後に出版されている。1875年5月8日、トマス・ベインズはダーバンで、赤痢のためにこの世を去った。マタベレランドへの3度目の遠征に向けて準備中のことだった。

「わたしには絵を描くことしかできないのです」

ベインズは、ケープ植民地の知事に就任したばかりのサー・ジョージ・キャスカートにこんなふうに言ったことがある。自分の「一番の目的は、この土地、その住民、動物、植物の特徴を可能な限り捉えて、できるだけ完成度の高いスケッチを目指すことですね」。控え目な発言とは裏腹に、ベインズの探検は学術的な鋭い視点をもたらしている。

動物学の分野を例にとると、彼の絵は自然環境の中に生物を置いて、その特徴が具体的にわかるように描いているのだ。動物はベインズの説明と観察になくてはな

らない要素だ。「植物はあまり得意じゃない」とも言っているが、彼の描く風景画には、実物どおりであると同時に心の琴線に触れる樹木なり草花の特徴がきちんと捉えられている。キュー植物園のウィリアム・フッカーやジョゼフ・フッカーといった当時の代表的な植物学者と手紙のやりとりをし、チャップマンに随行した時の探検では、《砂漠万年青（さばくおもと）》と《アロエ・ディコトマ》を確認して記録するという、2種類の植物の重要な発見をしている。

ザンベジ川まで探検したリヴィングストン隊に加わったジョン・カーク博士が認めるとおり、「ベインズ氏は実物どおりの姿を描き、自然のままの状態に徹底的にこだわっているので、植物に詳しい者なら、彼の絵を見て、描かれている植物の名前がすぐにわかるほどだ」。

ベインズは新しい技術も駆使して、アフリカの自然と人びとの美しさをヨーロッパに伝えた。たとえば、チャップマンの撮った写真を利用して、「土地の人たちの武器と装飾品」を精確に絵にとどめている。天文観測と体系的な地図作成を通じて、ベインズはヨーロッパの科学的測量という考え方をアフリカにもたらした。触感と

上：ヴィクトリア瀑布でガーデン・アイランドから見たバッファローの群れを描いたベインズの絵（1862年）。背景にある滝の崇高（サブライム）な雰囲気が捉えられている。ベインズはこの油彩を少なくとも3種類描いて、それをもとにしてリトグラフを作成した。

前ページ：ベインズは人物画では、遠征中に出会った人たちの個性と威厳が伝わるように苦心した。この絵は「テテ〔モザンビーク西部のザンベジ川に臨む町〕の住人、コンデ」（1859年）。

この『砂漠万年青（さばくおもと）』（1867年）では、ベインズが真剣に植物のスケッチをしている。絵に自分自身を「目撃者」として取り込むことによって、描かれた場面が精確であることを示したのである。この植物の記録によって、彼は植物学に大きな貢献をした。

立体感を生き生きと描く彼の藝術的手腕によって、目の前にある地質の特徴がみごとに捉えられている。

自然を愛するベインズの心も、作品の中で光を放っている。『南西アフリカ探検』では、未踏の土地を通りながら、その生態環境への関心を漏らしている。「自然が生み出したすばらしい産物は敬服すべき対象であって、破壊すべきものではないとの思いをどうしても抑えることができない」。

ベインズの絵には、その場面が事実であることを保証するために、よく自身の姿が描かれている。絵を見ている人に嘘偽りがないことを請け合っているのだ。一報道記者として映像を記録したのであり、彼自身が自分のスケッチの唯一の長所は「力のおよぶ限りその土地の性格を忠実に写していること」だと断言している。

1867年、ベインズの絵が20枚選ばれて、パリ万博に展示された。彼の作品は、イギリスおよびヨーロッパの数多くの展覧会に出品されたほか、一般の雑誌や旅行のガイドブックにも掲載され、彼の探検が広く影響力を及ぼすところとなった。

知識・情報を普及させるために彼が駆使したのは絵だけではなかった。イギリスに帰ってからは、広く講演活動にも力を尽くした。サー・ロデリック・マーチソンの言葉を借りると、ベインズの作品の一番恩恵を受けているのは、「アフリカ南部になぞ絶対に行けるはずのない」、あるいは「あの雄大な大陸の真の性格を心の目で実感できる」イギリスの人たちなのである。

ベインズは確かにヴィクトリア時代の帝国主義的な価値観に理解を示し、植民地の拡大と支配を問題視してはいなかったが、それぞれの土地の美しさと独自性に心を奪われていたことも確かだ。彼のスケッチブックには夥(おびただ)しい注記が添えられていて、自然の息吹がみなぎっており、「記録に価しないつまらないものなどは何ひとつとして存在しない」とするベインズの哲学の裏づけになっている。

鉄砲の弾が頭の上を飛び交っているのに絵を描いたり、画布に絵の具を塗る先から虫が飛んできてはその絵の具を食ってしまうなど、惨憺たる状況の中を旅して回ったが、ベインズは畏敬すべき自然の雄大さのみならず、驚異的な姿にも魅せられている証(あか)しとなる作品を生み出した。旅歩きも、資料蒐集も、イギリスの一般大衆への情報提供も、いずれもそれ自体が彼には目的であり、「私の努力によってこれまで未踏の地の幾許(いくばく)かでもイギリス国民に知らしめられるなら、あるいはアフリカ地図の中心をいまだに占めている空白地帯がわずかであろうと小さくなるなら、私の苦労は報われる」という言葉を遺している。

その土地の人びと・動物・風景についての情報が伝わる精確な絵が描かれているだけでなく、ベインズの絵には、たとえばここにはルアボ川河口附近に河馬がいるが、土地の美しさと雄大さも併せて描かれている（1859年の作)。

ロバート・トウィガー

リチャード・バートン

発見に取り憑かれた男

(1821 ～ 90)

自らの本性(さが)の命ずるままに行動せよ、
褒めてくれる者など自分だけでよい、
自ら決めた掟を守る者こそが
こよなく高貴に生き、こよなく高貴に死ぬのだ。
リチャード・バートン
『カシダー』(1880 年)

ロンドン南西の郊外モートレイクにある寂然とした教会墓地に、東洋のテント小屋の形をした石造りの風変わりな霊廟がある。小さな梯子がかけられていて、窓から中をのぞくと、サー・リチャードとレイディ・バートンの棺がひっそりと並んでいるのが見える。棺の上の方には錆びついた電話のベルのような形の物がひとつある。これはじつは古い筒形コイルで、霊廟の中のラクダの鈴を鳴らすための細工なのである。ヴィクトリア朝人の悪ふざけ？　いや、そうではない。ラクダの鈴の音はバートンの長詩『カシダー』でくり返される反復句なのだ。この詩でバートンは、ハジ・アブドゥ・エル・イェズディというペルシアの神秘的作家に託して、尋常ならざる哲学・動機・理想を説いている。

汝の胸からその老女をむしり取れ、
悲しみにあっては逞しくあれ、幸福にあっては厳しくあれ、
善をなせ、善は善なればなり、
天からの賄賂も地獄からの脅迫も突っぱねろ。

これがH・M・スタンリーから「あのやり切れない皮肉な物言いさえなければ、誰よりも偉大だったのに」と言われた男である。また、人殺しをして人肉を食ってしまうという話を淡々として客間を恐怖に突き落とした男である。もっとも、彼自身がそんなことをしたという証拠はないのだが。バートンにあっては、怪異な譚(はなし)と異様な現実は混じり合っている。

1821 年 3 月 19 日、イングランド南西部の海岸に臨む保養地トーキーで生まれたリチャード・フランシス・バートンは、フランスとイタリアを中心に各地を転々としながら育った。今も昔もイギリス人に愛されているフランス南西部の町、ポーもそのひとつだった。親が「一流の学校」に入れてくれなかったと恨み言を何度か書いているが、しかし、厳しい全寮制の学校にバートンが我慢できたとは思えない。

「巡礼」姿のバートンの肖像。『メディナ及びメッカ巡礼記』第 2 巻の口絵。語学が堪能で変装が得意だったために、危険な地域や入ってはいけない土地にも怪しまれずに入って行けた。

1842 年、バートンはインドに渡り、7 年間軍隊で過ごしたが、大半はシンド族の中にいた。軍務に加えて、諜報活動も行ない、変装しては情報を収集した。コレラにかかり、インドから帰国した。この図は『ゴアとブルー山脈── 6 カ月の病気休暇』(1851 年)に収められている「トダ族の一家と村」。

1840 年にイングランドに戻り、オクスフォード大学のトリニティ・コレッジに入学。その初日に、彼の大きな口髭を笑った級友に決闘を申し込んだ。相手は断わった。

若いころのバートンは、よく言われるとおり、バイロン卿の向こうを張ろうとしていた。バイロンより学究肌だが、詩才のほうは負けている。ヴィクトリア朝の謹厳な時代には似つかわしくなく、変装が好きだった。もっともバートンは、オクスフォード大学でも似つかわしくない学生で、学期中に競馬に行き停学処分になっている。まったく勉強しなかったことは間違いないようで、退学するにもひっそりとではなく派手〔T. S. エリオットの詩『うつろな人間』の一節「大した騒ぎもなくひっそりと」をもじった表現〕なのがよかったのだ。

インドとアラビアにて

1842 年 10 月に、インド西部にあった藩王国バローダで第 18 ボンベイ現地軍歩兵連隊に入隊し、ペルシア語やアラビア語のみならず、現地のマラッタ語・グジャラータ語・ヒンドスタニー語をあっという間にものにした。バートンは謎の多い人物だが、その後の姿を解明する鍵が、インド軍で過ごした若いころにある。彼は現地人だと思わせるために、毎日 11 時間、ヒンドスタニー語の勉強をした。髪が黒く、肌が浅黒かったのも幸いしただろうが、変装の名人でもあった。『カシダー』でも触れられているスーフィー教にバートンがめぐり会ったのはインドだった。実際にスーフィーの信奉者を見ることもあったし、未熟だったペルシア語などを完璧に修得しようと思い立ち、耽読していたペルシアとアラビアの作家たちの作品の中にもスーフィー教の影響が見られた。

ソマリアで槍が頬に刺さった時の傷跡がくっきりと残っていて、それがバートンの写真でも肖像画でも特徴になっている。

バートンは独自の方法で語学を身につけるようになったのだが、それは1週間文法の勉強をしてから、すぐにその言語で「ヨハネによる福音書」を翻訳するというやり方だった。その方法が効果を上げて、1890年に亡くなるまでに、彼が話せた言語は27カ国語を超えていた。

しかし、インドでの生活は、「私の健康を損なった」と後年語っている。ヨーロッパにもどってからの5年間は、フェンシングをしたり、4冊の旅行記に加えて、銃剣術（当時はまだ敬意をもって見られていた）の入門書を書いたりした。スーフィーを学んだ影響も続いていた。東洋ではスーフィーの信奉者には優秀な人物が多かった。スーフィーはイスラム神秘主義の一派で、信者には人生を軽く受け止めつつ、「尋常ではない」行動をとるように求める。

バートンは注目されたくて仕方がなかった。最初は軍隊で、つぎには文筆で、最後には探検で。軍人としても物書きとしても満足できるような成果を上げられず、1853年にメッカにおもむいた。メッカに行ったヨーロッパ人は彼が初めてではなかったが、潜入のドラマをことさら書き立てたのは、バートンをもって嚆矢とする。「発見こそ、私が熱中できることだ」と書いているが、彼の飽くなき好奇心は、名声を求める気持と相まって、パターン人商人になりすまして、アラビア諸都市の深奥へと駆り立てた。

『メディナ及びメッカ巡礼記』がその成果であり、『東アフリカ一番乗り』とともにバートンの傑作である。しかし、物語の仕立てがうまくて模倣も抜群だったが、あまり魅力のある作家ではなかった。材料は途轍もなく良質なのに、それが学識と言語と奇抜な事実と、それに輪をかけて奇抜な自説の層の中に埋もれてしまっているのだ。

男が「フランス流の悪さ」をしている主に地中海一帯に「ソタデス地帯」〔ソタデスは紀元前3世紀のギリシアの諷刺詩人〕があると言い出したのはバートンである。これはつまり男色（ソドミー）である。バートンの性的な趣味もまた謎だ。カラチにある男娼について報告書を書くようにとの命令に従って、インド軍では軍務からはずされていたという。その報告書はいまだに見つかっていない。極秘で男娼に行っていた件について誇張していることはほぼ間違いないところで、たぶん覗いてみたいという衝動に駆られて行ったというのが真相であろう。

アフリカでの諍い

1854年、バートンはさらに危ういことをする。J・H・スピーク（本書136頁）のほかふたりの将校を伴なって、ソマリアの奥地探検に出る。いかにもバートンらしく、最も厄介なことは独りで実行した。ヨーロッパ人として初めて、禁断の都市ハラールに入ったのである。しかも、そこで国王と話までしたのだ。ひとつの決まったパターンが姿を現わそうとしていた。バートンの顎を槍が貫通したのは、ソマリアにおいてだった。彼が身につけたいと思っていたバシリスク〔ひとにらみで人を殺したとされる蛇に似た伝説上の動物〕のような睨みによってではなく、その傷痕によって、すごみのある人相になった。（もっとも、子どもたちはバートンを見て、面白がって、怖がることはなかったという。）翌年、バートンはクリミア戦争の前線に志願した。しかし、武勲をあげることはついぞ叶わなかった。問題ばかりおこすお荷物と見られていたのは間違いないところで、ダーダネルス海峡で、ビートサン将軍の非正規軍の一員として軍務を終えた。

1856年、バートンはアフリカにもどり、アフリカ探検に新時代を画することになる功績をあげる。1909年のシャックルトンの努力が後年の南極点到達を実現したように、バートンの働きがあってこそ、スピーク、スタンリー、リヴィングストンらは、アフリカ探検で偉業を成しとげられたのだ。中央アフリカで大きな湖を最初に発見したのはバートンで、その時もスピーク（バートンは外国語ができないく

バートンは白ナイルの源流を突きとめようと、1857年にジョン・スピークとともに100人のポーターを手配して探検に出た。バートンもスピークも病に伏すことになる。二人はタンガニーカ湖を発見したが、のちにこの発見をめぐって論争になった。

1860年に出版されたバートンの探検記『中央アフリカの湖沼地帯』所収の「ウサガラの風景」。スピークはバートンより先にロンドンにもどり、ナイル川の水源を発見したと触れまわった。バートンは著書で反論し、スピークを論難した。

せに、狩猟が大好きなスピークをバカにしていた）と一緒に、ザンジバルからタンガニーカまで歩いていった。熱病に倒れてバートンが休んでいる間に、スピークは探検を続けて、ヴィクトリア湖を発見し、さらにナイル川の水源のひとつとおぼしきものも見つけている。そこから論議に火がつくのだが、ナイル川の水源をめぐってバートンとの論戦が予定されていた前日に、スピークは銃により命を落とす（自殺だった可能性もあるが、真相は謎だ）。スピークの死に臨んで、バートンは勝ち誇ることもなく、予定していた演説を取りやめた。ふたりは仲違いをしたが、それでもかつて目をかけた相手に深い悲しみを覚えていた。

結婚と外交

ダービー伯が、バートンはすでに人生の半ばにして「凡人が一生を数回重ねても及ばない分量の研究も苦労もし、事業も冒険も成功させた」と記しているが、これはべつに驚くには価しないことだ。その後、1861年に結婚。妻となったイザベル・アランデルもまた、バートンの人生に登場する謎である。バートンの選んだ（もっともイザベルによれば、彼女のほうがバートンを選んだことになるが）結婚相手は、ごく常識的な育ち方をして、宗教上もなんら問題のない家庭で、バートンがこの世を去ると、「夫の名声に傷をつけ」ないようにと、個人的な文書の大半を焼却してしまった。つまり、品性を疑われそうなものは処分したのである。とはいえ、彼女はバートンを熱心に支え続け、言葉の勉強をしたり、彼の向こうを張って、剣術にまで手を出した。しかし、バートンのやり方についていくのは容易ではなかった。「金を払っておけ、荷物をまとめろ、ついてこい」とだけ言って、さっさと先に行こうとするのがバートンだった。イザベルがアラビアの性愛指南書『香の庭』の原稿を焼却したのは、夫への復讐だったのかもしれない（もっとも、原稿には控えがあったので、その目的は達成できなかったが）。ふたりの関係は、周囲の知人たちには理解できないものだった。子供はいなかったが、ふたりが一緒に過ごしていた時代には、互いに熱愛しているように見えた。モートレイクの墓を作らせたのはイザベルである。

結婚してからのバートンは、無茶な探検をしていたころには見られなかった義務感をしっかりともつようになった。フェルナンド・ポー島〔現在は赤道ギニア領のビオコ島〕の領事の職を得たりもしたが、このはるか遠方の島では、妻には不健康すぎて一緒には暮らせそうにないと思った。1865年、ブラジルのサントスに転勤して4年暮らし、1869年にはダマスカス、1871年にはトリエステに移り、そこが終（つい）の棲家となって、1890年10月20日にこの世を去った。バートンは外交団の一員として成果をあげるつもりはまったくなかった。彼はどれだけ大勢の人を不愉快にさせたことか。イギリスのモロッコ政策について、首相だったソールズベリー卿に進言するチャンスを与えられても、たった一言「併合」と走り書きを送った。説明を求められると、便箋何枚にも同じことを、言い方を換えて回りくどく何十回も書くだけだった。これでは相手に意思が伝わるわけがない。

領事時代のバートンは、相変わらずさまざまな土地に出かけて行った。アメリカのほぼ全州を訪れ、ユタ州ではモルモン教の首長ブリガム・ヤングとの会見を果たしている。モルモン教に入信させてほしいと言うと、ヤングはそっけなく「バートンさん、以前にもそうおっしゃったことがありますな」と応酬した。1863年、ダホメー、ベニン、黄金海岸での探検を詳述した『西アフリカ漫遊』を発表。また、『ブラジル高地』はサントスで過ごした4年間の成果である。アイスランドにも行き、さらにはペルーに向かう途中で、戦争中のパラグアイに潜りこんでいる。

人生最後の大仕事になったのが『アラビアン・ナイト』の翻訳で、原典の淫猥さやポルノまがいの物語が余すところなく収められている。この作品（最終的には全16巻になった）は時代のはるか先を行っていたにもかかわらず、売れ行きはよかった。現在もなおその人気は衰えず、この手の文献の蒐集家が買い求めている。バートンは「イングランドの趣味がわかったので、もう金に困ることはないだろう」と豪語していた。『カシダー』を締めくくる最後の詩句は、以下の通り。

汝の道を行くがよい、穏やかな面差しをもちて、
臆することはない、汝のささやかな物語を、
砂漠の風の囁き、
駱駝のかろやかな鈴の音。

ジュールズ・スチュアート

ナイン・シン

禁断の土地で地図を作製

(1830？～1882)

初めてチベットの大平原が
観察力もあり、表現力も備えた
教養人によって横断された。かくして
チベットをめぐる我々の乏しい知識が
飛躍的に改善されるところとなった。
サー・クレメンツ・マーカム
インド担当大臣・王立地理学会会長（1871年）

19世紀半ば、ロシア軍は、英領インドとその北方の地方を隔てているヒマラヤ山脈を進軍中だった。すでにイギリスはパンジャーブと北西辺境地方を併合し、イギリス領インドの国境は、コサック騎兵隊の射程距離附近にまで接近していた。ロンドンでは警戒感が高まっていた。イギリスが征服したばかりの領土の向こうに誰がいるのか、何があるのか、誰にも分からなかったからだ。

ナイン・シン。コード・ネームはNo.1だった。

侵略されるとしたらどの径路から来るのか？　ロシア軍の野営地までの距離は？　急速に迫ってきているロシア鉄道の線路までの距離は？　河川は船が通れるのか？　山越えは可能なのか？　地図はどこにあるのか？　この最後の疑問に対して、インド政府は力なく「地図などない」と答えた。《インド大三角測量》では、ラサのような大都市の場所がだいたい特定できるだけだった。ツァンポ川とブラフマプトラ川の合流地点はどこかという戦略上の重要事項は、茫漠としてわからなかった。ギルギット、チラース、チトラールといった北西辺境地方の要となる町は未調査のままになっていた。ヤルカンド〔中国新疆ウイグル自治区南西部の市で、別名莎車（さしゃ）〕は、測量の地図では160キロメートルほども外れた場所にあった。チベット中央部の広大な土地の地理は謎だった。

イギリス陸軍工兵隊のトマス・ジョージ・モンゴメリ大尉が登場する。モンゴメリは21歳でボンベイ〔現在はムンバイと改名〕まで航海し、翌年には測量に加わった。彼はすぐに問題点を見つけ出し、その修正にとりかかった。1860年代初めには、ヒマラヤ

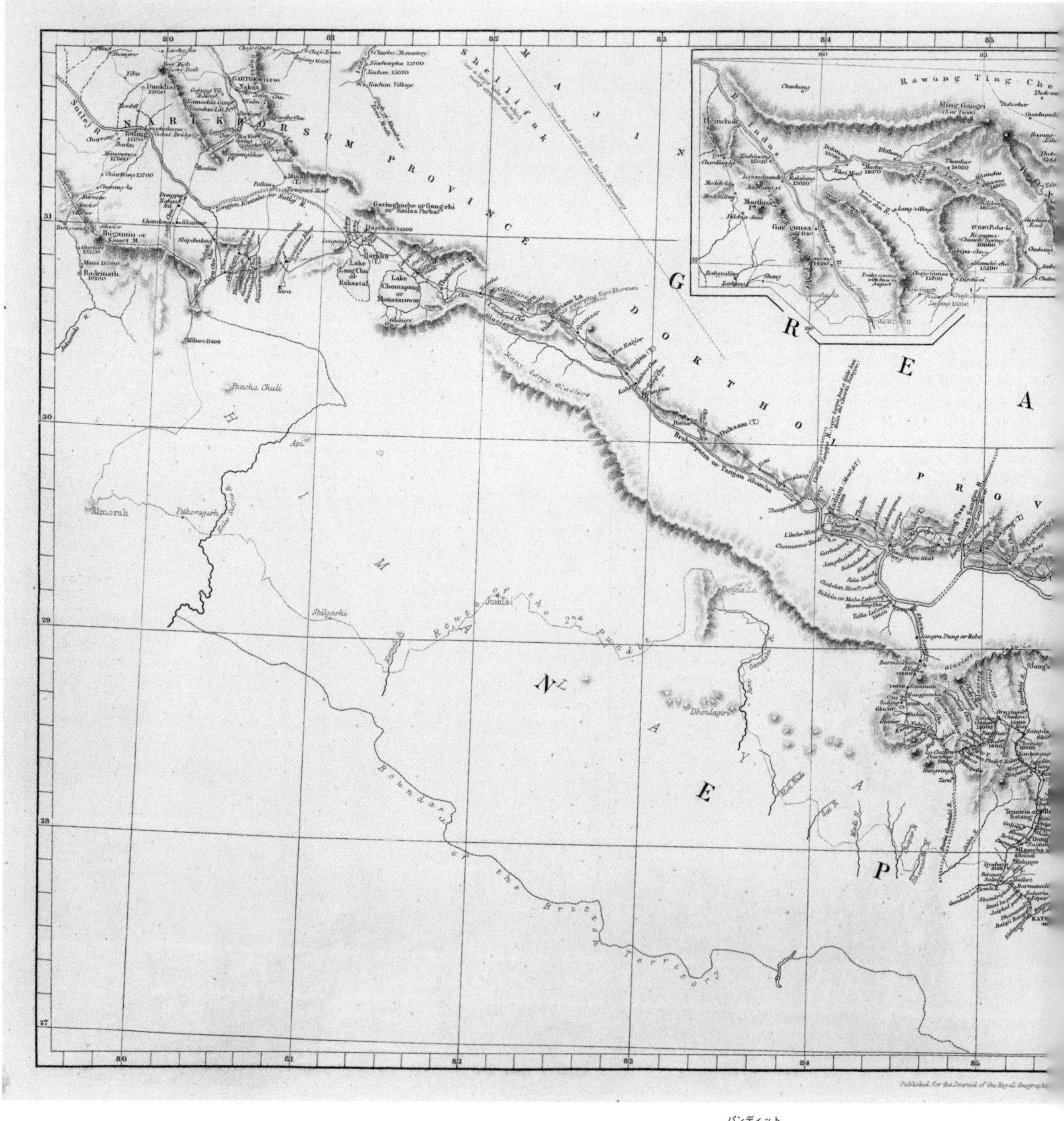

モンゴメリ大尉が 1868 年の『地理学会誌』に掲載した地図。地図には賢者（パンディット）が行なった路線調査が示されていて、ネパールからラサに至りブラフマプトラ川上流域を抜ける径路がわかる。このパンディットの名前は明かされていないが、この地図が公けにされたことで、その時点でも遂行されていた危険な任務の秘密と安全性が脅かされたことだろう。

山脈を挟んで約 10 万 3600 平方キロの地域について、かなり正確なデータが得られた。しかしそれでも依然として、地図にはインドの部分が空白になっていた。モンゴメリは、ヒマラヤ山脈とカラコルム山脈の北側に位置する 360 万平方キロの未踏の地には、インドから入っていけると見ていた。逆に言えば、この広大な土地から

イギリス領インドへと侵入できることになる。

賢者（パンディット）の登場

ヨーロッパ人は特に 17 世紀以来、たとえそれが危険な地域で、外国人の入国が禁止されていようと、中央アジアとチベットに旅行を続けていた。暗澹たる運命に翻弄された者も少なくなかった。ポルトガル人イエズス会士ベント・デ・ゴエス、イギリス人獣医外科医ウィリアム・ムアクロフト、ドイツ人探検家アドルフ・シュラギントヴァイトなどは、不可解な状況の中で命を落としていた。

モンゴメリの計画は単純だった。ヨーロッパ人ではなく、インド人を遣うのである。のちに王立地理学会での講演で、こう話している。「イギリス領インドの辺境地帯のさらに向こうを探検しようとする計画を実行するに際して、私は必ず探検する国の地元民か、さもなければそこの国民と同じ宗教を信仰している者で、その国内で旅慣れているか商売をしている者に仕事をしてもらうよう心がけました」。

ナイン・シンはチベットのボーティア族の男で、クマオン地方で教師をしていて、ヒンディー語・ペルシア語・英語・チベット語を話した。彼は、モンゴメリが現地採用する測量士チームの最初のメンバーとなって、チベット語で測量を行なう極秘の任務につかないかと声をかけられた。これはあっさりと断われる誘いではなかった。父親のちょっとした冒険もからんだ「良からぬ行動」が招いた借金を背負っていたからだ。ナイン・シンの身の振り方はモンゴメリ大尉にゆだねられ、モンゴメリは、歴史に残る巧妙な諜報活動の秘術を編み出すことになる。

インド北部ウッタルプラデシュ州北西部の都市デラドゥーンの測量本部で、ナインは2年近くにおよぶ厳しい訓練を受けた。緯度を測る六分儀や、位置を確認するためのコンパスの使い方、夜間航行のための天文学の基礎、高度を測定する計測器の使い方を学んだ。

ポタラ宮殿を擁するラサのこの地形図のような地図は1859年頃にチベットのラマ僧が描いたもの。ナイン・シンが最初の秘密の旅に出るのはそのしばらくあとになる。当時、ヨーロッパ人はチベットへの入国が禁止されていたので、チベットは事実上未知の国だった。

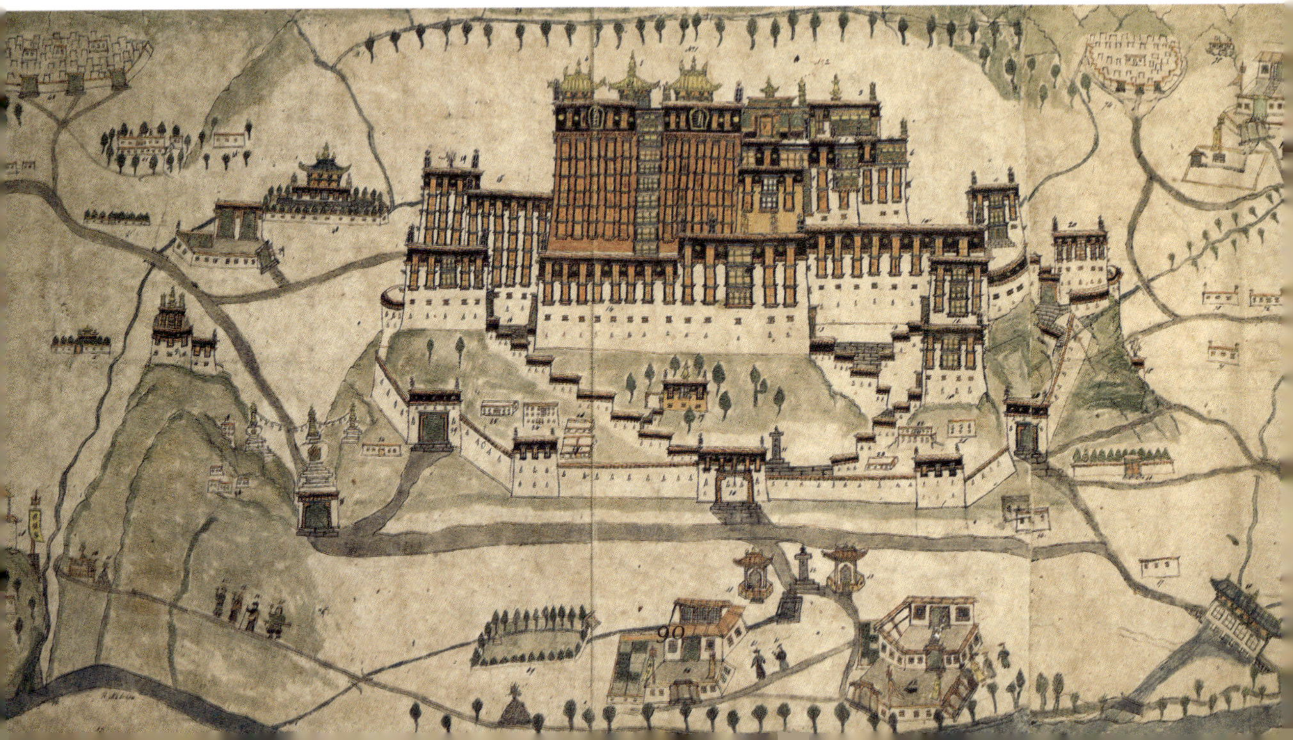

チベット人は108個の数珠玉を連ねた数珠をもち、経文を唱えながら数珠を擦るのだが、モンゴメリは、8個の玉を外して、切りの良いちょうど100個にさせた。ナイン・シンは100歩ごとに数珠玉を1個外して行くようにと指示された。そうすれば数珠1本で1万歩という計算になる。

毎日歩いた行程を記したメモをどこかに隠しておく必要もあったが、それには銅製の地蔵車〔経文が記された回転式の礼拝器〕がちょうどうってつけだった。のちにデラドゥーンの秘密諜報部は、パンディットのコンパスも収納できる地蔵車を作りはじめた。六分儀など大型の装置は、旅行鞄の上げ底部分に隠し入れた。

測定距離の精度をあげるために、ナイン・シンをはじめとするパンディットたちは、どんな地形のところでもまったく同じ歩幅で歩けるように何カ月も練習した。モンゴメリは一人ひとりのパンディットそれぞれに理想的だと思われる歩幅を計って、脚を紐で縛った。ナイン・シンの場合、1歩が84センチになったので、1,190歩で1キロメートルになる。

チベットへ

1865年、ナイン・シンは測量局ではコード・ネームNo. 1として知られ、いよいよ最初の秘密のチベット探検をはじめる準備が整った。彼の使命は、ネパールを通り抜けて、チベットの聖なるマナサロヴァル湖からの径路を調査することで、交易の大中心地であるガルトクからチベットの首都ラサに至る東側のルートを通ることになっていた。その調査が終わると、つぎに西へと弧を描く形でマナサロヴァルにもどり、帰国するのである。

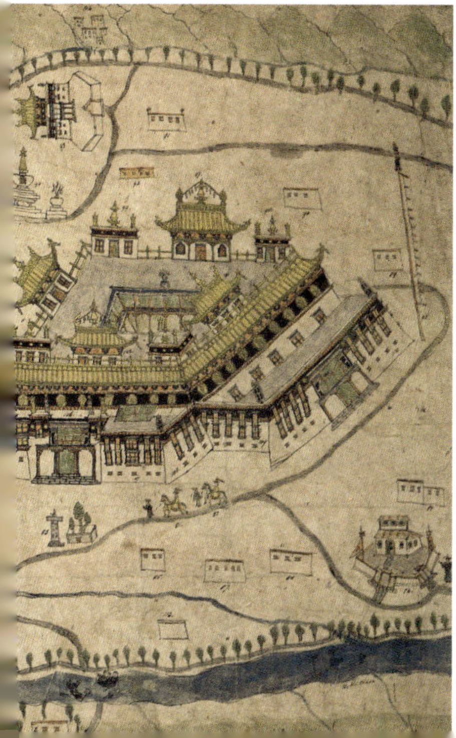

ナイン・シンが踏破した距離は285万歩、じつに2,400キロメートルにおよんだ。モンゴメリはこの調査によって、マナサロヴァル湖が水源だと誤解されているツァンポ川が、どこからどう流れてラサの向こうまで続いているのかが明らかになると思っていた。

出鼻はくじかれたが、ナイン・シンは北上してカトマンズに至り、ネパールからチベットに入ろうとした。真冬のなか標高4,875メートルの雪道をたどり、中国国境警備隊の監視をかろうじて逃れながら、3カ月歩き続けた。どうやらこうやらラサに到着し、そこに3カ月滞在して観測を行ない、ラサの緯度と高度を計算した。緯度、高度ともに当時はわかっていなかったのだが、この時の計算結果は驚異的な精度を示している。しかし、ある中国人が斬首刑に処せられるのを目の当たりにして、国外からの不法侵入者を待ち受けている運命に思い至り、時を移さずマナサロヴァルへと向かう隊商（キャラバン）に加わった。

やっとデラドゥーンにもどると、ナイン・シンは、カトマンズからタンドゥムに至る路程、およびラサからガルトクへと至るチベットの全路程を明確にする径路の綿密な調査結果を報告した。また、水源――マナサロヴァル附近にあった――からラサまでのブラフマプトラ川の流れを確定するとともに、それまで地図には載っていなかった33カ所の山頂と峠の高度を測定した。

ラサ滞在中にナイン・シンは、チベットの奥地に金鉱があるという話をふと耳にしていた。モンゴメリがその金鉱の話を知るや、すぐに次の探検隊が組織された。1867年に、ナイン・シンを含む3名のパンディットが探検に出て、数カ月後には金鉱の存在を確認した上、はるかに大きな成果をもって帰国した。測量局の地図には、80カ所の山頂の調査とともに、約3万キロメートルの道路が書き加えられた。サトレジ川がチベットからイギリス領インドの国境まで流れていることが確認され、ガルトクの位置もついに地図上に載ることになった。

ナイン・シンはその後の冒険により、もっとも有名なパンディットとして地位を固めた。1873年にまた任務を命じられたが、もう50歳になろうかというところで、旅に出るのも気乗りがしなかった。モンゴメリはヤルカンドまで遠征隊に同行するようにと彼に指示した。これがナイン・シンには最後の任務となり、インド担当大臣で王立地理学会会長でもあったサー・クレメンツ・マーカムのような大御所から賛辞を送られることになった。マーカムは「1874年から1875年まで大三角測量局のナイン・シン氏が行なった遠征は、地理上の発見にかんしては、現地人探検家の中でも最高の成果をあげている」と絶賛した。その功績を顕彰して、ナイン・シンは王立地理学会から「アジア地図に対して有用な知識を現代の誰よりも数多く附与した人物」としてメダルを授与された。

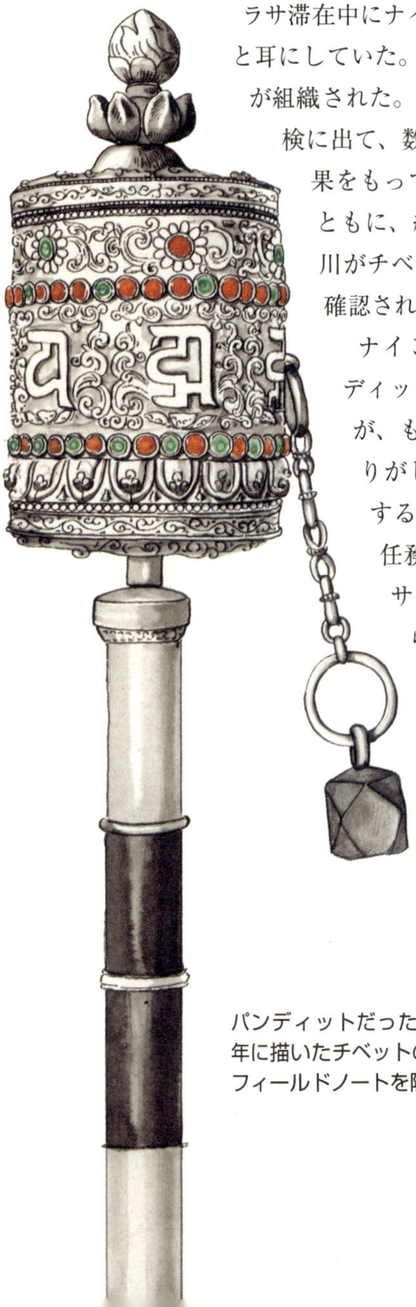

パンディットだったサラト・チャンドラ・ダスが1879年に描いたチベットの地蔵車。国境警備隊の厳しい目からフィールドノートを隠しておける最高の道具となった。

ジョン・ユア

ニコライ・プルジェワルスキー

中央アジアにおける地理学・政治学・狩猟

(1839 ~ 88)

ここではナガヤ鞭(むち)を持っていないと歩けない。
手のつけようもない生意気な連中には
このロシアの武器にものを言わせるしかない。

ニコライ・プルジェワルスキー、
中央アジア旅行について

ニコライ・プルジェワルスキーはいろいろな意味で矛盾に満ちた人物だった。チベットの禁断の都市ラサに行くことが、探検家として終生持ち続けた叶うことのない夢だった。しかし、探検家として功成り名をとげて、存命中からもてはやされて、死後も彼を記念する行事が数多く催された。帝政ロシア軍に志願して入隊し、少将にまでなったが、実際に軍隊の指揮をとることはなかった。彼の立てる作戦は、領土拡大に激しい野心を燃やす帝政ロシア皇帝らでさえ、過激すぎると思わざるをえないほどだった。ロシアや中国の国境附近に住む僻地の人びとや、カシュガル〔中国新疆ウイグル自治区南西部の都市〕のヤクブ・ベグのような事実上無名の統治者らと接触したが、ついぞ彼らに尊敬の念を持つことはなく、その発言内容も、ここに記すのが憚(はばか)られるほどのものがある。

野生馬であるプルジェワルスキー馬（学名 *Equus przewalskii*）の発見者とされているが、彼が最初に出くわしたその馬が殺さずにいられたのは、当時彼の持っていたライフルの射程距離が短かったためだということ、そして現地の人たちを見下していたのと同様に、野生動物にも敬意を持つことなどなく、これでもかというくらい動物を殺していたことは、もう忘れられている。模範とされるような探検家からは、ほど遠い人物だったのだ。

厄介な性格の持ち主だった理由──あるいは少なくとも言い訳──は、育ちにあるようだ。1839 年に生まれたが、ロシアのコサック族とポーランド貴族の血が奇妙に混じり合っていた。幼年時代から自分の身は自分で守るようにと諭され、ロシア西部ドニエプル川上流の都市スモレンスク界隈の森で狩猟をし、子供のころから狼、熊などの猛獣と遭遇しても、命を守ってきた。学校生活にはなじめず、家では弟をいじめていた。軍隊だけが彼には支えとなりそうだったが、クリミア戦争でもポーランドの暴動でも、かけつけるのが遅すぎて、不満を募らせるだけだった。

探検への熱い想い

軍隊生活から探検へと方向を転じ、最初に目指したのはシベリア東部で、アムール川と中国国境に面したウスリー川流域だった。サンクトペテルブルグのロシア帝国地理学会は、現存する地図の蒐集と、新しい地図の作成を彼に委託した。プルジェワルスキーはバイカル湖からアムール川支流まで、1週間以上もかかって馬で行った。そこでは、住民の仕事といえば、土砂を洗って砂金をすくい出すか、毛皮獣を罠で捕まえることしかなかった。彼はさらに朝鮮へと入り、非公式ながら外交を行ない、また鴨を撃ったり、朝鮮人を相手に賭博をしたりして、少人数ながらも自分の探検隊の面倒を見た。サンクトペテルブルグにもどってくると、必ずしも温かい歓迎を受けたわけではないが、探検への想いは変わらず強かった。

その後、大がかりな探検がさらに4度行なわれる。その初回の探検で、揚子江の水源がある土地まで踏破した。新種の生物を撃ち殺すか、さもなければ記録をとった。特に植物と鳥の標本を数多く集めて、サンクトペテルブルグの科学アカデミーに送ったことで、ロシア帝国地理学会から功績を顕彰するメダルを授与された。

次の任務は政治的なもので、イスラム教徒でカシュガリアの新たな統治者となったヤクブ・ベグとの関係樹立だった。この時の随行者は9名で、さらに運搬人の一行、24頭のラクダ、大型の貨物車1台が加わった。天山山脈〔中国西部新疆ウイグル自治区からパミール高原にかけて、東西に延

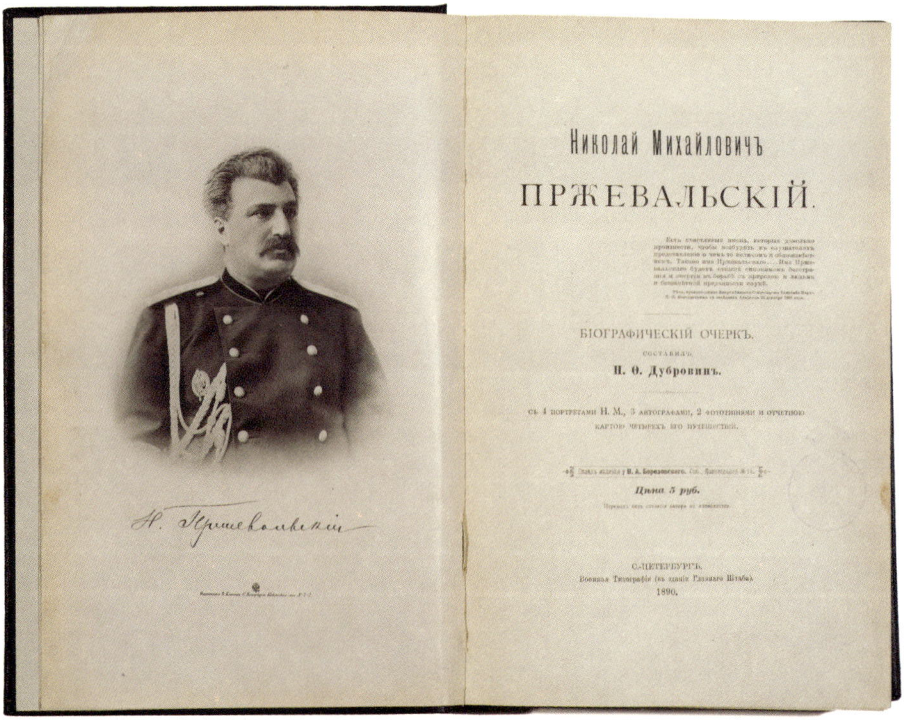

上：I・F・ドゥブローヴィン著『プルジェワルスキー伝』の扉ページ。プルジェワルスキーがスターリンに似ていると話題にされたり、さまざまな臆測を生んだりしている。

次頁：プルジェワルスキーは見つけた動物をずいぶん撃ち殺してはいたが、その動物を記録に残し、著書でその存在を発表してもいる。

(3/4)

プルジェワルスキーの『モンゴル――タングートの国』所収のチベットガゼル（ゴアともいう）の絵。今や絶滅種になりかけている。

山脈〕をどうにか越えて、ヤクブ・ベグとの接触は果たしたが、ロシア側はそれを受けて何をするでもなし、ヤクブ・ベグの領地は、すぐにまた中国の占領するところとなってしまった。したがって、プルジェワルスキーの政治的な功績は、地図作成の功績や科学の分野での功績には比べるべくもない。

さらに1877年、1879年、1883年と探検が続き、ラサをその目的地にしていた。最終目的地には行き着けなかったのだが、途中で数々の発見をしている。チベットのハンボルト山脈を測量して地図に記入したり、初めて中国新疆ウイグル自治区タリム盆地の塩湖ロプ・ノール湖周辺を測量したのもプルジェワルスキーだった。敦煌の千仏洞を訪れたり、中国西部の阿爾金山（アルトゥン）と柴達木（チャイダム）盆地の地図の空白地域を埋め、モンゴルのゴビ砂漠を突っ切って、タクラマカン砂漠の周辺部を通り、チベットに入っていったりした。これらの土地は、いずれもそれまでは未知の荒野で、西洋にその存在を知らしめたのはプルジェワルスキーである。

しかし、これらの探検は、どれもことごとく凄まじいほど過酷な条件下で行なわれた。食糧が底をついて、ラクダは背中の鞍を引きちぎって、中のワラを食う始末だった。水も不足し、死体が上がったこともある井戸から水を汲んで飲まざるをえないことすらあった。小探検隊は、プルジェワルスキー自らが猟をして仕留めてくる獲物のおかげで露命をつなぐことが幾度もあった。彼はよくライフル用の三脚を頭の上にのせ、鹿（エルク）にそっと近づいて行った。獲物が三脚を仲間の角と間違えるだろうと考えたのである。

しかし、大草原の野生動物を保護しようという考えは彼にはまったく無縁で、食べるのに必要な分を獲ってもなお、えんえんと猟を続けることがよくあった。１回の猟で１万発近い弾を使い、丘の上には動物の腐肉や鳥の死骸が累々とならび、狼の餌になるだけだというのに、まったく意に介さなかった。プルジェワルスキーが銃を持って出かけるたびに、禿鷹などが後からついていった。

プルジェワルスキーの私生活

プルジェワルスキーがサンクトペテルブルグにいるのは、探検の合間のわずかな期間だけだったが、その時には、探検での功業を讃えて宴が張られた。ロシア皇帝は中央アジアについて息子（後に最後の皇帝となるニコライ２世）に学ばせるのに、プルジェワルスキーを個人教授にしたことさえあった。もっとも、これは彼の学術的な業績だけが理由ではなく、ロシアの宮廷が中央アジアの中心へと領土拡大をねらっていて、そのために利用できると見られた面もある。

プルジェワルスキーは生涯独身だったが、その心の中心には探検仲間がいた。何人ものハンサムな青年が探検隊にはいたので、当時の人たちも後世の伝記作者らも、彼は同性愛者だったのではないかと見る者が多い。ロシアの森の中にあった自宅も、彼には大切なものだった。探検の合間のひとときは、サンクトペテルブルグの社交界でもてはやされるよりも、ひっそりと暮らすほうがよかった。奇行が目立ち、無神経な面も多かったが、探検によって遺した偉功は本物である。アジアをめぐるヨーロッパ人の知識を拡大させた功績では、ロンドンの王立地理学会の言葉を借りると、プルジェワルスキーはマルコ・ポーロに匹敵する。無差別に動物を撃ち殺す悪い癖はあったが、動物・鳥・植物の標本をつぎつぎと送ってきてもいた。彼の名前を冠した馬を発見しただけではないのだ。

ビル・コールグレイヴ

ネイ・エライアス

孤独な諜報活動

（1844 ～ 97）

アジアに遣わされた女王陛下の臣民で、これほどの功業をなし、
これほど控え目で多くを語ろうとしなかった者はいない。
『インド・タイムズ』
訃報（1897 年？）

1873 年、ふたりの男が選ばれ、一堂に会した王立地理学会の特別会員の前で、栄えある金メダルを授与されることになった。当代最高の探検家とされていたそのふたりは、ともに引けをとらない業績をあげていた。ひとりはヘンリ・モートン・スタンリーで、今なお探検史に名を残す英雄である（本書 158 頁）。もうひとりはネイ・エライアスだが、今ではすっかり忘れ去られていると言ってよいだろう。スタンリーが幸運だった点は、次世紀にイギリス人の関心が一気に高まるアフリカを探検していたことで、一方、エライアスが遠征した先は中国と中央アジアで、19 世紀半ばは、政治的にも経済的にもアフリカよりはるかに重要な地域だったが、やがてあまり注目されなくなり、外国人には縁がなくなっていったのだ。

イギリスとシャムの国境画定委員会の委員たち。1889 年から 1890 年までの委員会で、右に立っているのがネイ・エライアス。エライアスにとっては最後の遠征となった。

しかし、現在エライアスがあまり知られていない理由がもうひとつある。探検家として名声につながることをほとんど何もしなかったということだ。アレグザンダー・「ボハラ」・バーンズのようなアジア探検家なら、手柄になりそうな地域を目的地にして出発し、大急ぎでまたロンドンに帰ってきて、自慢話を吹聴するところだが、エライアスは売名行為を避けていた。一般人は彼のことなど知らず、ましてやその私生活など知るよしもなかった。周囲の期待から解放されたいこともあって旅に出るという、19 世紀以降によく見られたタイプのひとりだったのだ。女性との付き合いはなかったようだが、この点

エライアスが探検で使用したコンパス。彼の遺した文書やノートとともに王立地理学会の保管室に収められている。

は、同時代のロシア人ニコライ・プルジェワルスキー（本書93頁）と共通している。両者とも、どんなに勝算がなくとも、暴虎馮河の勇をふるって前進を続けた点でも共通している。ふたりはそれぞれの国を代表する中央アジア探検家だった。

エライアスは1844年、ブリストルでユダヤ人商人の家に生まれ、ドレスデンの学校に入れられた。家業を継ぐものと思われていたため、上海の支店に勤めるようになった。しかしすぐにエライアスは、商業よりも何かを発見することの方が向いていると悟った。1868年から黄河を3度にわたって調査した。黄河はちょうど周期的な変動のひとつが終わったところで、南東から北東へと流れを変えて、別の海へと流れこもうとしていた。ところが、エライアスの心はすでに別のところにあり、「砂漠に囲まれた文明」、つまり中国領トルキスタン（すなわちカシュガリア）や、天山山脈の陰になっているイスラム教国を目指そうとしていた。

2度目の探検——エライアスを有名人にした探検——は困難をきわめた。1872年7月に北京を単身で出発し、途中で案内人を雇いながら進んでいった。北進してモンゴルに至り、中国西部の砂漠地帯の北にあるゴビ砂漠を通り、現地の紛争に遭遇しながら、ついにロシア国境をわたり、アルタイ山脈を越えたのである。1日24～32キロメートル、時に馬やラクダに乗ることもあったが、ほとんど徒歩で4,345キロメートルを走破したが、それでもなお最終目的地、すなわちロシア横断鉄道の出発点となるシベリアの端にあるニジニーノブゴロド市（ゴーリキー市）までの道のりの半ばにすぎず、シベリアを渡るころには、もう真冬になっていた。どこを歩いていても観測を行ない、位置の確認を続けて、その結果はイギリスのキュー天文台に伝えられていた。王立地理学会の会長は、この時の探検を「ほかの探検が忘却の彼方に沈んでもなお、長く人びとの記憶の中に生き続ける近代屈指の偉大な功績」と絶賛した。

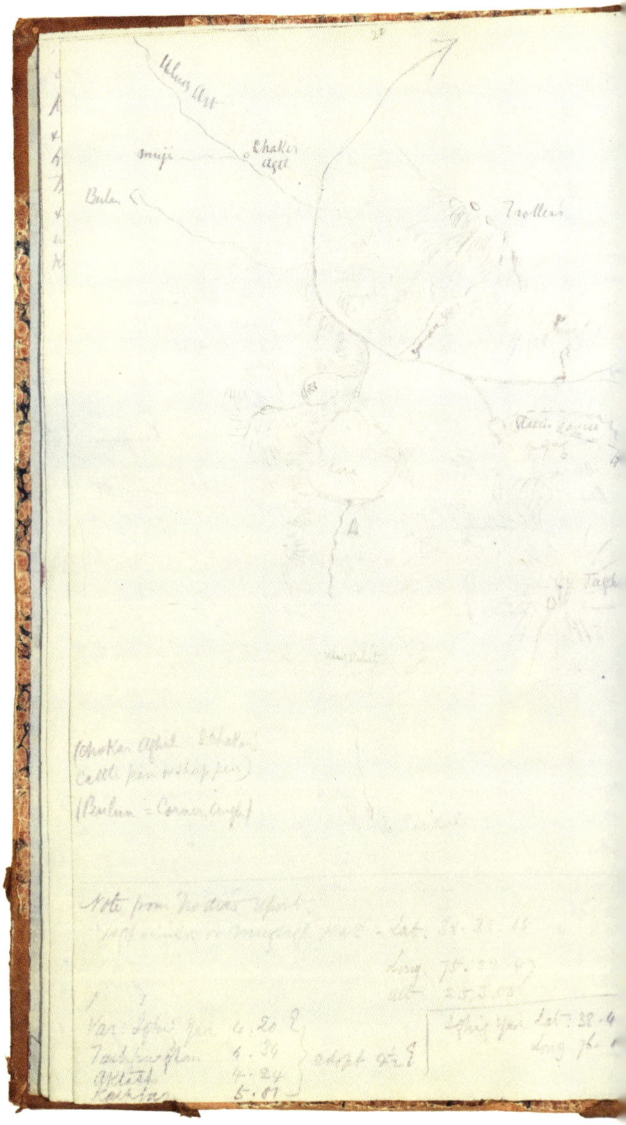

情報戦

エライアスはもう資金が底をついたのか、それとも家族の忍耐が限界を超えたのか、ともかく収入が必要になった。この時、インド外務省の外交官特別試補に任用され、事実上、政府のスパイとしての活躍がはじまることになるのである。さまざまな官職についたが、いずれも彼の真の役目、すなわち情報収集の仕事の隠れ蓑だった。その後の15年間、エライアスは大規模な探検は6回、小規模なものは数知れず行ない、一個人を装うこともよくあったが、実態はアジアで常に大英帝国の国益を追求していた。

エライアスが率先して行なう探検もないではなかったが、政府が情報を欲しくて行なうことの方がはるかに多かった。そのやり方は、国が任命した完全装備の探検隊を派遣するか、そうでなければ、正式な手続きをとらずにエライアスに丸投げしてしまうのだ。

イギリスにとって最大の恐怖は、ロシアがインドをねらって動くことだった。両帝国の睨み合いは、「情報戦（グレート・ゲーム）」の名で知られることになる。すなわち、互いにほとんど発砲することもなく、紳士的な探検家同士の間でくり広げられる戦争である。エライアスはイギリス情報戦士の代表的人物であり、経験の豊かさでも群を抜いていた。

最初と2回目の任務は中国領トルキスタンへの侵入で、禁断のカラコルム山脈を越えてカシュガル――当時も現在と同じく、中央アジアの権力・情報・政治の中心地だった――へ渡った。次が世界の屋根といわれるパミールの探検で、1885年のことである。ここでエライアスは、オクスス川の水源を探り当てようとした。パキスタン北部チトラールからアフガニスタンへと入り、イギリス人としては初めてゾル

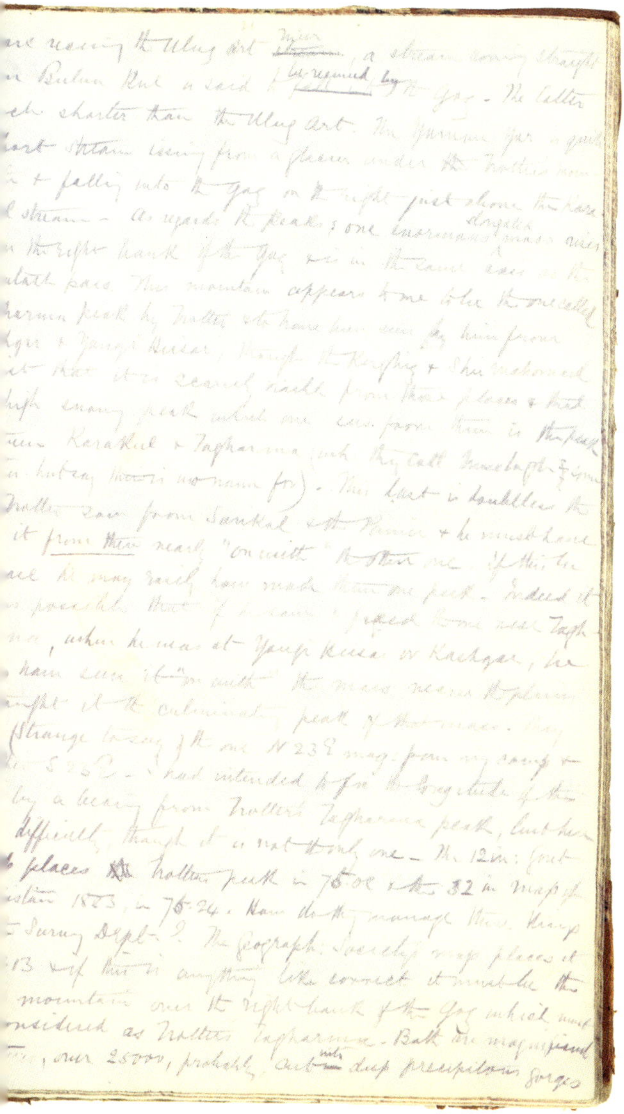

クル湖の北にあるパミール高原を探検することになった。彼はラングクル湖こそ、中国仏教の修行僧らのいう伝説の「龍湖」に違いないと見定め、何カ月も調査しながら地図を作成し、侵入しようとした場合には相当な困難が待ちかまえている旨を本国に報告した。

パミール高原には近寄りがたい謎めいた空気が立ちこめていたので、この遠征によって、エライアスは暗躍する怖いもの知らずの冒険家だという評判がさらに広まった。

またもや単独で遠征し、しかもアメーバ赤痢と思われる症状を押しての遠征である。健康を害しているにもかかわらず、政争中のインド政府を支援するため、すぐにシッキムに派遣された。

1889年には、シャムとの国境問題の交渉にあたるべくビルマに向かったが、これが彼にとって最後の大がかりな遠征となった。病気のためイングランドに帰国し、1897年にこの世を去った。

中央アジアを探検した偉人たちでさえ、エライアスを仰ぎ見ていたのは、ひとつには彼の知識と経験の広さが別格だったからであり、また、経歴や業績を他人と競おうとする姿勢がいっさいなかったためでもある。

エライアスのノート。キルギスのカラコルから見た山々のようすが、図をまじえて詳細に観察されている。探検中には必ず、測量した数値や気象と地理のデータを綿密に記録し、自分が通った地域の政治情勢について貴重な情報も書き入れていた。

ロビン・ハンベリ-テニソン

フランシス・ヤングハズバンド

チベットの軍人にして神秘主義者

(1863 ～ 1942)

小型馬（ポニー）の馬具の中で無くても支障のない
ロープの切れ端を残らずかき集めて持ってきて、それに
ターバンとチョッキを結びつけて一本の長いロープにし、
それを使って一人の隊員を、氷壁から突き出している
最初の岩まで降ろした。隊員が岩の上に到着すると、今度は
ロープの上端を縛りつけて、ロープにしがみつきながら
一人ずつ降りていった。

フランシス・ヤングハズバンド
『カラコルムを越えて』(1896 年)

フランシス・ヤングハズバンドは、茶農園の経営者だった伯父ロバート・ショーの影響で旅をするようになった。ショーはヨーロッパ人として初めてカシュガルの地を踏み、その功績により、王立地理学会の金メダルを授与された人物である。あのヴィクトリア時代にあってさえ、ここまで凝り固まった道徳心の持ち主はいないというほどの折り紙つきの真面目な青年だったヤングハズバンドが初めてインドへと船旅についたのは 1882 年 7 月のことで、19 歳だった。

セポイの乱があった都市メーラトで近衛竜騎兵第 1 連隊に加わったが、すぐに同僚の将校たちからは不興を買った。セックスにかんしては桁外れに潔癖で、1 メートル 65 センチの身長を気にしすぎ、おまけに、同僚に肉欲を捨てさせようと躍起になっていた。なにかあっといわせるようなやり方で自分の価値を認めさせることを夢見ていて、満州が情報戦の鍵を握る土地だと判断すると、慎重に調査をし、大佐を説得して満州に行かせてもらうことにした。

1886 年、上海までは船で行き、そこからはラバに曳かせた荷車で、満州の首都だった奉天〔瀋陽の旧称〕にたどり着く。北上するにつれて状況は厳しさを増し、ヤングハズバンドは人並み外れた忍耐力と勇気を初めて発揮した。同行したイギリス人はふたりともはるかに年長で経験も豊かだったが、綿密な調査を行ない詳細な記録を残そうとする厳格な姿勢とともに、先のことなど考えない彼の大胆さには度肝を抜かれた。冬になると条件は悪くなった。一行はシベリアの国境にさしかかった。国境の警備にあたっているロシア兵らからは厚遇され、アムール河畔にある駐屯地の港まで通行を許可され、戦略上の参考になる情報まで収集することができた。

北京にもどり、大使館に滞在して膨大な報告書を書きはじめ、もうすぐ書き終えるという時に上司の大佐がやってきた。これは驚くしかないことだが、イギリス大使からインド総督に電報が打たれ、23歳の騎兵隊員に、単独で事実上未知の国の中を通って4,000キロほど西進する許可がおりたのだ。若きヤングハズバンドはラクダでゴビ砂漠を横断し、アルタイ山脈のふもとの山中を苦心惨憺して進み、ジュンガル盆地〔中国北西部、新疆ウイグル自治区北部の盆地〕の恐怖の砂漠を抜けて天山山脈へと入り、最後にカシュガルと文明社会らしき地域へと至った。ヒマラヤ山脈を越えてインドへと至る南の旅は、それまでヨーロッパ人が通ったことのない、伝説のムスターグ峠を越えるルートをとった。ターバンと手綱と布をロープ代わりにして何百メートルも険しい崖を降りるようすを記したヤングハズバンドたちの記録は、探検史の伝説になっている。スヴェン・ヘディンは「これまでこの山脈を舞台にした、難度も危険度も最高に高い偉業だ」と評している。1887年10月30日にスリナガルに到着し、その後7カ月は音信不通となったが、歴史に残る大冒険をして賞賛を浴びた。

1891年に撮影されたと思われる。ヘンリ・A・レナード、リチャード・ビーチ、サー・ジョージ・マッカートニーらとともに、ヤングハズバンド（右から二人目）はカシュガルに派遣されたが、外交上の使命は果たせずに終わった。3年前に中国からここに入っていたが、その前には陸路で遠征をして、めざましい功績をあげ、名をあげていた。

チベットへ

探検家としての名を確立すると、ヤングハズバンドはヒマラヤ山脈を目指して、政治的学術的な目的をもった危険な遠征を何度かくり返した。1890年、王立地理学会から《創立者メダル》を授与され、直後には再びカシュガルへと向かい、ロシアを相手に交渉をしたが思うようにはいかず、気の滅入る7カ月を過ごす。その後10年間、不本意な日々を送り、軍務でも鳴かず飛ばずの状態が続き、人生に意味を探し求めるようになって、しだいに神秘主義に傾倒していった。

1899年、親友のカーゾン卿がインド総督に就任。ふたりはともに、ロシアがインドでイギリスの国益を脅かす存在であり、機会を捉えてはことごとく叩いておく必要があると確信していた。そこで、1903年にヤングハズバンドは要請を受けて、チベットの首都ラサを目指して討伐のため出陣した。このような派兵はこの時が最後だったようだ。

1,200人の軍勢と1万6000頭の運搬用の牛馬のほかに、1万人の労働者が加わって、とてつもない分量の装備を運んだ。無知だとされていた現地人らに、統治国イギリスの権力と栄光を見せつけるための演出でもあった。ヤングハズバンドだけがよりによって、綾織りのものから礼装用に至るまで67枚ものシャツと、人前に出るときのための礼服も含め、少なくとも7着のスーツを詰めこんでいた。

チベットは西ヨーロッパほどの面積をもつとみられていたが、まだよく知られていない地域で、神話と伝説に包まれていた。ヤングハズバンドらは2挺のマキシム砲と4門の大砲を装備し、イギリスが完璧に武力で押さえこんでいた山脈をなんとか越えたが、それでも一行が悲劇的な結末を迎えずにすんだのは、やはり運が良かったのだ。チベット人の風習をまったく知らず、敵愾心の燃え上がっている土地（途中のある村では、700人近いチベット人が虐殺されていた）に乗りこんでいったのである。

1904年8月にやっとラサにたどり着き、グルカ兵の一団を先頭に、正装をして街頭を行進すると、見ていたチベット人がみな手を叩いた。イギリス人は、自分たちの勇姿に感銘を受けて拍手喝采しているものと思いこみ、チベット人が手を叩くのは悪霊を追い払うためだとは夢にも思わなかった。

その上、じつは政府はヤングハズバンドをラサに行かせたくなかったので、ヤングハズバンドがラサまで行ったのは越権行為となった。だから、ヤングハズバンドの名は高まったにもかかわらず、その後のチベットの状況は悲惨だった。もしイギリスが統治していれば、インドと同じように独立できたかも知れないが、イギリスは支配力を保持するどころか、チベットは中国に譲渡され、それ以来、中国が支配を続けている。

非凡な生涯

ヤングハズバンドは刮目すべき生涯を送った。健康に恵まれ、ずば抜けて体力があった（若い頃は300ヤード競走の世界記録保持者だった）。中国からインドまでの陸

1904年、大軍隊を先頭にヤングハズバンドがラサへと行軍した。これが越権行為となり、遠征によって大いに名を上げはしたが、軍人としての経歴は地に墜ちた。大英帝国としては二度と同じような遠征をくり返すことはなかったが、この時の討伐のための遠征によって、チベットの運命は決まり、やがて中国の支配を招くことになったことは間違いないといえるだろう。

路での新たなルートを発見し、王立地理学会では最年少の特別会員となり、会長に就任してからは、エヴェレスト山登頂のための登山隊を組織した——というよりは、彼が初めて考え出したと言った方がいいだろう。そして、チベット侵攻も行なった。ある遠征の時には、パミール高原で諜報活動中に殺されたのではないかとの臆測から、イギリス領インドと帝政ロシアがあわや交戦という、一触即発の状態におちいったこともあった。偉そうな態度をみせながらも本音は表に出さず、晩年は独特な神秘主義哲学と過激な性思想の主導者となった。

スーザン・ホイットフィールド

マーク・オーレル・スタイン

シルクロードを行く

(1862 ～ 1943)

学識者・探検家・考古学者そして地理学者をみごとに
バランス良く体現した当代随一の人物。
オーウェン・ラティモア

探検家としてのスタインにとって、風景は案内役だったが、過去の時代こそが目的地であった。風景を読みとる比類なき才能と、その風景が歴史の中で果たした役割をまざまざと思い浮かべられる能力ゆえに、彼は大探検家の名に価するのだ。学識、根気強さ、統率力、人並み外れた持久力、容易には諦めない粘り強さ――それに神経を逆なでされた者も多かったが、確実に結果を出していた――を併せもっていたからこそ、広大なユーラシア大陸で50年にわたって考古学研究を目的とする探検を続け、10万点を超える発掘の成果を持ち帰ることもできたし、その上、1万枚以上の写真と大量の正確な地図、現在もなお研究者に活用されている多くの情報をもたらすこともできたのである。

マーク・オーレル・スタインは、1862年にブダペストでユダヤ人の両親のもとに生まれたが、実生活での利便を考えて、ルター教会で洗礼を受けた。信仰心をうかがわす言行は終生ほとんど見られなかったが、ナチス体制から逃れようとする家族に手助けを求められた時と、ムッソリーニ体制のイタリアにいる仲間のユダヤ人を助けて欲しいと頼まれた時だけは、自らの血筋を思い、葛藤を味わった。彼自身は、当時すでにイギリス国籍を取得していた。興味や関心の対象は早い時期から決まっていた。少年時代にアレクサンドロス大王の遠征に心を奪われ、その気持は生涯変わることがなかった。探検家たち、とくにマルコ・ポーロ、それからインドまで巡礼に出た7世紀の中国人僧玄奘(げんじょう)には興味をかき立てられた。

ブダペスト、ドレスデン、ウィーン、ライプツィヒ、チュービンゲンで教育を受け、1883年に古代ペルシアとインドに関する博士論文を完成し、イングランドでパンジャブ語を研究した。徴兵のためハンガリーで軍隊生活を送り、測量の技術を身につける。ロンドンにもどると、インド議会議員だった人物たちに認められて、ラホールの東洋学校校長とパンジャブ大学の学籍担当事務官を兼務するポストへの就任を求められた。1888年にはインドに渡ったが、また何年かのうちにはヨーロッパにもどって研究職に就くつもりだった。しかし、パンジャブの塩山山脈――そこで彼は写真の基礎を学ぶ――や、イギリス軍とともに北西辺境州のスワート川流域を訪れたところ、考古学への関心に火がつき、人生の方向が変わることになる。

探検の合間の情報整理や執筆は、日常生活を離れた大学図書館の中ではなく、スリナガルからほど近いカシミールの山々の中にある海抜3,350メートルの高原――モハンド・マルグと呼ばれる――で折りたたみ式のテーブルを広げ、テーブルには花を飾り、足下には愛犬を従えて行なった。若いころは学術論文も執筆したが、間もなく、自分の研究を売り込むためと次の探検の資金を集めるため、講演活動を中心に行なった。探検は決して満たされることのない中毒のようになった。

個人資産がなかったので、スタインは生活のために働き、うしろ盾になる人物を探さなければならなかった。カルカッタにごく短期間勤務していたことはあるが、それを除くと、スタインは終生ラホールを活動の拠点とした。探検のためと報告書およびその公表のために長期休暇が必要となった。スタインを採用した人たちは、彼の能率の良さ、熱心さ、手際のよい処理の仕方については絶賛しながらも、ひんぱんに休暇と待遇の改善を要求してくるので、嘆いてもいた。王立地理学会の事務局長は、あるちょっとした金銭の問題について、こんなふうに述べている。「いつものことですが、私が一生懸命頑張ったところで、スタイン先生にはかないませんでした」。この不屈の精神がなければ、大がかりな探検など不可能だっただろう。

タクラマカン砂漠の宝物

考古学探検家としてのスタインの名前は、現在の中国西部、新疆ウイグル自治区にあるタクラマカン砂漠への初めての大規模な探検で確立した。遺跡の宝物が初めて人目に触れはじめたのは1890年代のことだった。その中には、紙に未知のイン

カシミールのモハンド・マルグで夏にキャンプをしていた時のスタインの机。1905年撮影。スタインが探検に連れて行くために飼ったフォックス・テリアは何匹もいるが、椅子の下にいる犬は2番目に飼ったフォックス・テリア。ダッシュ2世と名づけられたが、「ダッシュ・ザ・グレイト」とも呼ばれた。

ドの——イラン語かもしれない——言語が書かれている手稿もあった。インド・イラン語の研究者として、スタインは興味をそそられ、ホータン王国の探検を決意した。ホータン王国は中国の史書に登場し、玄奘も触れている、10世紀までは栄えていたシルクロードの王国である。スタインは政府の最上層部に訴えて、総督だったカーゾン卿の支援を取りつけたが、それでも許可と必要な資金を得るまでに2年を要した。1900年5月に出発した時には37歳になっていた。

タクラマカンの町と寺院が砂に埋もれているこの地域は、スタインを30年間虜（とりこ）にして、4度に及ぶ探検を行ない、小型馬（ポニー）に乗ったり歩いたりしながら1万6000キロを走破することになる。彼は、奥地に行くと水もなければ動植物も生きていけないタクラマカン砂漠に比べれば、サハラ砂漠やアラビアとイランの砂漠などは「御しやすい」ものだと思った。いつも準備には余念がなく、その土地の危険性を見くびることもなかった（文書には大したことがなかったように記したが）。彼は同行する人間と動物の安全を第一に考えていた。乾ききった崑崙（クンルン）山脈で愛馬のポニーが死んだ時には、自分の足の指を凍傷で2本失った時よりも取り乱したほどだ。

この凍傷の悲劇がおこったのは、手に入れたばかりの追跡撮影装置（セオドライト）付きカメラで周囲の山並みを撮影していた時だった。スタインは科学技術が好きで、最新の機械やキャンプ用の装備・衣服を試用するのに熱心だった。しかし、集中力の欠如から負傷を招くというのはスタインらしくないことだ。彼が目指していたのは、昂奮状態の勢いにまかせて忍耐力の限界をぎりぎりの危険な状態まで試してみることではなく、発見した物を安全に持ち帰り、将来の研究者のために記録することだった。2度目の探検で発見されたものの中に写本と絵があり、それによって、今もなおスタインの名前が記憶に留められている。いずれも、東進してゴビ砂漠にある敦煌で手に入れたものである。

敦　煌

スタインよりもほぼ一千年前、千仏洞の名でも知られる莫高窟（ばくこうくつ）で、仏僧たちは、本来は地元の高僧を記念して掘られた小さな石窟を再利用して、何百点という絹画のほか、中国語・チベット語をはじめとする、シルクロード一帯の言語で書かれた何万ページもの写本を保管していた。これは、日付がついている世界で最古の印刷物である。石窟は西暦1000年ごろに閉鎖され、貴重な文献などが乾燥した暗闇の中で守られていたが、1900年になって、石窟を管理していると称する人物が、偶然入り口を見つけたのである。

その男は、石窟に収められていたものを地元の役人らに何点か献上したが、スタインは説得して数多くの教典を買い取り、ロンドンに送った。残りの文献はパリ、

8世紀初めの絹画の一部を拡大。仏陀が法を説いている姿。敦煌で文書が収められている石窟の床で発見された。菩薩と僧が仏陀に付き添っていることもわかる。

北京、サンクトペテルブルグ、京都へと分散した。文献を離散させた責任はスタインにある。スタインは「発見」の功績を讃えられることもあるが、同時にその「横取り」に対して悪し様に言われることもある。しかし、敦煌は彼の業績のごく一部にしかすぎない。スタインの残した著書・地図・写真・砂漠の発掘、その他の発見は、シルクロード東部の王国と近隣諸国の歴史、さらに世界の歴史を理解する上で今なお重要である。

古くて新しい到達目標

スタインの関心の幅は広く、地中海からパミール高原とインド北部、さらに中国からインドにおよんだ。地形も1種類に限らず、砂漠にも山脈にもそれぞれに魅力を感じていた。タクラマカン砂漠は、探検をはじめた当初は一番の中心になる課題だったが、傍流となる関心の対象も次々にあらわれて、インド北部とパキスタンでアレクサンドロス大王が闘った場所をなんとしても特定したい、イラン東部で仏教の寺としては西端に位置する寺を見つけ出したい、崑崙（クンルン）山脈の荒涼たる山頂を調査して地図に載せたい、などという思いにかられた。

1930年に、4度目となるタクラマカン砂漠への遠征では思うように成果が上げられなかったので、中国を見限って、イランがあるシルクロードの西部へと関心を移した。1930年代には、考古学的調査を目的とする遠征を4度行なった。4度目の遠征に随行した若いイラン人隊員がこう記している。「この危険で堪えがたい遠征で我々が味わった苦痛と、聞いたことすらないような厄難をいちいちここで取り上げるのは無益であろう」。75歳になったスタインは、この時の遠征について「楽しく歩いて行けた」と述べている。

この大がかりな探検の合間に、新たな目標も採り入れている。アレクサンドロス大王の足跡をたどるのは継続しつつ、シリアとヨルダンの古代要塞を空中から調査することも含め、イラクと中東に目を向けたのである。79歳の時にはインダス・コヒスタン地方を3カ月かけて、しかも4,750メートルの高地を、雪に覆われた山道へとつながっている氷堆石の上を、ほとんど徒歩で踏破した。

スタインはひとつのことだけに目を向けて専念する人間だったが、孤独ではなかった。結婚はしなかったものの、大勢の情に厚い友人もいれば、生涯支え続けた家族もいたし、深い尊敬の念を抱いてくれる同僚たちもいた。仕事や探検の時に見せる手際の良さは、友だちとの付き合いでも発揮された。タクラマカン砂漠で長い一日の発掘作業を終えたあとでも、きちんと腰を据えてクリスマスカードを書き上げていた。

この世を去るのも時宜に適っていた。アフガニスタンの遺跡を発掘しようと40年間も実らぬ──いつも政治的な理由で阻まれた──努力を重ね、81歳にしてアメリカ領事からやっと招待された。子供の時にアレクサンドロス大王の遠征記を読

広く普及した仏典『金剛経』の口絵。敦煌で発見され、868年5月に木版印刷された。日付のある印刷物としては世界最古。王傑という人物が両親のために作成を依頼したもので、仏陀の姿と言葉を広めることは善行とされ、仏教を信仰する社会では印刷というこの新技術を徹底的に活用した。

んで以来、夢に描き続けていた土地を1年間で回る計画を立て、1943年10月にカブールに到着した。時を置かず風邪をひき、先が長くないことを悟ると、自分の葬儀の指示をして、やっとカブールにたどり着けて幸せだと喜びを口にした。キリスト教の儀式にのっとって埋葬され、イギリス人の墓地で、今もきちんとその墓は守られている。

スタインが探検をはじめた時は、もう若いというほどではなく、きちんと職にも就いていたが、何年も山登りをしたり、砂漠を旅行したり、とりわけ一千カ所以上の遺跡で発掘をして、劃期的な遺物を発見するという経験も重ねていた。彼の作成した地図と写真は現在も利用されている。遺跡とその出土物について詳細な記録を残しているが、その緻密さは当時の誰も及ぶところではなかった。これだけの業績をあげているが、専門家や助手のチームを同行させていたわけではない。大きな怪我をすることもなかったし、決死の覚悟で探検に臨むこともなかった。彼の探検は風景と歴史を愛する心から出発していて、学術的な新発見をみんなに利用してもらいたいという気持があった。

探検家としてのスタインを語るときに欠かせないのが、必ず彼が連れて行ったフォックス・テリアのことである。飼った犬は何匹にもなるが、名前はすべて「ダッシュ」とつけられた。通称「ダッシュ・ザ・グレイト」は2番目に飼ったフォックス・テリアで、『デイリー・メイル』紙からは「その血管には真のイギリスのテリア犬の血が流れている」と大絶賛された。

河　川

探検家たちの労力は、不当なほど河川を相手に費やされてきた。未知の土地からとうとうと流れてくる河川があれば、探検家はその水源を突き止めたくなり、川をたどれば未知の国を取り巻く未発見の土地や道が見つかるのではないかと思った。まさに北アメリカの場合がそうで、探検家たちは取り憑かれたように、500年近くインド諸島に迅速にたどり着ける径路を求め続けた。

サミュエル・ド・シャンプランは、後にカナダとなる土地の大半を植民地化に向けて開発した人物である。当時の一般的な認識と違い、シャンプランは先住民らの技術の高さを認識していて、彼らからなんとか学ぼう、負けないようにしようと努力をした。その結果、シャンプランは平和裡に入植を果たし、アメリカ・インディアンの征服といえばよく連想される流血惨事とは無縁だった。

シャンプランから200年を隔てて、1793年にスコットランドの青年、アレグザンダー・マッケンジーがロシアとの貿易ルートを求めながら、ついに初めて北アメリカ大陸横断を成しとげた。ロッキー山脈では、川の合流点でごくわずかな距離だけボートを引き上げて運ぶ必要はあったが、西部まで河川だけ利用して行けることを証明した。ただし、この径路は商業用としては利用価値がなかった。

アフリカには、探検家たちを送り出したロンドンの貴顕紳士らが気になって仕方のない謎がふたつあった。ひとつはティンブクトゥの伝説の黄金がどこにあるのか、もうひとつはニジェール川がどこを流れているのかということだった。マンゴ・パークはこの謎を解こうとしたが、２度目の探検で命を落とした。しかし、アフリカへの関心は、大半がナイル川の水源探しに向けられていた。

1770年にこの目的を達成した最初のヨーロッパ人がジェイムズ・ブルースである。巨漢で、人を惹きつけてやまない魅力の持ち主であるとともに、強面(こわもて)の旅行者でもあった。そのおかげで、ふつうなら命がないような状況下でも生きのびることができた。

80年後、重要性も高く、昔から地理上の謎だった問題が相変わらず未解決のままだったため、調査が過熱気味になっていった。目的はただひとつ、水源が存在することを明らかにするだけのために、ナイル川の水源を見つけ出そうと死に物狂いになったのだ。当時はそれがエヴェレストの登頂や人類を月に送りこむことに匹敵

リントン・パーマー作、マッケンジー川を描いた水彩画の一部（1868年）。100年ほど前にアレグザンダー・マッケンジーがブナの樹皮で作ったカヌーで、初めて北アメリカ大陸を横断した。河川を利用した径路を見つけはしたが、交易には適さなかった。

ガルニエ著『インドシナ探検航海記』より。メコン川の急流を行く船。ガルニエは広大な土地をフランスの支配下に置き、中国との貿易に道を拓く、船の航行が可能な川を夢見ていたが、メコン川の荒れ狂う流れを前に、その夢は木っ端みじんに打ち砕かれた。

する重要性をもっていた。リチャード・バートン（本書80頁）は、大勢いた冒険家の中でも特に、自分こそが発見者としての栄光を手にするのだと並々ならぬ気合いを入れていたが、ジョン・ハニング・スピークがヴィクトリア湖を発見して命名し、証明はできなかったものの、この湖こそが伝説の水源だと主張した。ここで探検の雄壮な——そして悲劇的な——争いの火ぶたが切って落とされるのだ。

デイヴィッド・リヴィングストンは、アフリカで布教活動を行なった探検家としては代表的人物であり、自らの情熱を追究して、特にザンベジ川の流れをたどった旅はみごとで、「暗黒大陸」にやって来た者の中でも、リヴィングストンの右に出るものは彼の後にも先にもいない。

ヘンリ・モートン・スタンリーは行方不明になっていたリヴィングストンと出くわしたことでよく知られている。スタンリーはその後もアフリカ大陸で大規模な遠征と軍務での探検を重ねたが、大半は川を利用して移動した。とりわけコンゴ川を交易のために利用できるようにしたのは大きな功績である。ウェールズの救貧院にいた子ども時代から身を起こして、有名なアメリカの新聞記者となり、さらに伝説的な探検家、軍部の指導者、最後は国会議員となり、ナイトに叙せられるという生涯は、探検史の中でも輝きを放っている。

極東の地域にも謎の河川があった。メコン川はヒマラヤ山脈からインド・中国を通って流れているが、19 世紀にはフランスが、中国に行くために利用できるかもしれないと思っていた。フランシス・ガルニエは厳密には副司令官だったが、探検隊の指揮をとって、中国まで川を遡上し、揚子江を海岸まで下った。知名度はイギリスよりもフランス本国でのほうが低いが、王立地理学会はガルニエを「19 世紀で一番の勇敢で有能な探検家」と評した。

ナイル川の水源発見は 18・19 世紀の探検家には力量の問われる難題であり、頭から離れない目標でもあった。ジェイムズ・ブルースは「青ナイル」の水源をみごとに見つけ出した。このシュモクザメの水彩画は、ブルースに同行した画家のルイジ・バルガニの作。

コンラッド・ハイデンライク

サミュエル・ド・シャンプラン

カナダの荒野を開拓

(1570 ? ～ 1635)

だれもが危険を冒すことに向いているわけではない。苦労も疲労も
大きいが、苦労せずに手に入るものなどない。それを
こういう〔探検の〕時にこそ考えなくてはいけない。神を
喜ばせる時こそが、その時なのだ。私自身はいつも
やる気のある後進のために進むべき道を用意しておくつもりだ。
サミュエル・ド・シャンプラン(1632 年)

シャンプランは、はるか大西洋沿岸から探検に向かう者は、先住民と良好な関係を結び、彼らから土地の特徴と生活の術(すべ)を学べるかどうかにすべてがかかっているという結論を、北アメリカの探検家として初めて下した。彼は大西洋に臨むフランスのブルアージュで、1570 年頃に生まれた〔生年は 1567 年とも 1570 年ともいわれる〕。父親アントワーヌ・シャンプランは海軍大佐で、水先案内も務めていた。ふたりの叔父、ジョルジュ・カマレとギヨーム・アレーヌも海軍大佐で、特にギヨームは、シャンプランの人生に大きな影響を与えた。港が経済を左右する小さな町で、海軍に関わっていたシャンプラン家は、社会的な地位も高く尊敬も集めていた。海と関わりの深い境遇にあったことを考えると、シャンプランが若いころから海に惹かれていたと書き残しているのも不思議はない。

シャンプランは、当時ブルアージュにあった良家の男子のための学校に入ったようだ。軍務につくか貴族に仕えるのが卒業後の進路だった。シャンプランは測量と地図作成に長けているが、彼の書いたフランス語の文章に洗練されたところもなければ、古典の教養も見られないのは、この学校の教育方針の影響である。シャンプランと関係がある最初の文書は、「宗教戦争」〔1562 ～ 98 年のフランスの内戦〕の時、ブルターニュに進軍していたアンリ 4 世軍の支出記録に残っている。

1595 年 2 月下旬、シャンプランはフランス北西部の都市カンペールの駐屯地に、ジャン・アルディ伍長の下士官兼補佐として着任した。下士官としての任務は、国王の従者と将校たちの宿泊場所の手配で、補佐としては、アルディの地図『ブルターニュ公領』にまとめるためのスケッチと測量を行なうことだった。下士官の地位は低かったが、シャンプランの給与は中尉と同じだった。国王と高官たちの仲介をして極秘のメモを取り次ぎ、特別な手当を得ていたのだ。1598 年、退役の時には少尉になっていた。

除隊後、シャンプランはブルターニュの南岸にあるブラヴェ(現在のポール・ルイ)で、ギヨーム・アレーヌ叔父に会う。ブラヴェには、アンリ 4 世に対抗するカトリック同盟のスペイン軍が待避中だった。アレーヌは、スペインの軍隊と兵器を500トン船サン・ジュリアン号に載せて、スペイン南西部の港市カディスまで送り届ける任務を帯びていた。シャンプランは同乗して、2年半の間スペイン領カリブ海をまわる旅に出た。航海術の基本を学んだのはこの時である。フランスに帰国すると、スペイン領西インド諸島について知りうる限りの情報をアンリ4世に報告した。

カナダへ

1602年も暮れが近づいたころ、シャンプランはディエップの知事だったエマール・ド・シャストに会い、カナダまで現地調査の遠征に加わる話を持ちかけられる。大いに乗り気になったが、年金を支給してくれていて、自分の「生まれ」に恩も感じていた国王にまず許可を求める必要があると考えた。アンリ4世はカナダを植民地にするつもりだったので、国務大臣を通じて、シャンプランには遠征に同行してセント・ローレンス川の両岸には入植が可能かどうか、ラシーヌ瀑布から西に探検

1603年7月、サンルイ瀑布（ラシーヌ瀬）を視察した後、シャンプランはヨーロッパの科学技術にたよっていては探検などできない、現地の住民のカヌーと助けがなければ不可能だという判断を下した。1611年に彼はこの瀑布の測量を行なっている。

するのは可能かどうかを確認してくるよう命じた。1603年5月にシャンプランは、セント・ローレンス川に臨むタドゥサックに到着した。現地のモンタニエ族とアンリ4世の宮廷との間の協定締結に立ち会った。イロクォイ族からの攻撃に対してフランスが援軍を派遣するかわりに、フランスにはカナダへの入植を認める協定である。

夏の間、シャンプランはガスペからモントリオール島へと流れる川の資源調査を行ない、アルゴンキン族とモンタニエ族から、西へと流れる川の情報を地図とともに入手した。探検は地元民の地理の知識、そして地元の食べ物とカヌーの調達がものを言うので、地元民の助力なしでは不可能だという彼の下した結論は、その後のカナダ探検に深甚な影響を与えた。カナダを探検し、そこで暮らすということは、地元民とフランス人が友好的な関係を築かなければならないということで、戦争でも貿易でも互いに助け合うなどの義務が双方にあるのだ。その年の暮れに帰国すると、アンリ4世に地図を献上し、詳細な報告をするとともに、最初の著書『野生人』を刊行した。

1604年から1607年までノヴァ・スコシアのラヘヴ川からマサチューセッツのコッド岬まで大西洋岸を測量したシャンプランの手書きの地図。この地図がシャンプランの地図作成の技量を一番良く示している。

『シャンプレーン湖でイロクォイ族敗北』。イロクォイ族に向かって発砲したのはこの時が初めてだった。歴史家たちはシャンプランのこの行為を愚行としているが、新たな盟友に対する義務を遂行するよう命じられていた点が見逃されている。

1604年から1607年まで、シャンプランは同様の資源調査の任にあたり、ケープブレトン島からコッド岬に至る北アメリカの大西洋岸の詳細な地図を作成し、国王にもまた礼を尽くして報告を行なった。1608年、ふたたびセント・ローレンス川におもむく。ケベックに入植地を作り、西部を探検せよとの命を受けたのである。1609年、協定にもとづくフランスの義務を果たすため、シャンプレーン湖（シャンプランにちなんで名づけられた）で現地人同盟に加わり、イロクォイ族を攻撃した。この件が、アンリ4世への最後の報告となった。国王は1610年に暗殺されたからである。

1613年、シャンプランは地元民の案内なしでオタワ川探検を試みたが、アルゴンキン族に阻止された。1615年、ヒューロン族とアルゴンキン族の戦闘部隊に加わって、ヒューロン湖とオンタリオ湖まで進み、イロクォイ族の国土に入っていったが、そこで重傷を負うことになる。

1616年にケベックにもどり、シャンプランは探検からは退いて、カナダの入植活動に力を注いだ。1629年に、フランスでは国王に次ぐ実力者だったリシュリュー枢機卿から、カナダの副総督に任命される。生前はまとまった著書4冊のほかに、1,300ページほどの文献、折りたたみ式の地図5点、小さな地図22枚、イラスト14点など多くの資料となる文書を出版した。1635年12月25日、脳卒中のた

『小論集』所収のカボチャ、トウナスの挿絵。挿絵入りのこの写本は、3種類の異本が現存し、それぞれ作者が違っている。シャンプランの作とされてきたが、いずれもシャンプランの手になるものではない。

めにケベックで死去。

シャンプランの後世への遺産

シャンプランが数々の任用を受け、好結果を生み出したのは、彼自身の資質と能力──我慢強い性格、粘り強さ、正直さ、重責をこなす能力、向上心、測量と技術と観測した事実をきちんと描写できる能力──もあるが、それだけでなく、上司や目上の者にはいっさい逆らわずに従い、国王からは信頼され積極的な支援を得たことも大きい。シャンプランの探検家としての特筆すべき資質は、ヨーロッパのほうが技術も社会も優れているとする見方に囚われていなかったことである。現地人の習慣になじまなければ、カナダに住むことも、その手ごわい自然環境を相手に探検することもできないという認識を初めてもったのがシャンプランだった。

イエズス会士らの支援を受け、シャンプランは「我々がひとつの民族となるために」ヒューロン族とフランス人の結婚を奨励するのが望ましいとの結論に達した。彼の方針がみごとに実を結び、1685年にイギリスとオランダの探検隊が初めてオンタリオ湖に到着した時には、フランスはすでに調査を行なって、五大湖、メキシコ湾に至るミシシッピ川の流れ、ジェイムズ湾に注ぐ大河のうち、2本の地図を作成していた。

マイルズ・ブレディン

ジェイムズ・ブルース

アビシニアにて魅力と勇気を発揮

(1730 ~ 94)

これまで同じ行程に挑戦した者は全員が
失望を味わうか、面目を失うか、さもなければ命を落とした。私は
さんざん苦労もしたし、嫌というほど危険な目にもつらい目にもあったが、
なにもそれは私にだけ限られたことではなかった。
私は恥となるような苦しみかたはしなかった。それは
他の者も同様だった。日の射す日がくれば
(日が射している日も実際にあった。しかもまぶしいほどの日射しの時も)、
その日は気兼ねなく楽しませてもらえた。
ジェイムズ・ブルース
『ナイル川水源発見旅行記』(1790 年)

ジェイムズ・ブルースは正真正銘の探検家だった。探検が好きだったから探検をし、貴重な発見をして、それを正確に記録した。大きな功績となったのは、当時は難題中の難題とされていた、ナイル川の水源を突きとめたことである。ブルースが発見したのは、長さでは勝るが流れの弱い白ナイルではなく、青ナイルのほうの水源だった。1774 年にイギリスに帰国したが、ブルースの話を信じる者がほとんどいなかったため、ブルースはすっかり性格が悪くなってしまった。しかし、我々が高い評価を与え、感謝の念をいだかなくてはならないのは、「日が射している日」のブルース、つまり人類の知識の世界を拡げながら、栄光の日々を過ごしていたアフリカ在住時代のブルースなのだ。

流行は変わる。ブルースは色男で聞こえていた。ジョン・スマート作の細密画(1776 年)。

現在、ナイル川の水源――たとえ誤認であっても――の発見に匹敵するような、記録になるほどの地理上の発見はもう残っていない。ブルースの時代には、まだ発見されていない土地があるということは、困った問題であり、失態と見られていて、「地理学者の恥辱」とまで言われていた。歴史学者リチャード・ホームズのいう〈驚異の時代〉には、知的な発見が重視されるようになり、世界の彼方を目指した航海や新惑星・新生物の発見には強い関心が寄せられた。ブルースは青ナイルの水源を発見したばかりか、紅海を海図に収め、散逸していた「エノク書」を再発見し、エチオピアとスーダンの歴史や動植物などについて厖大な知識も身につけたのだ。彼は精確な知識とともに、人並み外れた体力と蛮勇をあわせもっていた。ブルースの発見が認められるまでに、100 年もかかったというのは悲劇である。

若き日

1730年、スコットランドの地主の息子として誕生し、スコットランド人といえば政治的な分別がないとみられていた時代に、イギリス人紳士として育てられた。学業成績は抜群で、のちに独学で諸外国語、天文学、地図作成法などを学んだ。ワイン商人となり、結婚したが、間もなく新妻が亡くなる悲劇に見舞われる。遅まきながら32歳の時、ブルースは、国王ジョージ3世のもとで首相となったハリファックス卿を説得して、アルジェの領事に任命してもらう。こうして、ナイル川の水源を突きとめるという目的を旗印にして、アフリカへと発ったのである。

ブルースの所有地からは石炭が産出され、産業革命の最初期の担い手だったジェイムズ・ワットの最新の蒸気機関の動力となっていた。ブルースは石炭のおかげで、探検の費用はすべて自前でまかなうことができた。

探検に際しては、経度測定器（クロノメーター）や望遠鏡から馬、武器に至るまで、すべて一級品を買い揃えた。リビア沖で難破して装備の大半を失うと、大博物学者ビュフォン伯の要請を受けて、フランス国王ルイ15世が天文観測用の四分儀を調達してくれた。当時、イギリスとフランスが交戦中だったことを考えると、ブルースがどれほど人の心を捉える人物だったかがわかる。

アビシニアにて

この人当たりのよさがアビシニアでも功を奏する。苦難と危険を幾度となく乗り越えて、やっとアビシニアに到着した時には、ブルースはアルジェの領事に復職していた。アビシニアは無政府状態に近いありさまで、若い皇帝は、北部のティグレ出身の諸侯（ラス）ミカエルの傀儡（かいらい）となっていた。ミカエルは老獪な将軍だった。南部のオロモ族が武力によって勢力を広げながら、キリスト教徒が多い高地へと入ってきた。皇室関係では、ブルースが、皇太后とミカエルの妻エステルはもとより、皇帝とミカエル本人にまで気に入られてしまった。どこに行ってもブルースは、自分と似たような性格の男たちと親しくなったが、その反面、あまり肝っ玉のすわっていない連中からは嫌われた。女性に至っては、彼の足下にひれ伏さんばかりの心酔ぶりだった。

イスラーム教徒とアニミズム信者らから激しい攻撃を受けていたが、キリスト教徒が中心となっているアビシニアの高地は、近代世界には未知の地域だった。一種の被害妄想から、他のキリスト教世界とは隔絶してしまっていた。境界地域には旅行者を国内に入れないようにとの厳命が下され、やっと中に入った者も殺害されるか拘留された。人好きのする性格に加えて、大げさな話しぶりと治療行為（彼を手本に、後に続いた探検家たちもそうだったが、ブルースも医学の基礎を学んでいた）が相俟って、ブルースは行く先々で受け容れられた。自分は国王ジョージの親類筋のものだとか、特別な任務についている者だなどと偽って、偉そうに見せようとすることも珍しくなかった。

しかし、宮廷で受け容れられたからといって、それで目的を果たしたことにはな

クルックシャンクは、この短気な探検家がイギリスに帰国した時にも、旅行記を出版した時にも馬鹿にした「小心者の」批評家にして漫画家・作家たちのひとりだった。

らない。ナイル川の水源を見つけなければならないのだが、内乱がはじまったために、調査がとりわけ危険になってしまったのだ。何カ月も画策し、打つ手の限りを尽くしてもうまくいかず、何度か恋愛も経験し、やっと水源にたどり着くことができた。

「当時の私の心境については、説明するよりも、推察してもらう方が簡単だ。なにしろ、今も昔も時代を問わず、3千年近くもの間、どんな天才も努力も調査もことごとく撥ねつけられてきた場所に、私は立っていたのだ」。

しかし、もちろんその場所には失望させられた。川の水源というのは、ほぼ例外なく水たまりと変わらないものなのだ。「私は虚脱感に襲われ、自分のために早々に編んでおいた月桂冠が吹き飛ばされるのを感じた」。

ブルースの天賦の才能は、そのままそこから帰ることを許されたことに表われている。これは彼がさらに持ち前の魅力を発揮しつつ、はったりもきかせ、しかもきちんと人に恩を返すことが報われたのである。セルブラクソスの戦いでは、皇帝軍の重騎兵隊を指揮し、内戦によって国が分裂している時に王位を主張して殺害された者の亡骸(なきがら)を、大きな危険を冒してまで守ったこともある。

ブルースの数々の偉功が認められ、アビシニアからハルトゥームを経て、ナイル

帆走するカンジャ号。ブルース著『旅行記』所収。ブルースは船酔いに苦しみながらも、ナイル川を帆船で遡上し、紅海を海図に収めた。

川に臨むアスワンへと抜けて帰国にまで至ることができたのだ。フンジ人のセンナール王国を経てヌビア砂漠を渡る波瀾万丈の旅のあいだ、ブルースは命がけで、渇きと攻撃と病いと死刑執行人の斬首刀から逃れながら、イギリスにもどり、数多くの標本と発見の成果、メモや観察記録をヨーロッパにもたらして、フランスでは絶賛を浴びたが、生まれ故郷のイギリスでは評価されなかった。

性格の欠陥

ブルースの欠点については無視するような形でここまで説明してきたが、確かに彼には欠点があった。ブルースは、画家のルイジ・バルガニをアビシニアまで同行させていた。バルガニがアビシニアで亡くなっても、彼が水源まで一緒に行った功績も讃えず、絵を描くのに協力を得たことも明言しなかった。先に水源に到達していたふたりの宣教師の主張を攻撃したこともあった。ふたりの主張は世間からも認められなかった。

何年も前に死んだものと思われていたが、ヨーロッパに帰ってくると、ブルースの婚約者はイタリアの侯爵とすでに結婚していた。すると、すぐにブルースはそのイタリア人侯爵に決闘を申し込んでいる。ロンドンではサミュエル・ジョンソン（宣教師のひとりの文書を翻訳していた）、ホレス・ウォルポール、ジェイムズ・ボズウェルらを敵に回した。それぞれまったくタイプの違う人物だったが、みな陰でブルースをこき下ろした。ブルースは子供じみた怒り方をして、噴然とスコットランドに帰った。

ヌビア砂漠から命からがら帰ると、健康を害し、スコットランドのキンナードにある自分の屋敷に引きこもり、彼の言葉を疑う者には誰かれなく罵詈雑言を浴びせ、些細なことでも近所の住人を訴えた。

ブルースは、それまで自分が何を求め続けていたのかをやっと悟るようになった。すぐには死なない、愛せる相手が欲しかったのだ。長年にわたって浮き名を流したすえに、メアリ・ダンダスと結婚して身をおちつけた。エチオピアでは、諸侯ミカエルの妻エステルとの間に子供をもうけたとされている。また水源地では、地元の首長の娘を口説いたこともあった。帰国の途にあった時、イタリアでは「わたしのブルス」とはじまる手紙を何通も受け取り、イングランドではファニー・バーニー〔イギリスの小説家；1752～1840〕が彼の虜になった。

1785年、愛妻の死と数少ない友人らの勧めが契機となって、ブルースはやっと旅行記を書く気になった。その出版は1790年。冒頭は「小心者の批評家たち」への攻撃ではじまり、話はあちこちに飛びながら、えんえんと続き、全5巻におよぶ。しかし、その中にはしっかりと黄金──その存在は死後出版される第2版でより鮮明になる──が秘められていた。この旅行記は、やがてマンゴ・パーク（本書130頁）がニジェール川を目指すきっかけとなり、サミュエル・テイラー・コウルリッジは上都（ザナドゥー）にアビシニア人の女中を住まわせ、ウィルフレッド・セシジャー──イートン校の1年目に小遣いでその本を買った──は、探検に一生をささげることになる（本書225頁）。ブルースはついにナイル川の水源を発見した。白ナイル川のほうが長さはあるが、エジプトの水の大半は青ナイル川から来ている。

デイヴィッド・リヴィングストン（本書142頁）はブルースを「誰よりも偉大な旅行家」と絶賛し、画家のゾファニーは華やかな時期のブルースに会い、「この偉大な人物、一代の英傑にして、既婚男性には脅威、恋心を忘れぬ男」と的確な捉え方をみせた。これ以上みごとな人物評はないだろう。

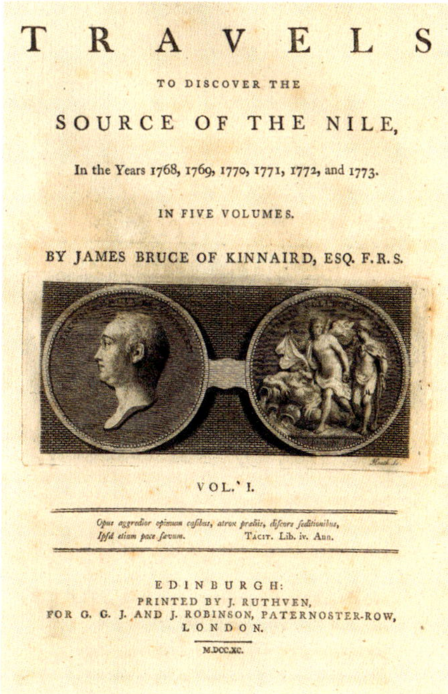
TRAVELS
TO DISCOVER THE
SOURCE OF THE NILE,
In the Years 1768, 1769, 1770, 1771, 1772, and 1773.
IN FIVE VOLUMES.
BY JAMES BRUCE OF KINNAIRD, ESQ. F.R.S.
VOL. I.
Opus aggredior opimum casibus, atrox prœliis, discors seditionibus,
Ipsâ etiam pace sævum. TACIT. Lib. iv. Ann.
EDINBURGH:
PRINTED BY J. RUTHVEN,
FOR G. G. J. AND J. ROBINSON, PATERNOSTER-ROW,
LONDON.
M.DCC.XC.

ブルースは6年前に出版されていたキャプテン・クックの『太平洋航海記』と自分の著書をできる限りそっくりに似せようと腐心した。

ロバート・トウィガー

アレグザンダー・マッケンジー

カヌーでアメリカ横断

(1762 ～ 1820)

インディアンがいなければ、私には成功する見こみなどほとんどない。

アレグザンダー・マッケンジーの書翰より（1790 年）

探検家をその道へと誘（いざな）った出会いや指導者については、多くの場合、秘密にされているものだが、アレグザンダー・マッケンジー、すなわち北アメリカ大陸を初めて横断して、18 世紀の探検の中でも間違いなく最も重要な功績を挙げたスコットランド人については当てはまらない。

彼が修行中の商人の身から探検家志望者へと転身したのは、現在のカナダのアルバータにあたる土地の北端で山小屋に閉じこめられていた冬のことで、一緒にいたのは悪名高い商人で、有罪にこそならなかったが、殺人も犯した冒険家のアメリカ人ピーター・ポンドだった。ポンドは「地元の人たちの情報」をもとに、ロッキー山脈西側の地図をまがりなりにも初めて作成した人物であり、マッケンジーに、アサバスカ湖から太平洋に至る交易路を見つけ出そうという気にさせたのもポンドだった。

マッケンジーは 1762 年に、ヘブリディーズ諸島のストーナウェイで、新賃貸法によって貧しくはなったがそれなりに地位はある軍人の家の息子として誕生した。子どものころに覚えたのはゲール語だった。1775 年、父親は親類を何人か伴なってアメリカに移住し、それから息子のマッケンジーを連れてカナダにわたった。マッケンジーは 12 歳だったが、教育はきちんと受けていたようだ。15 歳でモントリオールの毛皮問屋の事務員として働きはじめる。17 歳でジョン・グレゴリーの経営する会社に入り、5 年間、会計課で働いたのち、旅行のチャンスを得た。1784 年、まずデトロイトにおもむき、グレゴリーから一緒に会社を経営しようと持ちかけられると、利益の大きいビーバーの毛皮がとれる土地を目指して、北へと向かった。

それからの 3 年間、イングリッシュ川――インディアンはミシシッピ川とか「大河（グレート・リバー）」と呼んでいた――に臨む交易所に寝泊まりして、インディアンを相手に取引の仕方を学んだ。そうこうしているうちに、西に行くと広大な土地があるとの噂を耳にし、1787 年には、アサバスカ湖の南 64 キロメートルほどの地点にあるアサバスカ川に臨む交易所で、ポンドとともに冬を過ごすことになる。ここで、先住民との交易で一財産築けると考えていた青年は、ポンドからロシアの皇后に毛皮を献上するのが夢だと聞いて、刺戟を受ける。ポンドは、アサバスカ湖からはるかヨーロッパまで渡っていくのは可能だと思っていた。そうすれば、インド洋と太平洋を牛耳っている商社を出し抜くことができる。

しかし、ポンドには敵が多く、殺人罪に問われていたので、その対処もしなけれ

トマス・ロレンス作、凛々しいマッケンジーの肖像画（1800年頃）。河川を利用した商業路を見つけようと、マッケンジーは当時ほとんど知られていなかったカナダの北部を探検した。1793年、アメリカシラカンバで造ったカヌーに乗って、ヨーロッパ人として初めてロッキー山脈を越えて太平洋岸に到達した。

ばならない。そうなると、西への探検ができるのはマッケンジーだけということになる。アサバスカ湖畔に交易所――現在のフォート・チプウィアンの町になる――を築いてから、マッケンジーは地元の酋長らに話を聞いて、スレーヴ川を北上すれば太平洋に出る径路が見つかると考えた。

1789年、２隻の大型カヌーで、「親友」であるチプウィアン族酋長ネスタベックを伴なってスレーヴ川を下り、のちにマッケンジー川と命名される川を下った。6週間後に出たところは、太平洋ではなく北極だった。冬になる前に帰国するには、2,400キロ以上も川を遡上しなければならない。それから102日間におよぶ苦難のすえ、9月、湖面に氷が張りはじめたころに、やっともどってきた。

サー・ジョージ・バック画、グレートスレーヴ湖の北岸（1833年)。マッケンジーは最初に太平洋を目指した時に、この湖を渡り、自らの名前を冠されることになる川を発見した。

マッケンジーは、北極までのルートを見つけるという大発見をしている。ふつうならここでやめてしまうところだろう。ところが、彼はピーター・ポンドに火をつけられた西部踏破の夢をまだ実現していなかったのだ。マッケンジーの記録は径路が正確に把握できていないと批判されたので、彼はイギリスに１年帰って、自分に欠けている技術を学ぶことにした。これはイギリス行きの船に乗るために、カナダの河川などを利用して4,800キロの旅をしなければならないことでもあった。ロンドンに着くと、新しい六分儀を１台と経度測定用時器（クロノメーター）を数台購入し、その使い方を学んで、カナダにもどった。カナダといってもまだそのころは、現在のカナダ東部しかなかったのだが。

1792年の翌夏、ピース川を西へと遡上した。「ロシア人と取引するために」だったと記している。ポンドの夢がまだ生きていたということになる。たどり着いたところが、現在ピース・リバーの町がある場所で、640キロメートルほどの距離を移動したことになる。そこで20人のグループと堡塁を作って、越冬した。翌年、氷がとけるとすぐに全長８メートルのカヌーに９人の男と１匹の犬を乗せて出発し、流れがしだいに激しくなる不穏（アンピースフル）なピース川に逆らいながら、交替でカヌーを漕いだり、綱で引っ張ったり、帆を張ったりして川を上っていった。

北極の分水界と太平洋の分水界の間のわずかな距離の陸地はカヌーを運ばなければならなかったが、その後はすべて下り坂になった。とはいえ、流れはますます激しくなっていった。マッケンジーはカヌーが心配になり、地元のニューホーク族、別名、運搬（キャリア）インディアンの情報に従って、320キロメートルの一本道を歩いて、太平洋岸のベラ・クーラに出た。そこからさらに48キロメートルほどフィヨルドの海岸を進んで到達した地点の岩に、赤いペンキで「アレグザンダー・マッケンジー、1793年陸路にてカナダより」と一言記した。

地元のインディアンから猛攻を受け、マッケンジーはほうほうの体で退散せざるをえなくなり、鋼鉄の斧などの交易品を渡して難局を脱し、逃げ帰った。わずか8日でフレイザー川に碇泊させてあったカヌーまでもどり、わずか6週間で2,575キロメールの距離を進航して、ピース・リバーの堡塁に帰ったのである。太平洋にいたる径路を発見する夢は叶えたが、商売に使えるものではなかった。

マッケンジーの健康はいつも無理がたたっていた。モントリオールにもどる際に、カヌーを川から引き上げて運ばなければならなくなった時に「右胸がひどく痛い」と訴えた。しかし、そのままカナダで仕事を続け、商売で一財産築いてスコットランドに帰ったのは1805年だった。50歳の時、もう腰が曲がり健康も害していたが、まだ仕事の計画も、他を圧倒するほどの元気も持ち合わせていて、14歳のゲッデス・マーガレット・マッケンジーと結婚し、3人の子供をもうけた。8年後、1820年3月11日に、ムルナインにて息を引き取った。

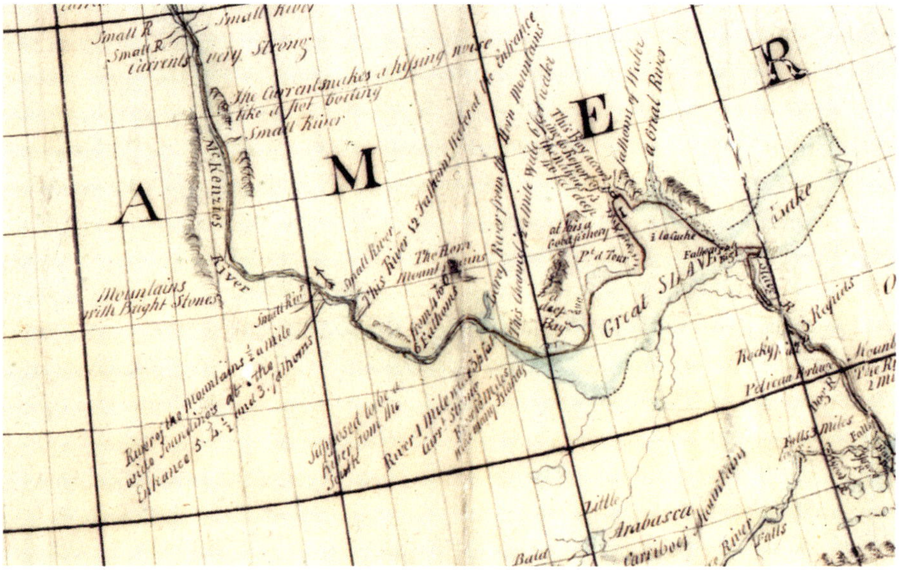

マッケンジーが北極を目指していた時に作成したと思われる地図の一部で、ここにはグレートスレーヴ湖とマッケンジー川が描かれ、径路の途中に特徴が記されている。

アンソニー・サッティン

マンゴ・パーク

黒人の謎を解く

(1771 ~ 1806)

彼〔ボンドの王〕は、まともな人間なら
そこの国と住民を見るためだけに
そんなに危険な旅行をするなんてあり得ないと思った。
マンゴ・パーク
『アフリカ奥地探検記』(1799 年)

マンゴ・パークの人生においては巡り合わせがすべてだった。若いころの偶然の出会いが、探検への扉を開けてくれた。また、国家の一大事という時にイギリスに帰国し、一躍名士となった。最後の探検では巡り合わせが悪く、アフリカで破滅することになった。しかしその時には、すでに当代でも屈指の有名な探検家になっていて、今もなお版を重ねている古典的な著書も出していた。

スコットランドの国境(くにざかい)に住む子どもだったマンゴ・パークが、1792 年の夏、エディンバラ大学の医学部を卒業する。最初の幸運な巡り合わせがその夏に訪れる。義理の兄でロンドンのコベント・ガーデン市場で種子の商いをしていたジェイムズ・ディクソンが、スコットランドの高地地方を一緒に旅行しないかと声をかけてきたのだ。パーク青年がこの種子商に好印象を与えたことは間違いない。ディクソンは青年を、ロンドンの常連客だったサー・ジョゼフ・バンクスに紹介した。

バンクスはイギリスでも有数の富豪であり、人脈も豊富だった。科学分野ではイギリス政府の顧問を務め、王立協会の会長であり、リンネ学会の創設者にして、キューにある王立植物園の創案者でもあった。バンクスは青年の才能をすぐに見抜き、1793 年 2 月にパークは、スマトラ行き東インド会社の船舶に医師の助手として乗船した。

アフリカの魅力

バンクスはキャプテン・クック(本書 46 頁)とともに世界を旅して、アフリカの海岸も見たことがあった。1788 年、バンクスは友人らを伴なって〈アフリカ奥地発見推進協会〉、略してアフリカ協会を設立する。〈啓蒙主義の時代〉だというのに、アフリカの奥地についてほとんど無知に等しいのは恥だということで、地図上の空白地帯を埋めるため、「地理調査使節」の資金提供を決めた。アフリカ協会はイギリス史上の転換期に創立された。

バンクスは、海外の植民地には時間も資金も人手もかかりすぎると主張した。すでに 10 年ほど前のアメリカ植民地が良い例で、入植者らは成功すると、今度は独立を求めてくる。だからバンクスは、イギリス政府は、植民地ではなく貿易の仲間を求めるようにするのがよろしいとの提案をしたのだ。彼は願わくは探検家たちがアフリカでそういう仲間を見つけてくれればよいと期待していた。

1820年代のティンブクトゥ。スコットランド人探検家アレグザンダー・ゴードン・ラング少佐が1826年8月についにたどり着いたが、海岸へともどる途中で殺害された。フランスのルネ・カイエが、この町を見て生還した最初のヨーロッパ人となる。1828年、カイエは「泥の家が集まっている」だけだったと明かした。

昔から、サハラ砂漠より南のアフリカ地方は黄金郷だと言われてきて、18世紀のロンドンにいたアフリカ人は、本国の王様たちはものすごい金持ちで、奴隷でさえ着ている服は金だと吹聴していた。バンクスも友人らも、科学や社会が発達しているという話も聞いていて、アフリカに行けば古代エジプト人やフェニキア人の子孫が見つかるのではないかと夢見ていた。豊かな富も、学問的な知識も、ニジェール川沿い、特にティンブクトゥという町に集中しているように思われた。アフリカ協会が植民ではなく調査を目的に探検隊を送るべき先はそこだとされた。協会の幹事だったヘンリ・ビューフォイの言うとおり、「〔アフリカの人たちとは〕大いに意思の疎通を図らなければならないだろう。学ばなければならないことも大いにある」のだった。

ベナウンのキャンプ地に立つアリのテント（『アフリカ奥地探検記』より）。1796 年、ここでパークは囚われの身となった。その経験が、２度目のアフリカ探検の時の判断に影響を与えたようだ。

最初の探検

パークの任務は、ガンビア川を船で遡上し、陸路でニジェール川に至り、さらにティンブクトゥを目指し、あわせて川の流れている方向も明らかにすることにあった。彼の下す命令は簡単なことのようにみえたが、じつはそう容易なことでないことは、本人がよく知っていた。

アフリカ協会はすでに何人もの探検家を送り出していたが、最後に探検に出た者は、パークが予定しているコースをたどって、オアシスで餓死していた。協会が最初に送り出したのは、アメリカ人探検家ジョン・レッドヤードだったが、レッドヤードよりはパークの方が上手（うわて）だろうと思われていた。レッドヤードはパリからシベリアまで苦難を重ねつつも踏破したが、カイロで赤痢にかかり、命を落としていた。パークには少なくとも医学の心得があった。ガンビア川にたどり着いてすぐにマラリアにかかったが、闘病中にマンディンゴ語を多少なりとも独学で身につけている。

いよいよ奥地へと出発。召使兼通訳をひとり伴ない、ガラス玉・琥珀・タバコを詰めた麻袋を何袋も持って行った。食糧と引き換えたり、奥地の首長らへの贈り物にしたりするつもりだった。六分儀・磁気コンパス・温度計、さらにアフリカ協会からの長大な質問リストも持参した。途中の地域にどんな住人がいるのか、何を栽培し、何を交易品にしているのか、どのような刑罰があり、子供には何を教育しているのか。協会では住人の寝具まで知りたがっていた。

パークは順調に進んでいったが、紛争中の地域があったため、針路を北に変更して、ルダマーへと入っていった。そこは砂漠と畑に挟まれた低木地帯で、半遊牧民のムーア人でアリという名の人物が所有する土地だった。パークはアリの土地に入る許可を求めたが、捉えられ、磁気コンパス以外の所持品は没収されてしまった。アリは磁気コンパスを白人の魔術だと思ったのだ。

３カ月以上も拘束されて、その間は、ずいぶん手荒な目に遭わされたり、ひどい言葉を投げつけられたりした。パークが捉えられた唯一の理由は、アリの妻がヨーロッパ人を一度も見たことがなかったからだという。パーク自身は、キリスト教社会からのスパイだと誤解されて捕まったのだと思っていた。ムーア人らは、ガンビア川の河口と地中海沿岸での黒人とヨーロッパ人との間の貿易を牛耳っていた。彼らはヨーロッパ人が貿易を強く望んでいることを知っていて、パークが一大商業帝国の露払いのような役目を果たしていることを見抜いていた。そういう意味では、パークは脅威をもった存在だった。

夏になり、紛争が北へと移動していくと、その混乱に紛れて、パークはそっと逃

カマリアの風景。パークは最初の探検でアフリカからの帰途、この土地で、ある奴隷商人から賓客として遇された。パークがその商人と親しくし、頼っていたために、奴隷反対運動を展開していたアフリカ協会の会員の中には問題視する者もいた。

げ出した。南方に向かい、ニジェール川を目指して歩き、その川が「ウェストミンスター附近のテムズ川さながらの川幅」であることと、その流れが東に向かっていて、アフリカへと流れこんでいるらしいことを伝えた最初のヨーロッパ人となった。パークがいたのはセグーで、ティンブクトゥにはあと何日もかからずに到達できる距離にあったが、地元の首長は、パークの置かれている状況が現実には厳しいものであり、セグーではムーア人に殺されなかったとしても、ティンブクトゥに行けば命がないことを明言した。パークもあの伝説の都市に行くことはできると思っていたが、さて出てこられるかとなると、はなはだ心許なかった。すでに入手した情報をもって帰国した方がよいと思った。

この時もまた、絶妙の巡り合わせが待っていた。アフリカに入っていくのも大変だったが、出るのもそれに劣らず困難であり、尋常な状況ではなかったが、1年5カ月後、1797年のクリスマスにパークはロンドンに到着し、好機到来とばかりに、バンクスから手厚い歓迎を受ける。この時イギリスはフランスと戦争をしていたが、戦況は芳しくなく、士気の発揚が必要だった。パークはアフリカの地理をめぐる謎のひとつに答えを与えた英雄として褒めそやされた。

ロンドンの社交界ではもてはやされ、旅行記はたちまち売り切れとなったが、パーク自身はスコットランドに帰りたくて仕方がなかった。旅行記や著書で得た儲けをもとに、結婚してピーブルズシャーで田舎の医者として身をおちつけた。しかし間もなく、退屈な仕事と北国の陰鬱な天候に嫌気がさしてきた。友人だった小説

ロンドンの社交界でもてはやされている頃、デヴォンシャー公爵夫人ジョージアナはパークを讃える歌を作らせ、エリザベス・フォスターがその挿絵として、ニジェール川に到着した日の夜のパークの姿を版画に作成した。

家のサー・ウォルター・スコットに「寒々とした人気のない荒野と気分まで暗くなる山の中で、えんえんと馬車に揺られて人生を無駄にするよりは、アフリカで勇ましく冒険している方がいい」と漏らしていた。1805年、パークの願いが現実になる。

命を賭けてニジェール川へ

アフリカに対するバンクスの姿勢は、アフリカ協会設立以来、17年の間に変化していった。セネガル川流域でフランスの勢力が拡大しているのを見て、バンクスは、イギリスがニジェール川と、まだ海のものとも山のものともつかない金鉱をしっかりと支配下に置かなければ、フランスに先を越されてしまうと考えた。バンクスは政府に、パークと軍隊を派遣してニジェール川流域にイギリスの交易所を設けるように説得した。

さっそうたる探検家パーク。ヘンリ・エドリッジ画。この肖像画は西アフリカから帰国直後の名声の絶頂にあるパークの勇姿。

この時ばかりは最悪といってよいほど巡り合わせが悪かった。計画では、パークと43名の兵士は、1805年7月にニジェール川に到着するはずだったが、遅れに遅れて、しかもなかなか先に進まず、やっとたどり着いたのは8月も半ばになってのことだった。それまでに4分の3が病死し、ボートを作るはずだった船大工たちまで命を落としていた。最初の探検で行った最遠隔地のセグーを出発した時には、すでに39名が死亡していた。それでもパークはロンドンに「今回の遠征によって、慎重を期すればガンビア川からニジェール川までいくらでも商品を輸送できることが明らかになる」と書き送るだけの気力は持っていた。

ガンビア・ニジェールの河川ルートの利用が可能であることを証明する第一の任務は果たしたことを確信し、パークは第二の任務に向かった。ニジェール川がどこをどのように流れているのかという問題を明らかにするためである。

この川の終点については意見が分かれていた。アフリカ協会のメンバーだった地理学者ジェイムズ・レネルは、パークが現在のチャド湖にあたる地域で立ち往生するものと決めつけていた。また、ニジェール川はナイル川かコンゴ川と合流している可能性があると考えている者もいた。行き先がどこであろうと、パークはボートに食糧と武器を積載し、生きのびた4名とともに川の終点までは突き進む覚悟だった。ティンブクトゥの港を通過し、ニジェール川の湾曲部分を流れに乗って進んでいったところで、パークは通行禁止になっているブッサの瀑布の警告を見落としてしまった。彼がボートから川に飛び込んだのか、それとも川岸から銃で撃たれたのか、真相は不明だが、いずれにせよ誰よりもその謎の解明に力を尽くした川で、パークは命を失った。

アレグザンダー・メイトランド

ジョン・ハニング・スピーク

ナイル川の水源発見

(1827〜64)

わたしの足もとにあるこの湖が、あの興味の尽きない川、
水源をめぐっては百花斉放、大勢の探検家が目指した川の
源になっていることをもう疑う気持はなかった。

J. H. スピーク
『ナイル川水源発見記』(1863年)

ジョン・ハニング・スピークは、偉大なアフリカ探検家のなかでも、話題性と謎の多さでは今なお屈指の人物である。彼をめぐる論議は、白ナイルの水源を直観的に発見したという説、あるいは1864年にウィルトシャーにある従弟の土地で猟鳥を撃っている時に死んだのは事故かどうかという問題が中心になっている。謎に関していえば、スピークの私生活についてほとんど知られていないことが挙げられる。その著書と遺された手紙から、彼が何を思っていたかは垣間見られる。ヒマラヤから送った書翰をはじめ、多くの文書が死後に処分されてしまったようだ。37年間のスピークの人生で、最後の10年、つまり探検に捧げられた10年間の記録だけは多少なりとも詳しい。

スピークは1827年5月4日に、デヴォン州はビディフォードのオーリー・コートで生まれ、子供時代はサマセット州イルミンスター附近のジョーダンズにある一族の所領で過ごした。子供の時には目が慢性の炎症になり、読書が苦痛で困難になった。しかし、それでも銃を使った猟を習いはじめて、やがて銃猟に熱をあげ、みごとな腕前を見せた。1844年、17歳の時に第46ベンガル歩兵連隊に入隊し、パンジャブ戦争に従軍した。1849年にはパキスタン中部の都市ムルタンへ従軍して武功章を授けられ、中尉に昇任した。上官らに後押しされて、ヒマラヤ山脈やチベットの、すでに地図のある土地で狩猟を楽しんだり旅行をしたりした。1854年、大型の獲物を撃つ目的で中央アフリカに向かう途中、スピークはイエメン南西部の都市アデンにたどり着いた。

アフリカにてバートンと張り合う

スピークは、ソマリランド沿岸を拠点にしてザンジバル探検を行なった際に、リチャード・バートン(本書80頁)と合流したほうが良いとの忠言を受けていた。スピークはソマリランド東部のワジ・ノガルを探検し、その行程を日記に記録して、地図を作成し、鳥類・哺乳類・爬虫類の動物を標本として蒐集した。イッサ族の兵士がソマリアのアデン湾に臨む港町ベルベラの野営地に攻めてきた時、スピークは槍で11度も刺されている。また、スピークは蒐集品をバートンに私物化されたば

スピークの肖像画。ジェイムズ・ウォトニー・ウィルソン作の油彩画（1859年）。
ヴィクトリア湖を背景に、スピークの測量器具とライフルも描かれている。

かりか、日記をつまみ食いされ、バートンの『東アフリカ一番乗り』（1856年）に収められたので、憤懣やるかたない思いだった。その上、バートンの探検隊に渡した資金の権利まで奪われる始末だった。1856年、バートンはその穴埋めに、中央アフリカに存在するとされていた巨大な湖ウケレウェ湖——ふたりのドイツ人宣教師ヤーコプ・エアハルトとヨハネス・レブマンがその地図を作成していた——の調査と、可能なら白ナイル川の水源を明らかにするための王立地理学会の探検隊にスピークを誘ったのである。

バガモヨ〔タンザニアの首都ダルエスサラームの北東70キロメートルにある港町〕からアラブの交易ルートをたどり、大キャラバン隊は5カ月かかってタンザニアのタボラに到着した。アフリカ人の運搬人夫の主任だったシディ・ムバラク・ボンベイは元奴隷だったが、スピークの右腕となった。脱走する者あり、病に倒れる者あり、疑心暗鬼の族長らとの争いもあり、なかなか思うように先に進むことができなかった。スピークもトラコーマにかかったり、再三、熱病・失神の発作・激しい痙攣に襲われた。

バートンとスピークがタンガニーカ湖に臨むウジージの町に着いたのは1858年2月だった。しかし、得ていた情報とは違い、タンガニーカは白ナイル川の水源ではなかった。キヴェラ島で暴風雨の時に、一匹の甲虫がスピークの耳の中に入りこんでしまった。スピークはナイフを使って虫を耳から取り出そうとし、鼓膜を傷つけ、生涯、片耳が聞こえなくなった。タボラにもどると、はるかに大きな湖が北にあるとの報告を調査することに決め、バートンにも同行を促した。しかし、バートンはマラリアがまだ完治していなかったこともあり、地元のアラブ人商人から情報を集めているほうが良いと、タボラに残るほうを選んだ。

スピークは6週間後に帰ってきた。彼は湖を発見してヴィクトリア湖と名づけたことを明らかにするとともに、湖が白ナイル川の主たる水源だと断言してバートンを驚かせた。ふたりは激しい言い争いをしたものの、喧嘩別れすることもなく探検を終えている。とはいえ、それ以降、ふたりの関係は悪化していった。

イングランドに帰る船旅の途中、バートンはアデンで療養することにしたが、スピークはバートンが戻るまで王立地理学会には行かないことを約束し、そのまま独りで帰国の途についた。スピークの『ナイル川水源発見記』の未刊の補遺によると、バートンはエルサレムに行くつもりだったという。スピークは、バートンが進路変更したのは何か策略があってのことと思ったのかもしれない。あるいは、約束など無視するようにと誰かに言われたのかもしれない。理由はともかく、スピークはすぐにナイル川の水源であるヴィクトリア湖を発見したと報告し、その証明のために、王立地理学会から探検隊を出せるように支持を求めて回った。

湖沼地帯を再訪

1860年、スピークはアフリカを再訪する。この時は、1847年にインドで知遇を得たジェイムズ・オーガスタス・グラントが同行した。グラントは相棒としては理想的な人物だった。バートンとは違い、狩猟が好きなスピークと話が合った。植物の知識も豊かで、デッサンもみごとだった。いっさい不満を口にしなかった。万事、スピークの言うがままに従った。

イングランドでは、バートンが、ナイル川の源流を発見したとするスピークの主張に難癖をつけ、あの男はアフリカ人やアラブ人には上から目線の恩着せがましい態度をとるとか、未知の土地に行ってやたら細かい記録をとる才能と、鳥を撃ち落とす腕以外には何の取り柄もないと扱き下ろした。ふたりの探検を記録したバートンの『中央アフリカの湖沼地帯』が出版されないうちにバートンがアフリカに

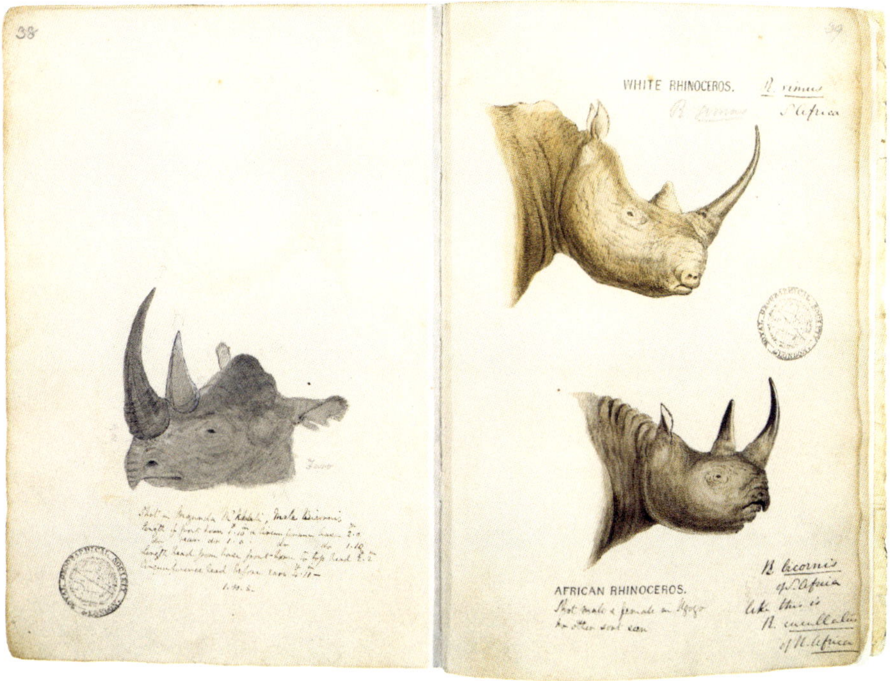

シロサイ（右上）とクロサイ（右下）の頭部の挿絵。左ページのスピークのスケッチには、しっかりと物を挟み込めるサイの口の特徴がよく捉えられている。

発ってしまったので、スピークは怒りのぶつけどころがなかった。スピーク宛のバートンの手紙は、「親愛なるジャックへ」から「謹啓」へと、書き出しが他人行儀になった。スピークが最後に関係の修復を求めてきた時に、バートンは拒否したが、それをバートンは後々まで悔やんでいた。

スピークとグラントが内陸へと向かって進んでいる時に、さらにふたりが、スーダン南部のゴンドコロを目指していた。ひとりはハルトゥームのイギリス領事館副領事ジョン・ペセリックで、ボートと食糧などを用意してスピークらと合流しようとしていた。もうひとり、サミュエル・ホワイト・ベイカーは裕福な冒険家で、政府や王立地理学会とは関係なく、ナイル川の水源を求めてエジプトを出発していた。

スピークとグラントはタボラで何カ月も足止めを食っていた。雨が降り続き、川が氾濫して、運搬夫らに食糧が供給できない状況にあった。スピークは片腕が麻痺し、おまけに両肺に鬱血があり、呼吸するのにも苦しんでいた。カラグウェにあったルマニカ王の宮廷で、スピークは王様の義理の妹の肥満した巨軀を採寸した。この話はスピークの『ナイル川水源発見記』に書かれているが、バートンの肩をもつ者たちに歪められて流布することになる。ルマニカ王はスピークに、羚羊(れいよう)の新種であるシタツンガの毛皮を下賜している。1861 年 11 月にスピークは、伝説の「月の山」であるルウェンゾリの南にあるムフンビロ山脈の火山を、短時間ながら見ることができた。

さらにブガンダ〔ガンダ族の王国〕の王ムテサの宮廷まで行き、そこで5カ月に及ぶ重要ではあるが悪名高い生活ぶりを見せ、それをあっけらかんと包み隠さずに書いてしまったこともあって、後に手厳しい非難の的にされる。スピークはムテサ王の母親の健康診断をしたことや、彼女がどんちゃん騒ぎの酒宴を催していたことを事細かに書きのこしている。宮殿では浮き名を流し、ムテサの妻たちをおんぶして歩いたりもした。もっと身を入れてヴィクトリア湖北端を調査し、不注意なミスも珍しくない地理上の調査結果を確認していたなら、こういう羽目を外した行動も、それほど彼の評判に傷をつけることはなかっただろう。事実、彼の訪問は、ブガンダに建設的な好印象を与えているのだ。スピークの白い肌も珍しかっただろうし、金の指輪や銃――ムテサは4頭の牛と廷臣ひとりを銃で殺した――といった物珍しい贈り物もあっただろうが、それ以上にスピークは、ブガンダを西洋の文化と西洋人に触れさせたのである。時宜も適(かな)っていた。中央アフリカに関心をもったイギリスは、布教活動・奴隷制反対運動・自然科学を旗印に掲げるだけでなく、産業革命によって勢いがついた外国市場の開発にも力を入れたのである。

1862年7月28日、ムテサの宮殿の東65キロメートルの地点で、スピークはリポン瀑布を発見した。ここにあるヴィクトリア湖がナイル川の源流になっていた。ナイル川の源流を発見したという彼の主張は、まだ決定的な証拠がなく、時期尚早だった。「ナイル川はおちついた」というスピークの言葉は、文学的な表現ではあるが、最終的には、1875年にヘンリ・モートン・スタンリーがヴィクトリア湖を船で一周してやっと証明されることになる（本書161頁）。

「ナムウェリ瀑布、ウガンダ」と題されたリポン瀑布の水彩画。スピーク画。ヴィクトリア湖がナイル川の水源だとするスピークの主張は、1875年にH・M・スタンリーによって証明された。

スピークとグラントがやっとゴンドコロに到着したのは1863年2月のことで、予定していたペセリックとの合流の時期はとうに過ぎていた。一方、ペセリック夫妻はナイル川の流れる奥地まで探検して、貿易をはじめていた。夫妻はスピークの一行が到着して5日後にゴンドコロにもどってきたが、スピークからは冷たい仕打ちを受けた。のちにスピークは、ペセリックを奴隷の売買をしたと非難している。スピークとグラントはベイカーの歓迎を受けた。ベイカーはやがてアルバート湖を発見し、「ナイル川のベイカー」として有名になる人物である。

ウガンダの山の上にあるムカビャ・ムテサの宮殿と、ムテサの所有する牛を描いたスピークの水彩画（1862年）。

スピークの死去

スピークの『ナイル川水源発見記』（1863年）は、読んでいて楽しいが、遺漏や事実誤認が欠点である。王立地理学会は、ナイル川の水源をめぐる論争に終止符を打とうと、バースでスピークとバートンの討論会を企画した。スピークは人前でしゃべるのも人と衝突するのも嫌いだった。何カ月も性に合わない執筆活動を続け、個人的な激しい対立も続いたために、すっかり気が滅入って、精も根も尽きていた。片耳が聞こえない上に、長期にわたって書き物に力を入れ、ただでさえ良くない視力も落ちてしまった。1864年9月16日、当初の予定よりは遅れたが、討論会を行なうことになった日の朝、王立地理学会会長だったサー・ロデリック・マーチソンが、スピークは前日にウィルトシャー州北西の町コーシャムの近くで猟をしていて事故に遭い、亡くなったと発表した。

スピークが自殺したのか、誤って自分を撃ってしまったのかはいまだに謎である。しかし、従弟と森番が見ている前で壁をよじ登りながら自殺するつもりだったとは思えない。『ナイル川水源発見に至る経緯』の増補第2版のほかに、スピークはインドへの狩猟目的の旅行や、フランスの皇帝ナポレオン3世の資金援助を受けて1865年に中央アフリカで大探検を行なう計画など、いくつもの計画を立てていた。自ら人生に終止符を打つつもりの人間がそんな計画を考えることはないだろう。

1881年、バートンがついにスピークの発見を認め、1890年に亡くなる直前、それまでスピークに対して投げつけた罵詈雑言をすべて撤回する旨の手紙を認（したた）めた。1866年、スピークの功績を讃える赤い花崗岩の記念碑が、ケンジントン・ガーデンズに建てられた。1995年5月4日には、バートンとスピークを記念する銘板の除幕式が、スピークの記念碑のそばで行なわれた。

クレア・ペティット

デイヴィッド・リヴィングストン

アフリカ沿岸を行く

（1813 ～ 73）

アフリカ人は断じて非理性的ではない。
思うに、非理性的というのはアフリカよりも
ヨーロッパに巣くう遺伝性の疾患なのだ。
デイヴィッド・リヴィングストン
『アフリカ日誌』（1855 年）

1874 年 4 月 18 日のウェストミンスター・アビーで行なわれたデイヴィッド・リヴィングストンの葬儀に参列するための整理券を入手するのは、ほぼ不可能に近かった。スタンリー首席司祭は「それまで私がかかわったどの行事よりも国民の気持ちを大きく引きつける出来事だった」と回想している。「宣教師となった織工の少年」の埋葬は、この年で一番の注目を集めた一大行事となった。ペルメル街とロンドンの官庁街（ホワイトホール）には、老若男女を問わず、氏（うじ）も育ちも関係なく、悲しみに沈む人たちが長蛇の列をなした。1875 年のある子供向けの本の挿絵には「怖い物知らずの宣教師にして探検家。広大な中央アフリカの暗黒の地にイエス・キリストの福音を伝えた最初の白人」と記されている。それはまったくの間違いではないが、リヴィングストンの名声は、宣教師としての成功よりは、創意工夫のすぐれた才能によるところが大なのだ。

宣教師にして探検家

1813 年、リヴィングストンは、グラスゴーに近いブランタイアで、モンティース紡績工場のあるシャトル・ロウの一部屋しかないアパートで誕生し、10 歳の時にはもう工場で働いていた。リヴィングストン一家は信仰心が篤く、また読み書きの能力も高かった。デイヴィッドは科学と旅行の本に熱をあげ、父親と議論になることもあった。父親のニール・リヴィングストンは、そういう書物は神を冒瀆するものだと思ったのだ。

しかし 1832 年、父も息子もスコットランド教会を離れることになる。会衆派教会のラルフ・ウォードローが、あらかじめ神に選ばれた者だけが救われるとする考えを否定して、万人に救済の可能性を認める寛容な神学を打ち出したからである。この神学が拠り所になって、のちにリヴィングストンは、アフリカ人に対して旧弊にとらわれない自由な見方をするようになる。

1834 年、父親が家に持って帰った小冊子をふと手にとって、中国で医療活動を行なう宣教師の仕事があることを知り、医者になる自分の夢と一家の信仰にうまく折り合いをつけられる方法を見つけた。いかにもリヴィングストンらしい決意の固さを発揮して、学費を稼ぐためにできる限り工場で仕事をしながら、グラスゴーのアンダーソンズ・コレッジで医学を修めた。

1838年8月、リヴィングストンはロンドン伝道協会（LMS）の面接を受けるために初めてロンドンに上京した。協会は彼に医療伝道師になるための訓練をすることを決めた。1840年、休暇中でロンドンに滞在していたLMSの伝道師ロバート・モファットに会い、南アフリカ北部のクルマンでの布教活動の話を聞かされて、大いに刺戟を受けた。またロンドンではトマス・フォウェル・バクストンが奴隷売買を非難し、この非人道的な行為をやめさせるひとつの方法として、アフリカと合法的な貿易を行なうようにと提言しているのも耳に入ってきた。リヴィングストンは伝道の目的地である中国に夢を託したが、1839年9月に第1次アヘン戦争が勃発して、訪中はかなわなくなった。そこで新たな任命を受け、真新しい医師の免状を手に、1840年12月8日にクルマンへと旅立ったのである。

リヴィングストンはクルマンには長くは留まらなかった。行ってみたところ失望を味わい、すぐにもうひとりの伝道師ロジャー・エドワーズとともに、400キロメートルほど北東のクウェナ族の土地に行った。伝道のための新たな土地を探し、リヴィングストンはその土地の言葉をあらかじめ勉強しては、2年以上にわたってさらに長旅を2回くり返した。1844年1月にやっとふたりは、アフリカ人教師メバルウェとともに、マボツァを新たな伝道の地に定めた。その1年後に、リヴィングストンはモファットの娘メアリと結婚。その後、リヴィングストンはエドワーズと喧嘩をして、クウェナ族のいるチョヌアネにまた伝道の本部を設置し、族長のセチェレはリヴィングストンの弟子となり、文字の勉強をした。リヴィングストン一家（ロバートとアグネスという子供がふたり誕生していた）は、セチェレと一緒にコロベングへと引っ越した。セチェレはやがてキリスト教から離れていき、またアフリカの宗教にもどってしまった。

このころリヴィングストンは、アフリカ人を改宗させることから、この美しい大陸の探検の方に重きを置くようになったようだ。増えていく家族（第3子のトマスが生まれていた）をクルマンに帰して、自分は裕福な狩猟家ウィリアム・コットン・オズウェルとボトレトル川へと向かった。この川をたどっていくと、ふたりはヌガミ湖（現在のボツワナにある）に至った。川はさらに北上していくつもの支流に別れていたので、リヴィングストンは、アフリカの河川が広範囲におよぶ通信網

奴隷をつなぐための鎖。1858年〜64年の遠征の際にリヴィングストンが持ち帰ったものであろう。彼は奴隷貿易の残酷さを強調するために、この鎖を見せながら講演をした。

デイヴィッド・リヴィングストンと末娘のアンナ・メアリのほのぼのとした家族写真。トマス・アナン撮影。アンナ・メアリは父親の記憶がほとんどなかった。

になると考えた。もし川から海へと出られるルートを見つければ、この分断されている大陸を近代化するための鍵が見つかる。世界を相手にする合法的な貿易を実現して、アフリカ人を恐怖におとしいれている奴隷商人を締め出せると思ったのだ。

コロベンに帰ると、リヴィングストンは、オズウェルが探検を続けるために必要なボートを手に入れてくるまで待っていると約束した。しかし、オズウェルがボートを見つけてもどると、堪(こら)え性のないリヴィングストンは、今度は家族を連れて出発していた。オズウェルは跡を追って、どうにか追いついたが、リヴィングストンの子供のふたりが重病で、一行はコロベンに戻ることになった。

1851年にふたたび旅に出ると、砂漠を通る危険な径路を選び、砂漠では子供たちがあやうく死にかけたものの、チェベ川にたどり着くことができた。リヴィングストンとオズウェルはそこの酋長セビトゥアネに会い、1851年8月にザンベジ川に到着。リヴィングストンはやっと目的の大河を見つけたと喜んだ。この川を探検したくて居ても立ってもいられなかったが、彼はまず家族を連れてケープタウンまでもどらなければならなかった。その途中で次男のオズウェルが生まれている。1852年3月にはメアリと子供たちが船でイギリスへと出発した。それから、リヴィングストンが世紀の大遠征をしている間、4年間、家族は極貧のうちに暮らした。

大西洋岸から内陸を抜けてインド洋へ

リヴィングストンは北に針路をとり、1853年5月、リニヤンティに到着した。セビトゥアネの息子セケレトゥの歓迎を受けたが、一帯はマラリアが蔓延していて、

ザンベジ川とヴィクトリア瀑布。トマス・ベインズ画（1862年）。1855年にリヴィングストンはヨーロッパ人として初めてこの滝を訪れた。地元では「モシ・オア・トゥンヤ」（雷鳴の轟く水煙）と呼ばれていた。

伝道のための拠点を設置するわけにはいかなかったため、セケレトゥの協力を得て、11月にザンベジ川を利用して海に出る西への径路が可能かどうか調査の旅に出た。しかし、雨期に入り、状況は過酷になり、いくつもの村を通過している途中で、取引に使う商品が底をつき、カヌーを乗り捨てにした。1854年5月31日、アンゴラ沿岸のルアンダに到着した時には、リヴィングストンはマラリアに倒れたが、イギリスに帰る船には、断固乗ろうとはしなかった。

9月を迎えるころには体力も回復して、アフリカの内陸へと出発した。ただし、リニヤンティにもどるのに1年近くを要することになる。1855年11月、リヴィングストンは別の探検隊を率いてザンベジ川を目指した。この時は東へのルートを見つけるつもりだった。間もなく、モシ・オア・トゥンヤ（雷鳴の轟く水煙）と呼ばれる大瀑布に至った。この大滝をリヴィングストンは、女王にちなんで「ヴィクトリア瀑布」と命名した。彼はやっと腰を据えて活動できる拠点を見つけたと興奮を覚えた。12月にはモザンビークのテテにあるポルトガルの入植地まで進んだが、途中でカボラバッサの急流を避けるような格好になった。のちにそれが大問題を引き起こすことになる。リヴィングストンはついにケリマネの海岸にたどり着き、そこから帰国の途につき、1856年12月12日にサウサンプトンに到着して、メアリに迎えられる。

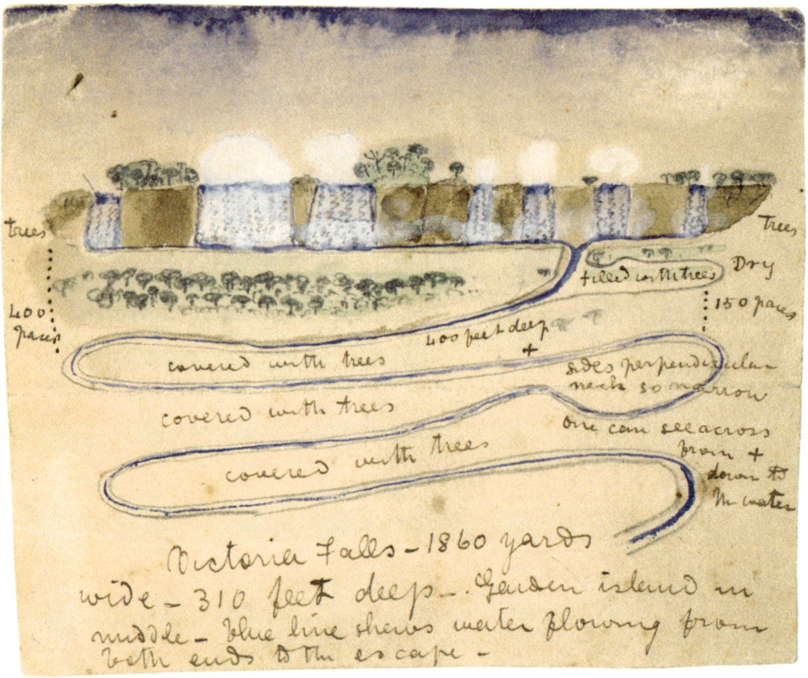

リヴィングストンが描いたヴィクトリア瀑布のスケッチ（1860年8月か？）。彼が描いた典型的なアフリカのスケッチ。ふつうは記録が目的なので、このスケッチでも測った距離を記入し、植物の分布や滝の大きさをていねいにメモしている。

イギリスでの名声

リヴィングストンは下船するまで、自分がイギリスでどれほど有名になっているのか、まったくわかっていなかった。1855年には本人の知らないうちに、王立地理学会の最高の栄誉である《創立者メダル》を授与されていたのである。アフリカからイギリスに届いた彼の手紙はすべて公開されていた。ロンドンの仮住まいの宿で『南アフリカ伝道の旅と調査』を恐ろしいほどの速さで書き上げた。この書物は世紀の大ベストセラーとなる。さらに次々と講演を引き受けて満員の聴衆を集め、1857年12月4日にはケンブリッジ大学でも男子学生らを前に熱弁をふるって、アフリカでの伝道活動に身を捧げてもらいたいと訴えた。これが契機となって、災難の多い《大学連合中央アフリカ伝道団》(UMCA)が結成されることになる。王立協会の特別会員に推挙され、数々の名誉学位を授与され、領事に任命されたり、ヴィクトリア女王に拝謁したりしながら、リヴィングストンは新たにザンベジ川探検の計画を立てていた。王立地理学会はすでに、彼の次の遠征への支援は断わっていた。リヴィングストンの真の目的が、もう伝道ではなく探検になっていることを見抜いていたのである。かわってイギリス政府が貿易の可能性に関心をいだいて、リヴィングストンの支援をすることになった。

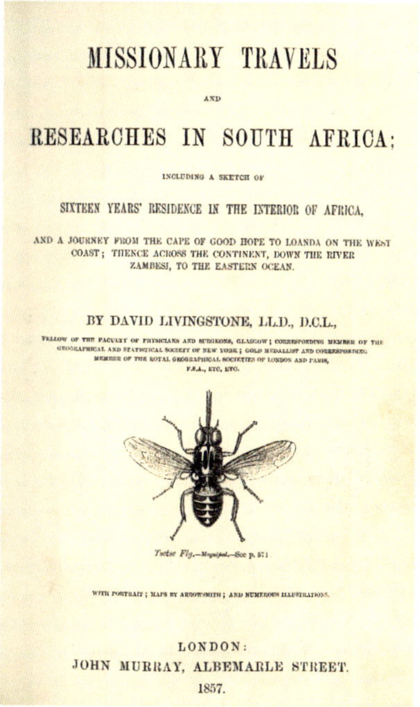
MISSIONARY TRAVELS

AND

RESEARCHES IN SOUTH AFRICA;

INCLUDING A SKETCH OF

SIXTEEN YEARS' RESIDENCE IN THE INTERIOR OF AFRICA,

AND A JOURNEY FROM THE CAPE OF GOOD HOPE TO LOANDA ON THE WEST COAST; THENCE ACROSS THE CONTINENT, DOWN THE RIVER ZAMBESI, TO THE EASTERN OCEAN.

BY DAVID LIVINGSTONE, LL.D., D.C.L.,

FELLOW OF THE FACULTY OF PHYSICIANS AND SURGEONS, GLASGOW; CORRESPONDING MEMBER OF THE GEOGRAPHICAL AND STATISTICAL SOCIETY OF NEW YORK; GOLD MEDALLIST AND CORRESPONDING MEMBER OF THE ROYAL GEOGRAPHICAL SOCIETIES OF LONDON AND PARIS, F.S.A., ETC. ETC.

Tsetse Fly.—Magnified.—See p. 571.

WITH PORTRAIT; MAPS BY ARROWSMITH; AND NUMEROUS ILLUSTRATIONS.

LONDON:
JOHN MURRAY, ALBEMARLE STREET.
1857.

リヴィングストン著『南アフリカ伝道の旅と調査』の扉のページ。「ツェツェバエの拡大図」はこの本が伝道よりも探検に重きがあることを示している。

ザンベジ川探検

ザンベジ川探検隊は、1858年3月10日にイングランドを発った。リヴィングストンの弟チャールズと、画家としてトマス・ベインズ(本書72頁)も加わっていた。一行は『マ・ロバート』と名づけた組み立て式の汽船を持参した。マ・ロバートは、メアリ・リヴィングストンのアフリカ名である。メアリも探検に加わっていたが、また身重であることがわかってケープタウンに残り、両親とともにクルマンに向かった。マ・ロバート号は大活躍とまではいかなかった。蒸気をおこすために莫大な燃料を必要とし、また川が危険な場合には、解体して運ばなければならないこともよくあった。カボラバッサの急流まで来た時に、さらに大きな問題がおこった。この急流はリヴィングストンが最初に来た時には見落としていたのだ。同行していたジョン・カークはここを通るのは無理だと判断したが、リヴィングストンはどうしても納得しなかった。

ともかくリヴィングストンは、ザンベジ川の支流であるシャイア川こそが新ルートになると決めていて、伝道の本部を置く理想の豊かな土地はここだと思っていた

リヴィングストンの汽船マ・ロバート号。1858年5月24日にトマス・ベインズが描いた。この船はリヴィングストンの1858年のザンベジ川探検用に造られた。ボイラーがトラブルばかり起こすため「喘息号(ぜんそくごう)」と綽名(あだな)され、1851年には引退した。

のだ。1859年9月、探検隊はニアサ湖の南端に至った。イギリス政府は探検の支援を継続し、1861年には、ぼろぼろになったマ・ロバート号に代わる新しいボート、パイオニア号が送られた。しかし、探検の当初から人間関係はぎくしゃくしていて、リヴィングストンが、ついに、同行していたヨーロッパ人隊員の大半と言い争いをするまでになってしまった。

1861年2月、リヴィングストンはケープタウンから来たばかりの《大学連合中央アフリカ伝道団》と出会い、一緒にシャイア川を上っていき、マゴメロに伝道本部を設置した。リヴィングストンはさらにニアサ湖を目指して探検を続けた。新しい小型汽船レイディ・ニアッサ号を自費で手に入れていた。1862年3月には、《大学連合中央アフリカ伝道団》の団長だったチャールズ・マッケンジーの訃報に接し、1862年4月27日には、ふたたび探検に加わっていた妻メアリが世を去った。

大きな精神的打撃を受け、心を傷めながらも、リヴィングストンは狂ったようにひたすらザンベジ川とロヴマ川の遡上を試みたが、最後には諦めざるをえなくなった。1863年、シャイア川流域では旱魃と奴隷の暴動が起きて、川には次々と死体が流れてきた。リヴィングストンの探検隊は赤痢にやられ、政府から呼び戻された。落胆と憤りを覚えながらリヴィングストンはイギリスへの帰途につき、1864年7月にロンドンに到着した。

ベインズが作成した手書きの地図（1859年）。リヴィングストンがマ・ロバート号でザンベジ川を下った時の航路が示されている。リヴィングストンはヨーロッパ人隊員の半数と激しい口論をし、その隊員らとともにベインズも、この年の内に探検隊からはずされた。

ウェッブ家の屋敷ニューステッド・アビーにて。リヴィングストンの死後、召使たちがイングランドを訪れた際に撮られた写真。左から順にアブドゥラー・スシ、ホレス・ウォラー、ジェイムズ・チュマ、アグネス・リヴィングストン（椅子の女性）、ウェッブ夫人、ウィリアム・F・ウェッブ、トム・リヴィングストン。

巨費を投じながら失敗に終わった長期にわたるザンベジ川探検（2年の予定が6年を超えた）の後で、リヴィングストンの評判は失墜した。愛娘のアグネスと連れ立って、友人であるウェッブ家の屋敷ニューステッド・アビーに滞在し、そこで『ザンベジ川及びその支流への探検記』（1865年）を書き、探検で犯した過ちについて弁明するとともに、他人への批判も展開した。アフリカにまた行きたいという想いが強く、新たな夢を心に抱いていた。それはナイル川の水源を見つけ出し、それぞれ水源については持論のあったバートン（本書80頁）とスピーク（本書136頁）を凌ぐ功績をあげようという目論見だった。

ナイル川の水源

1866年に出発したこの探検隊にはヨーロッパ人は入れない方針にした。リヴィングストンは、アラブ人やアフリカ人の隊員相手のほうが仕事がしやすかったのだ。タンガニーカ湖にはナイル川の水源の秘密が隠れていると思い、タンガニーカ湖を目指した――と本人は思っていた――のだが、測量機器が壊れていて不正確だった。隊の使用人のひとりが薬箱を持ち逃げし、いつもは病気と縁のなかったリヴィングストンが病に倒れた。奴隷の暴動や暴力沙汰がおきて、思うようには前進がかなわなくなった。

バートンとスピークも来たことのある、ウジージにどうにかこうにかたどり着いたのは1869年3月のことだが、着いてみると、注文しておいたものがほとんど届いていなかった。さらに骨身を削る思いでルアラバ川を目指して、1871年3月にたどり着く。奴隷商人らによるアフリカ人の虐殺に慄然となり、リヴィングストンはアラブ人からの船の提供を断わって、ウジージに引き返した。ところが、食糧の蓄えが底をつきかけたため、背に腹は替えられず、アラブ人に頼らざるをえなくなるが、ついに1872年11月、ヘンリ・モートン・スタンリー（本書158頁）に救われるのは有名な話である。「リヴィングストン先生でいらっしゃいますね？」という、あの今に伝わる名高い一言がリヴィングストンを迎えてくれた。それからスタンリーとともにタンガニーカ湖の北端を探検するが、水が川へと流れ出しているようなところは見つからなかった。1872年3月14日、スタンリーはタボラでリヴィングストンと別れ、海岸に着いてから、食糧と荷物を運ぶ労働者を送りこんでくれた。

リヴィングストンはナイル川の水源への思い入れが相変わらず強く、バングウェウル湖の周辺を調査し続けた。どんどん体力を失い、担架で運ばれるまでになって、1873年4月30日にチタンボ村で死を迎えた。心臓と内臓は小麦粉の古い缶に入れて木の下に埋められたが、召使たちの判断で、遺体に防腐処理をほどこして海岸まで運び、イギリスに帰すことにした。シュパンガ出身のアブドゥラ・スシ、ヤオ族のジェイムズ・チュマが一行を先導した。バガモヨに着いたのは1874年2月のことで、イギリスの領事が遺体をイングランドに送る手配をした。かくして1874年4月18日に、リヴィングストンはウェストミンスター・アビーに埋葬された。伝道活動は不首尾に終わり、ザンベジ川探検でも怪しげな判断を下したり、ナイル川の水源を見つけられなかったりしたが、リヴィングストンは偉大なる英雄として死を惜しまれ、賛辞を受けた。

デイヴィッド・リヴィングストンは、単にアフリカを探検して帰国したのではなく、アフリカで生活をし、アフリカ人とともに働いたのである。イギリスに帰国するための2度の長旅は別とすると、成人してからの人生はすべてアフリカで過ごしている。探検家というよりは、移民の物語としてリヴィングストンを捉える方が実情に合っているだろう。彼の文書は大半がアフリカで書かれていて、ヨーロッパと「古い文明国」を遠くから眺めている。そのためリヴィングストンの探検記は、独創性があると同時に、複雑にもなっている。

ジョン・ケイ

フランシス・ガルニエ

メコン川に取り憑かれた男

(1839 ~ 73)

インドと中国の間の理想的な位置にあるこの
半島に新たなインド帝国を造るだけで、
我が国[フランス]の繁栄と威光が保証される。
フランシス・ガルニエ
(1867年)

サンテティエンヌに生を受け、やがて海軍へ入隊する運命のガルニエ青年だが、「マドモワゼル・ボナパルト」なる綽名のほうが記憶に残りそうな人物だった。この綽名は敬意からつけられたものではなく、高邁な大志が貧弱な体軀と不釣り合いだったから、揶揄してつけられたのだった。しかし、単なる旅行者と探検家を隔てる確たる一線が当人の使命感、あるいは強烈なこだわりにあるとするなら、フランシス・ガルニエは、まちがいなく探検界の巨星に数えられる。

リヴィングストン(本書142頁)と比較されることも多い。1871年、ガルニエとリヴィングストンは第1回目の国際地理学会議でそろって顕彰を受けている。1873年にはふたりとも謎の失踪をとげ、1874年に、ほぼ同時に非業の死が確認された。リヴィングストンは奴隷貿易を廃したいとの思いにかられた熱心な伝道師だった。ガルニエも思いの強さでは引けをとらなかったが、その思いというのは愛国心であり、フランスが海外からの利益を獲得し損なっているようにしか見えないので、何としてもフランスの利益を守ろうとばかり考えていた。インドシナを手に入れれば、その軌道修正につながる。将来「帝国の真珠」となる国の「建設」を思いついた者がいたとしたら、それはガルニエだった。

コンゴのスタンリー(本書158頁)と同様に、ガルニエはその土地の大河を探検しながら、自分の目的を追求した。密林に覆われ、御しにくく、ほとんど知る人もいないメコン川が、ガルニエには恋人のような存在になるのである。12日間昏睡状態におちいって危うく命を落としそうになったり、ラオスで地元民と同じ暮らしをしてみようかと思うくらい、メコン川にひきつけられたりした。2,500キロメートルに及ぶこの川の蛇行部分を、丹念に一カ所ずつ地図に記入していく満足感だけが、ガルニエをかり立てていた。「こうして何ものにも気をそらされることなく、集中

メコン川探検隊はミャンマー(ビルマ)のシャン州に入ると、二度目の豪雨に見舞われた。川は氾濫し、探検隊は森の中の道をたどったが、そこも雨期で洪水状態だった。

し続けていると、だんだんと取り憑かれたようになっていき、私はもうメコン川に狂おしい想いを抱いていた」という。

ガルニエはまた、メコン川に狂わんばかりの怒りも覚えることがあった。この川はまるで自らの高い能力を必死に隠そうとし、フランスを撥ねつけ、ガルニエの裏をかこうとしているかのように見えたのだ。

「メコン川探検隊」の着想は、最初からガルニエのものだった。1859年、フランス海軍がヴェトナムの沿岸を初めて攻撃した時、ガルニエもその急襲に加わっていた。当時小さな港町だったサイゴンを占領したので、そこを足がかりに、ガルニエは、政治面でも経済面でも拡張を図って、領土の拡大も目指すよう政府に働きかけた。この小さな植民地を発展させるのである。1863年に、メコンデルタからカンボジアへの進軍が成功した。カンボジアの国王はフランスの保護を歓迎した。ガルニエは、上流でも同様の歓迎を受けるはずだと主張した。

植物・鉱物の資源を活用すれば植民地は豊かになる。川の流れは心許ないところもあるが、雲南省を通ってアジアの熱帯雨林へと流れこんでいると思われるので、中国へ侵入するのに利用できそうだった。ガルニエは、「商用幹線道路」の先鞭もつけることになる。あとは、資金と許可さえあれば実行に移せる。

外輪船からカンボジアの丸木船へ

政府側では不安がないわけではなかったが、ともかく探検の許可がおりた。1866年6月、2隻の小型砲艦に、6人のフランス将校と16人の護衛が乗りこんでサイゴンを出発した。一行はメコンデルタを抜けてプノンペンにたどり着き、アンコールの遺跡にたびたび行っては、自分たちの測量機器などのテストをした。それから雨期がいよいよはじまるという時に、ふたたび船出したのである。

雨期のピーク時に悪名高い熱帯雨林に突入するなど、狂気の沙汰としか思えない。ヒルはところかまわず食らいつき、蚊は四方八方から群がってくる。赤痢、さらにはマラリアが襲う。しかし、ガルニエの責任ではない。27歳にして大尉となり探検の指揮をとることになったが、公式には測量技師兼ドゥダール・ド・ラグレ司令官の代理にすぎなかった。20歳年長のラグレはカンボジアをよく知っていた。ここを乗り越えるには大水の川を利用するしかないと結論を下したのは、ラグレだった。

間もなくメコン川が本性をあらわした。大きく泡立ったと思うと、流れが急になり、穏やかな河面が勢いよくうねり、沸き立ちはじめた。森の中へと進んでいくと、両岸には熱帯樹の葉がうっそうと茂っていた。水面から顔を出している木の幹が砲艦に激突し、渦を巻く流れは船を巻きこみ、突き出した岩が水流を引き裂いている。流れがきついために、蒸気船といえども前進はままならない。プノンペンを発ってから二日であきらめた。蒸気機関など、メコン川の急流を前にしては無力だった。

一行は地元の船体の長い丸木船に乗り換えた。ふつうは櫂で漕ぐ船なのだが、大水の場合にはカギ竿を棒のように使って、木の根っこや岩を突きながら前進するのだ。串刺しと呼ばれるこの力業で船を操り、探検隊はおよそ1年にわたって、その後1千キロメートル近くの距離を突き進んだのである。忍耐力が生んだ偉業と見ればなかなかのものだが、無駄な虚勢を張ったとなると価値は下がる。というのも、ガルニエはこの川は船で通行可能だと踏んでいたのだが、実際には、みごとなくらい手も足も出なかった。

最初の急流地点を過ぎれば、すぐに今度はコーンの大滝が待ちかまえていた。メコン川はラオスから、滝となってカンボジアへと流れこんでいくのである。イルカでさえこの障壁を乗り越えるのは困難で、船などは論外だった。探検隊の一行は徒歩でこの難所を越えていき、その先でまた丸木船を徴用した。

「まったく手に負えなかった。汽船はアマゾン川とはちがい、メコン川には通用しない。この大河を利用してサイゴンと中国の西部を結ぶのは不可能だ」とある将校が言葉を残している。この探検には打ち切りの命令を下すしかない。

フランシス・ガルニエ大尉。メコン川探検隊の生みの親であり、隊長を務めることにもなった。

中断させられなかったのは、ひとえにガルニエの功績である。急流の難所でも船が通れる道筋を見つけられたのだから、滝のところでも見つけられるはずだと言い切ったのだ。しかし、ちょうどその頃、12日間昏睡状態にあったために、彼には見つけようがなかった。意識を失っている間に滝を越えて行ってしまったので、ガルニエはどれほどの滝だったか目にすることがなく、同僚の話だけでは信じることもできなかった。彼が発表した文書を読むと、丸木船でほんとうに滝を昇ったように書いてある。「マドモアゼル・ボナパルト」は、川が暴れたくらいでへこたれるような人物ではなかったのだ。体力が恢復してくると、不屈の精神も戻ってきた。それからはもう采配を振るうのはガルニエで、3カ月に及ぶ波瀾の冒険のはじまりとなった。

ラオス・ビルマ・中国へ

探検を続けるための理由はいつでも主張することができた。ラグレは北京からの許可証がなければだめだと思ったが、その許可証はプノンペンにある。ガルニエは自ら許可証を取りに引き返したのだが、60日間で、なんと1,660キロメートルの距離を歩ききったのである。一方、探検の対象になる支流がいくつもあり、調査しなければならない金銀の鉱床もあった。農園での収穫の見積もりも出さなければならない。政治的な交渉もしなければならない。それでも、もう撤退を視野に入れる必要がなくなったのは幸いだった。もどってきたガルニエの話では、カンボジアが叛乱状態にあるという。そうなると、あとは中国か揚子江しか逃げ場がなかった。

低地ラオスのバサック（チャンパサック）に探検隊は長逗留し、年に一度の川祭りと花火を楽しんだ。ガルニエはここに隠棲しようかと考え、随行していた画家のルイ・デラポルトは数々のみごとなスケッチを描き残した。描き直して彩色した作品は、この探検の成果としてもっとも有名である。

ラオスのもと首都だったビエンチャンは廃墟と化していた。一行はさらに危険度の高い急流を漸進し、ルアンプラバンへと至った。ここまで来ると、やっと文明らしきものが見られた。国王の対応は優しく、女性たちはさらに温かみがあった。ここなら探検隊は２度目の大雨が過ぎるのを待ちながら、休息をとり、体力の恢復を図れる。ガルニエはそんなことはないと言い張ったが、資金は乏しくなっていて、ぐずぐずしているわけにはいかなかった。ふたたび丸木船に荷物を積み込んで、タイ北部を航行しているうちに、ふたたび大雨が襲ってきた。

川を北上してビルマのシャン族の土地へと入っていくと、状況はさらに厳しくなった。ガルニエでさえ、この急流には匙を投げた。そこで荷物の運搬夫を雇い入れ、山道を登ることにした。もっとも、山道も川も大同小異ではあったが。

シャン族の族長らは、ひよことズボンを交換したり、キュウリでシャツを交換するなど、探検隊からどんどん巻き上げた。ガルニエはワニの卵を食べた（「食えないほどまずくはなかった」という）が、ほかの隊員はみな空腹に苦しんだ。将校６人は全員がマラリアにかかり、うわごとのように言葉を発し、ふたりはヒルに咬まれて感染症で動けなかった。ラグレはほとんど口がきけない状態だった。

1867年の暮れに、やっと森を抜けて、中国雲南省の省都昆明にたどり着いた時には、司令官は衰弱して末期的症状を呈していた。それから3カ月後、揚子江に向かう途中で世を去った。

その時、ガルニエはその場に居合わせなかった。メコン川にまた戻ろうという最後の虚しい努力をしていたのだ。隊員のもとに戻ってくると、ガルニエは事実上、とうの昔から司令官を務めていたが、正式にその地位に就くことになった。1868年6月6日、サイゴンを発ってまる2年目にして、探検隊は揚子江に臨む港町漢口のフランス領事館に現われて、世間を驚かせた。

のたれ死に

その知らせが伝わると、王立地理学会は、今や「ガルニエ探検隊」と呼ばれる一行を「今世紀最大級の目ざましい功績をあげた」と誉めたたえ、1870年にはガルニエに金メダルを授与した。ガルニエこそは「19世紀を代表する勇敢で有能な探検家」だった。さらにその後も数々の顕彰と賞賛を受けた。しかし、いずれもロンドンからのものだった。パリからはなんの音沙汰もなかった。探検隊の凱旋が、たまたま1870年から翌年までの悲惨な普仏戦争とぶつかってしまったのだ。

ガルニエはフランスの首都を守る戦いに加わって無駄骨を折り、嫌気がさしてふたたび中国へと渡った。国内が危機にさらされている時に、植民地を拡大するなど論外だった。ガルニエは揚子江をふらふらと上り、また探検記を書き、1873年にインドシナの「建設」を再開するために呼び出された時も、まだ中国にいた。

今度は軍事色の強い探検隊が、サイゴンからハノイへと船で向かうことになっていた。表立った目的はフランス市民の救出である。ガルニエはその目的を広く解釈した。ハノイの要塞を攻め落とし、フランス国旗を立てて、「二百万人の土地を確保した」と主張した。ラオスとメコン川は西側の国境にあり、一方ヴェトナム北部の紅河は、中国内陸へと至るもうひとつの「商業路線」となる。

この勝利は長くは続かなかった。ヴェトナム人が集結し、畑の中をどっと報復攻撃に出て、ガルニエを追いつめ、討ち取ったのである。享年34。ガルニエの行動について、みな戸惑いつつ知らないと言った。彼の夢は実現が遅れただけで、その後の10年で、ハノイもメコン川流域の土地も、ガルニエが短い生涯ながら命を捧げた「インド帝国」へと併合された。

ジェイムズ・L・ニューマン

ヘンリ・モートン・スタンリー

大英帝国の下僕

(1841 ~ 1904)

彼には多くの欠点があった。重大な欠点もあったが、
それはだいたいが彼の持ち前の資質から生まれる欠点だったと私は思う。
だから、そういう欠点がなかったなら、彼らしい素晴らしい資質もなかったはずだ。
ほとんど何をやっても成功へとつながったのは、彼らしいあの資質のおかげなのだ。

アーサー・J・マウンテニー
「スタンリーについて」

ヘンリ・モートン・スタンリーが探検家として名をあげたのはみごととしか言いようがない。ウェールズのデンビーで非嫡出子として誕生し、ジョン・ローランズと命名されて、6歳から15歳までは救貧院で暮らした。イギリスでは定職が見つからず、ジョンはニューオリーンズ行きの船の乗組員となったのだが、ニューオリーンズに着くや逃げ出して、ヘンリ・スタンリーと名乗って、新たな生活をはじめた。ニューオリーンズで有名だった綿の仲買人の名前を拝借したのである。いろいろと試したすえに、モートンを付け加えた。

1861年、アーカンソー州サイプレス・ベンドに住んでいる時に、南北戦争で南軍に加わった。シャイローの戦いで捕虜となり、シカゴから近いキャンプ・ダグラスの北軍刑務所に収監されている間に赤痢にかかったものの、命を落とさずに生きのびた。出獄するために、彼は北軍への入隊に同意したが、ヴァージニア州ハーパーズフェリーで、病床からさっさと逃げだした。その後、海兵隊員として何度か兵役を務め、北軍の海兵隊に入隊するも、またもや1865年2月には脱走してしまった。

将来の見通しもなく、スタンリーは西へ西へと進んでいき、セントルイス逗留中に、『ミズーリ・デモクラット』のフリー記者として契約を結んだ。彼は野心に燃えるウィリアム・ハーロー・クックという記者にも出会い、ふたりはアジアの西から東まで横断して、一財産築いてやろうと心を決めた。ニューヨークに行き、ふたりはスタンリーと一緒に海軍を脱走したルイ・ノアを誘い入れ、1866年7月に、3人でトルコのスミルナ（現在のイズミル）を目指して出発し、8月末に到着の予定だった。ところが、出発して間もなく盗賊に襲われて監禁されてしまったのである。地元の有力者の仲立ちで解放されると、3人は命があることに感謝し、アジアでの冒険はやめてしまった。

スタンリーはウェールズの親戚を訪ねると、間もなく、また大西洋を渡って『ミズーリ・デモクラット』に復帰した。政府が西部のアメリカ・インディアンとの争いに終止符を打とうとしているので、スタンリーはその取材をする。その後、ニューヨークで一か八かの人生の勝負に出ようと心を決め、運よく『ニューヨーク

写真館で撮ったスタンリーの姿。一緒にいるのは彼の銃係であるセリムと召使のカルル。1872年、リヴィングストンを発見した探検の後で、ザンジバルで撮影されたもの。

ヘラルド』紙の社主にして編集長だったジェイムズ・ゴードン・ベネット・ジュニアに会うことができた。少し話をすると、スタンリーはイギリスのアビシニア侵攻を取材してみないかと持ちかけられた。ただし、費用は自弁で、記事の内容しだいで出来高払いにするという。結局、記事は期待を上回った。スタンリーの手に汗握る特ダネがいち早く読者に届けられ、他の記者を出し抜いたのである。

『ヘラルド』紙からはその後も仕事が続いた。1869年10月28日、パリでベネットと会う。スタンリーの話では、この時に「リヴィングストンを見つけ出せ」と言われたという。しかし、まずエジプトからインドまで取材をしながら、次々に特派員速報を書かなければならない仕事があった。ザンジバルへとボンベイを発ったのは、1870年10月12日のことだった。

新聞記者から探検家へ

問題が続出して、なかなかザンジバルを出発して本島のバガモヨに行くことができなかった。やっと内陸へと向かったのは1871年3月22日だった。スタンリーに

キャサリン・フランセス・フリアの水彩画。スタンリーの探検隊に加わっていたザンジバルなどから来たアフリカ人たち。ケープタウンの総督官邸で描かれた作品。1877 年。

は探検をするつもりなどなかった。彼の目的は、リヴィングストンをできるだけ早く見つけ出して、それを世間に公表することだけだった。ところが、その旅はそう簡単なものではなかった。スタンリーは、アラブ人との交易の拠点になっているタボラへと向かっている途中で、それまで地図には載っていなかったゴンボ湖にぶつかった。11 月 10 日にウジージでリヴィングストンと伝説的な出会いを果たすと、ふたりはタンガニーカ湖の北岸まで船で行き、ルシジ川がタンガニーカ湖を水源にしているのではなく、逆に湖へと流れこんでいることを明らかにし、白ナイル川の水源がタンガニーカ湖だとする議論にとどめを刺した。

バガモヨにもどると、スタンリーはリヴィングストンがナイル川の源流探しを続けられるよう物資を送り、優秀な医師を発見して救出した功績にナイトの称号がもらえるのではないかと期待しながら、イングランド行きの船に乗った。ところが、彼を待ち受けていたのは非難の嵐で、王立地理学会を筆頭として喧嘩腰で迫ってきて、お前などは探検家の風上にもおけないやつだ、ありもしないリヴィングストンの手紙をでっちあげるとは、と罵倒したのだ。スタンリーがアメリカと関わりが深いこと、新聞記事のような文体、時に口をついて出る不用意な発言などがさらに攻撃に拍車をかけた。しかし、年末までにはもう劣勢をはね返し、彼の『リヴィングストン発見記』はたちまちベストセラーとなった。

新聞記者魂が抜けないスタンリーは1873年にもアフリカへと行き、ゴールドコーストのアシャンティで展開するイギリス軍の軍事行動を取材した。それが終わるとまた血湧き肉躍る物語をものして、イングランドに向けて旅立ち、その途上で、リヴィングストンの訃報に接した。

リヴィングストン博士がスタンリーに深い感銘を与え、博士との出会いから、まず何を優先させるべきかを考える大きな転機につながったことは間違いない。スタンリーはナイル川の源流を探る調査に終止符を打ち、同時にアフリカ世界を交易・キリスト教・文明と接触させせようとした。そこから、『デイリー・テレグラフ』紙と『ヘラルド』紙の後援を得て、英米の合同探検隊が生まれることにもなって、1874年から1877年まで、999日をかけた壮大な中央アフリカ横断が実現した。

探検によってスタンリーは、ヨーロッパ人としては初めてヴィクトリア湖を一周し、この湖が白ナイルの源流だとするジョン・ハニング・スピークの説が正しいことを証明した。のちにはルアラバ川がコンゴ川とつながっていることを確認し、長年の謎となっていた地理上の問題を解決して、アフリカ地図に多くの新しい地名を加えた。

スタンリーの功績は、ベルギー国王レオポルド2世の目にとまった。国王はアフリカに帝国を築こうと食指を動かし、スタンリーは1879年から1884年まで2度の任期の間に、いわゆる国際アフリカ協会のために、コンゴ川流域にいくつもの中継地を設けては統括していった。これが、じつはスタンリーも睨んでいたとおり、イ

スタンリー愛用の品と蒐集品。手織りの帽子、日よけ帽、修繕した靴、半分に折れた小さな矢、ウジージで初めてデイヴィッド・リヴィングストンと出会った地点に生えていた木の一部。

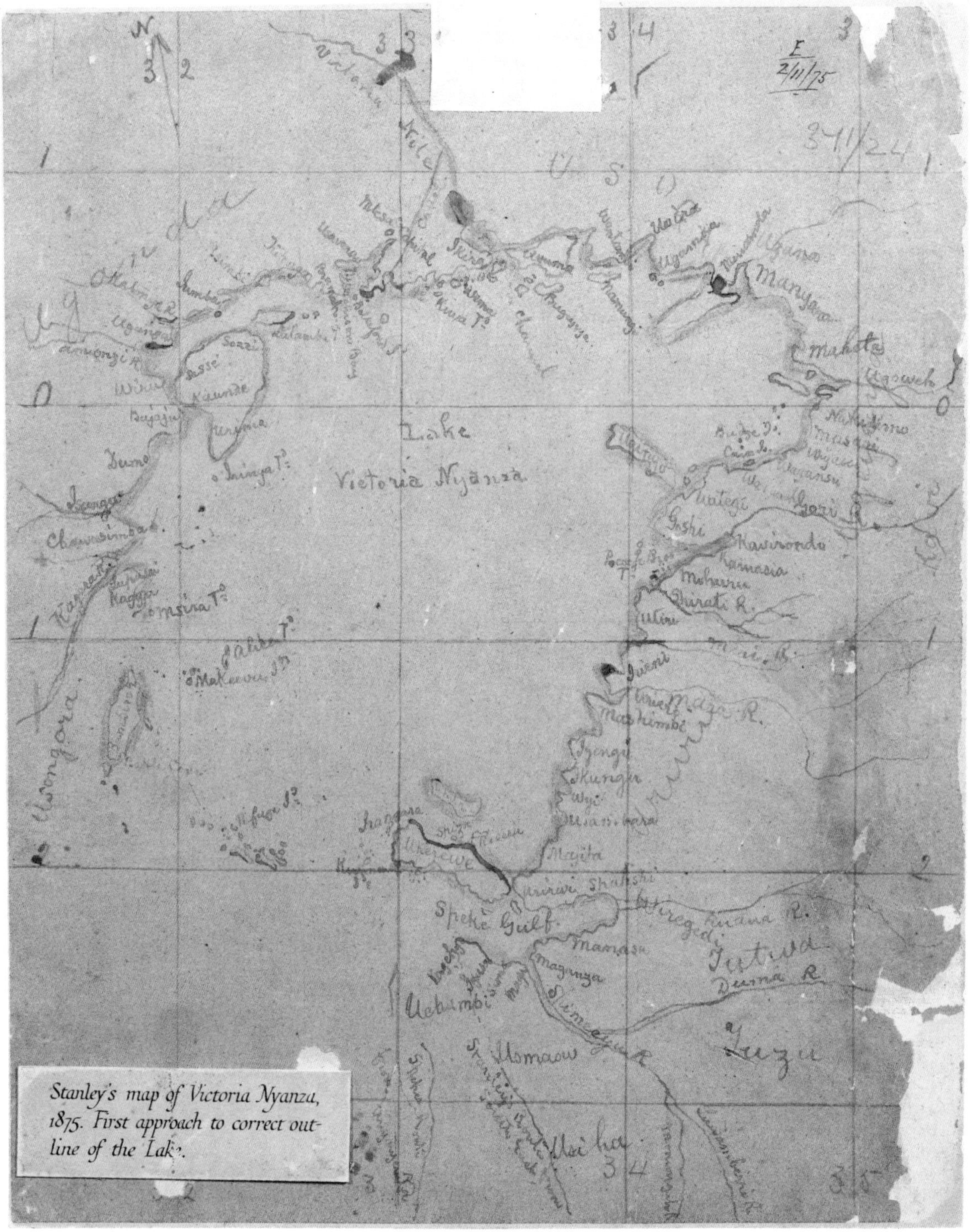

Stanley's map of Victoria Nyanza, 1875. First approach to correct outline of the Lake.

スタンリーがウジージでリヴィングストンを見つけ出した後、二人は4カ月間行動を共にしてタンガニーカ湖を航行し、挿絵にあるようにルシジ川が湖から流れ出しているのではなく、湖へと流れこんでいることを明らかにし、タンガニーカ湖がナイル川の水源ではないことを証明した。

ンチキだったのだが、それでもスタンリーは国王が慈善事業に尽力していると信じて、そのまま任務を続け、その猛烈な仕事ぶりから〈ブラ・マタリ〉すなわち「岩石破砕者」なる異名を頂戴している。探検できる時間はもうほとんど残されていなかったが、スタンリーは果敢にフィミ川流域の探査を行なって、レオポルド2世湖、現在のマイヌドンベ湖を発見した。

スタンリーの最後の探検は、1887年から1889年までの探検で隊長を務め、スーダンで囚われの身となっていると思われていたエミン・パシャ（本名エドゥアール・シュニッツァー）を救出するのが目的だった。かつてハルトゥームでゴードン将軍の命を奪ったことのある〈救世主（マフディー）〉の軍勢と熾烈な戦いをくり広げた。これを制圧して、スタンリーはヨーロッパ人として初めて、イトゥリの森とアルバート湖の西側の土地を記録した。帰る途中にはルウェンゾリ山地の位置を地図に収め、伝説の〈月の山〉の位置も特定したのである。セムリキ川とエドワード湖も発見した。

1875年にヴィクトリア湖を一周してからスタンリーが作成した手描きの地図。この調査によって、湖であることが確認され、ここが長年探し求められていたナイル川の源流だとするスピークの主張が裏づけられた。ヴィクトリア湖の正確な地図が作成されたのは、これが最初である。

賛否両論の評判

それまで未知だった土地と民族に光を当て、ヨーロッパの地図にある「空白」を埋めたヘンリ・モートン・スタンリーは、アフリカ探検のみならず、世界中の探検家の中でもひときわ大きな位置を占めている。ところが、スタンリー自身とそのやり方については色々と言われている。何度も嘘をついたという非難の声はよく聞かれるし、自分の若いころの話には作り話が多いこともはっきりしている。冒険譚で読者を楽しませせようとして話を大げさにするのは大目に見ても良いだろうが。

もっと深刻で実害も大きいのは、探検に加わった仲間に対して残虐行為があったとする声である。スタンリーは癇癪を爆発させることがよくあり、当時は規律を守らせるために、キャラバン隊の隊長らがよくやっていた鞭打ちの罰を下すことも多かった。探検隊を裏切る行為に対して厳罰で臨むこともなかったわけではない。スタンリーは、しだいに将軍そのものに変貌していったのだ。

そこでよく聞かれる非難が、スタンリーは邪魔者を片っ端から蹴散らせるだけの装備も整った大軍隊を指揮していたからだというものである。ところが、リヴィングストンを探し出した際の探検では、隊員も少数だったし、往路でも復路でも争いごととは無縁だった。また、コンゴ川流域にいくつもの中継地を設けていった時にも、暴力はいっさい使っていない。スタンリーの配下にあったのは小さな部隊だけだったし、なによりも、彼の一番の目的である自由貿易を実現するのに必要な状況作りには暴力など逆効果であることを知っていた。1874 ～ 77 年と 1887 ～ 89 年までスタンリーが指揮をとっていたのは、少なくとも当初は事実上の軍隊だったが、最初の探検の時のふたつの話から、彼のイメージが作られてしまっているようだ。

そのひとつ目は、中央タンザニアのワニャトゥル族ないしワリミ族にかかわる話で、彼らは探検隊を敵と見なして、二度にわたって攻撃を加えた。それまで外敵に接触した経験から、やむをえない判断である。スタンリーはみごとに撃退し、部下には焦土戦術を命じた。その結果、彼自身の言葉を借りると、「川の流域は今や静まりかえって、一面まっ黒になった」という。

もうひとつは、ヴィクトリア湖のブンビレ島民への報復である。スタンリーは少数の隊員を伴なってブガンダのムテサ王を訪ねた後、そこで足留めをされた。命の危険を感じて逃げ出し、後日、ブガンダに向かう途中、大軍勢を率いていたので、スタンリーは湖から攻撃を仕掛け、島を守っていた島民を圧倒した。スタンリーが上陸はするなと言い、結果として大規模な虐殺を避けることになったといえるだろうが、そもそもブンビレ島のそばをそのまま通過していれば、何事もおこらずにすんだのだ。島民には一行を脅かす力なんてなかったのだから。

それに加えて、スタンリーはルアラバ川とコンゴ川を下りながら、32 回の戦闘を記録している。この時すでに軍勢はかなり減少していたし、スタンリーから攻撃を仕掛けたという証拠はない。彼の言葉では、反撃するか、さもなければ殺されるかだったという。エミン・パシャ救出のための遠征の間、イトゥリ地方を通ったが、幾度となく小規模ながら衝突がおこり、死者は出るし、時には村が全滅することもあった。餓死直前の状態で食べ物を探す探検隊は、時に凶暴になり、争いを引き起

1891 年、アメリカ講演旅行のための特別豪華車輛に乗ったスタンリーと妻ドロシーが車窓に見える。探検と遠征をすべて終えて、スタンリーはイングランドに居を定め、国会議員になった。

こすこともあった。一度、そういう状況で大虐殺につながったことがあるが、食べ物はほとんど得られなかった。その時はスタンリーが立ち会っておらず、後日、事件を知ったという。

忘れられがちなのは、一行がエミンとともに海岸を目指して進んでいた時に起きたワスクマ族との戦いだ。交戦が数日続いたが、最後はマキシム砲がけりをつけた。近隣の村をすべて焼き払い、スタンリーをはじめとするヨーロッパ人は、《ワズング・ワカリ》すなわち「悪辣な白人」と呼ばれた。

スタンリーが非難を受ける筋合いではない件がひとつある。コンゴ自由国を支配した圧政である。スタンリーが基盤を作り、そこを中心にベルギー国王レオポルド２世が領地を設けたが、最後までスタンリーが行なったことではないし、ベルギー人にもコンゴ人にも利益になるような発展を目指すには、暴政は逆効果になるとスタンリーは何度も国王に忠言したのだ。のちにスタンリーが、国王の悪逆非道ぶりから目をそらさざるをえなくなったことはあるだろう。

存命中もそうだったが、現在も、ヘンリ・モートン・スタンリーの名は賛否両論の反応を引き起こしている。命を失ってもおかしくない危険な状況をものともせずに勇気ある行動をとった英雄的な探検家とみる者もいれば、19 世紀ヨーロッパのアフリカ侵攻を象徴する最悪の男と見る者もいる。これから 100 年後も、別れた評価は変わらないだろう。

極地の氷を目指して

氷の断崖と豊かな海洋生物の棲息する北極の存在は、何世紀も前から知られていた。人類の棲息できる北限の地で何千年も生活してきたイヌイットをはじめとする原住民は、北極の自然を知り尽くし、狩猟と漁撈のすべを身につけていた。ヴァイキングもまた北極を熟知していて、新たな土地を求めて北極を中心にえんえんと航海した。18世紀半ばには北極圏の中心には公海があり、そこにたどり着けば、太平洋への直通航路が見つかるという説が唱えられた。1773年、コンスタンティン・フィップスの指揮するイギリス海軍の軍艦2隻がその可能性を調査するために出航した。結局、北緯80度48分に到達しただけだったが、この時に得られた情報は、その後の探検家を助けることになった。

北極は優に100年以上は追究の手を逃れ続けていた。伝説の〈北西航路〉を見つけようと調査に出る者が大半だった。探検は幾度となくくり返されたが、その中でも有名な悲劇となっているのは、1845年のジョン・フランクリンの探検で、2隻の大型汽船と129名の乗員が行方不明になったのである。一方、極の位置を突きとめようとする努力は進捗が見られた。〈磁極〉は当時ブーシア半島附近の陸地にあったのだが、1831年にジェイムズ・ロスによって確認された。1875～76年にはジョージ・ネアズが2隻で海軍としては最後の北極探検を行ない、北緯82度29分に到達した。

19世紀後半になって、やっと本格的な北極探検が緒に就いた。先陣を切ったのはふたりのノルウェー人である。フリチョフ・ナンセンは極地の周囲に強い流れがあることに気づいて、特別仕立ての船「フラム号」で出航し、潮流を利用して漂流しながら極点を目指そうとした。それがうまくいかないと、彼ともう一人の乗員は船を降りて、橇(そり)で極点に向かったが、北緯86度13分の地点で挫折し、そこから徒歩でもどってきたのは驚くべきことである。

ナンセンの弟子ともいうべきロアール・アムンセンは、1906年に初めて〈北西航路〉を航行し、その後は北極点に関心を向けることになるのだが、北極点には、フレデリック・S・クックとロバート・ピアリーが到達したと知り、今度は南極点に目標を定めた。

北極と南極の荒涼たる氷原は、人類にとって地球征服のための究極の体力的挑戦と見なされていた。極地を目指す探検家たちは、征服欲とか支配欲に突き動かされ

1910～13年のイギリス南極探検隊。南極点に一番乗りで到達したいという気持ちはもちろんあったが、学術的な目的もあった。ここでは隊員たちが小舟を漕いで、皇帝ペンギンの群れを目指しているところ。ハーバート・ポンティング撮影。

ナンセン北極探検隊の隊員。フラム号の後甲板で休憩するシグール・スコット・ハンセン、フリチョフ・ナンセン、オットー・ノイマン・スヴェルドルップの３人。氷と一緒に漂流しながら北極点を目指していた。

るのではなく、自然界だけを相手に戦ったのである。北極にしろ南極にしろ、目標はただひとつ、極点だった。一国民としての誇りが、当時躍進をはじめた民族の後押しをした。アメリカ人は意を決して北極を制覇し、イギリスは南極での活躍が目覚ましかった。アーネスト・シャックルトンとロバート・ファルコン・スコットが南極探検では最も有名だが、ふたりとも死に物狂いで南極圏到達を果たした。

エドワード・ウィルソンはこのふたりと一緒に探検をしたが、スコットとともに帰る途中で絶命した。アムンセンに先を越された後のことだった。ウィルソンは大探検家のひとりに数えられるだけの資格がある。勇敢さでは人後に落ちないことはもちろん、科学者であり医者であり博物学者であり藝術家でもあった。彼が亡くなったテントの中に最期まで保管し続けていた標本は、南極大陸がかつては温暖だった証拠になった。

ウォリー・ハーバートは、上記の伝説的探検家よりも50年ほど時代は下る人物だが、極地探検家の中では間違いなく随一の探検家といえる。測量をするために縦横に南極を走破したのち、北極に目を転じて、歴代最長距離の北極横断探検をやってのけた。当時はそんなことを意識していなかったのだが、結果的に彼の探検隊は、陸地から北極点の精確な位置に初めて到達したのである。1908年のピアリーの極点到達については、現在は否定的に見られている。

ラッセル・ポッター

フリチョフ・ナンセン

北極探検家にして外交官

(1861 ～ 1930)

彼らは名誉ある冒険だと聞いたらしいが、なぜだ？
何のために？（中略）しかし、連中の目は船に釘付けになっていて、
ひょっとすると心の中には、思いもよらぬ新世界の姿が一瞬
浮かんだのかもしれない。それでまったく未知のものなのに
それを求めてやまない情熱が沸いたのだ。

フリチョフ・ナンセン
『北の最果て』(1898 年)

探検史のなかで、フリチョフ・ナンセン博士の名前はひときわ異彩を放っている。極点到達の栄誉と引き換えに、すべて──財産も、良心の呵責も、さらに、時には正気さえも──をなげうった探検家たちとはちがい、ナンセンはいずれも失うことはなかった。教養人として、人道主義者として、世間を知っている市民としての彼の地位は、もし探検家としてあれほどの偉業を成しとげなかったなら、北極探検の業績をはるかにしのいでいただろう。裕福な弁護士の息子で、悠々自適の生活が望めたというのに、どうして凄寥（せいりょう）たる北極の地に天職を見いだしたのか。

1861 年にシュトレ・フロエンで生まれたナンセンは、科学とデッサンに秀で、オスロ大学でその両方を学んだが、最終的には動物学を専攻した。若いころ、ノルウェーのアザラシ猟船に 4 カ月乗って、グリーンランドの東海岸を回ったこともある。この航海が契機となって、北の最果ての地を目指すようになる。ベルゲン博物館の学藝員に採用され 6 年間務めたが、ノルディック・スキーにも練熟した。そこで、ナンセンはグリーンランドをスキーで横断するという、前人未踏の計画を思い立った。1888 年の夏、オットー・スヴェルドルップら精鋭 5 人とともに 41 日間に及ぶ旅に出て、口を開けて待ちかまえているクレバスと威容を誇る雪山に挑み、海抜 1,745 メートルの地点に到達した。下山するのも容易ではなかったが、一行は 10 月にアメラリク・フォルドにたどり着き、ノルウェーに帰還して、全世界から喝采を浴びた。

氷原をゆく。1888 年 7 月～ 1889 年 5 月までのグリーンランド探検で撮影された。

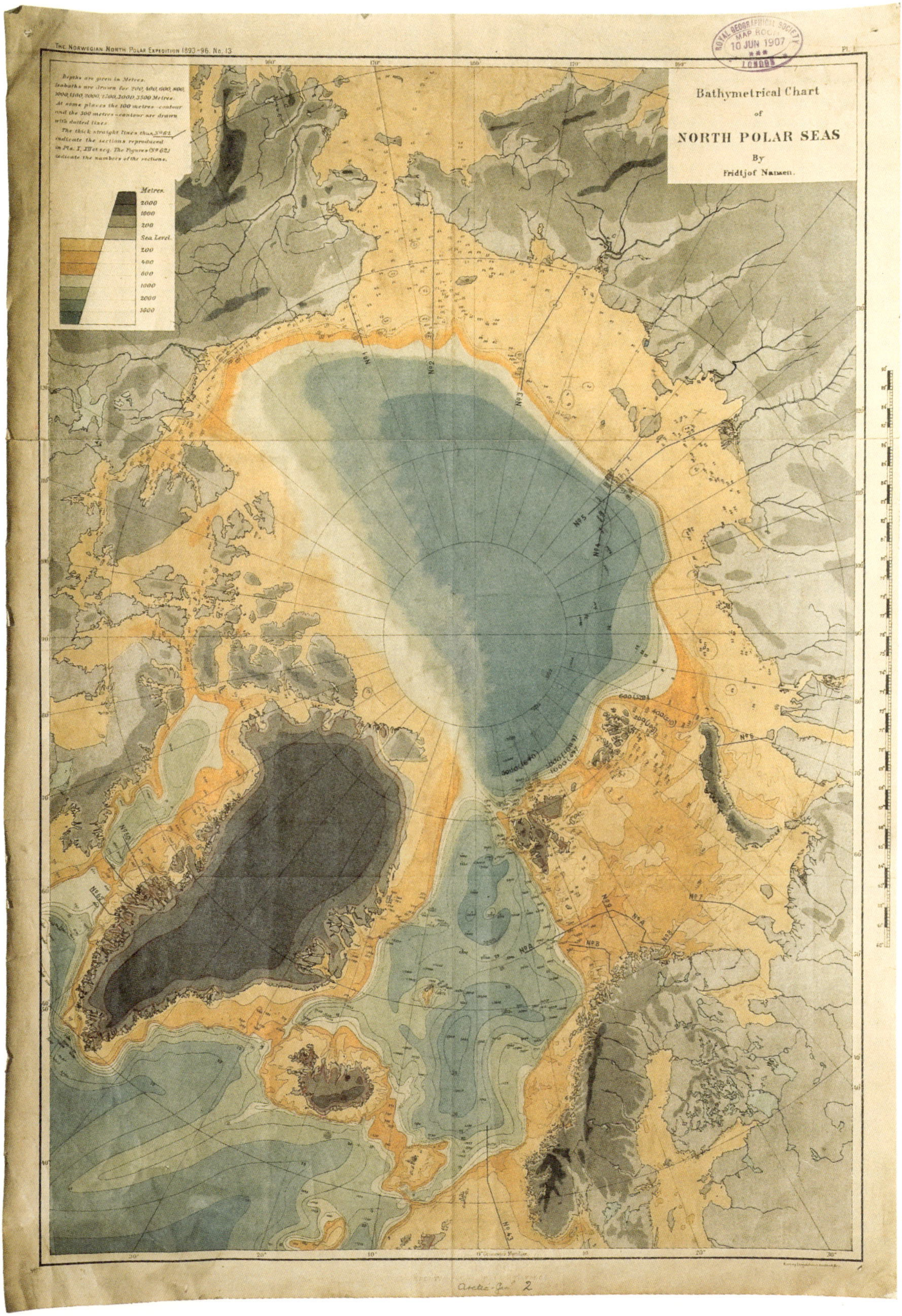

The Norwegian North Polar Expedition 1893-96. No. 13
Pl.
Bathymetrical Chart
of
NORTH POLAR SEAS
By
Fridtjof Nansen.
Depths are given in Metres.
Isobaths are drawn for 200, 400, 600, 800, 1000, 1500, 2000, 2500, 3000, 3500 Metres.
At some places the 100 metres-contour and the 300 metres-contour are drawn with dotted lines.
The thick straight lines thus, Nº 62 indicate the sections reproduced in Pls. I, XII et seq. The Figures (Nº 62) indicate the numbers of the sections.
Metres
2000
1000
200
Sea Level.
200
400
600
1000
2000
3000
ROYAL GEOGRAPHICAL SOCIETY
MAP ROOM
10 JUN 1907
LONDON

北極点を目指し漂流する

この大成功に続いてすぐナンセンは、次の冒険に必要な支援者を得た。さらに大がかりな冒険である。北極の氷河が絶えず移動していることを知っていたので、ナンセンは大浮氷群の中にすっぽりと収まって、なおかつ抜け出せるよう特別な設計をした船で探検に乗り出した。氷原の中を進むのではなく、氷と一緒に進んでいって北極点に到達しようと考えたのである。海軍の一流の設計士コリン・アーチャーが、ナンセンの仕様書に合わせて設計したのがフラム号（「前進」の意）だった。船体の外板には分厚いオーク材を使い、内部は縦横に梁をめぐらして補強し、木造の船としては史上最強だった。

ナンセンの計画を露骨に非難する者が多かった。なかでも口を極めてののしったのがアメリカ人探検家のアドルファス・W・グリーリーで、危険で無謀としか言いようがないと断じたが、これは、直径が何百マイルもある大陸がそこにあると思いこんでの非難だったのだ。そんなことよりも、絶対に壊れない船という考えが荒唐無稽だといわれ、探検家にして植物学者のサー・ジョゼフ・フッカー、サー・ジョージ・H・リチャーズ提督、サー・アレン・ヤングといった名士たちも同意見

前頁：ナンセンが作成した北極海の（海の深度を記録した）
海底地形図。ナンセン著『北極探検 1893 ～ 96』所収。

下：氷に捕えられたフラム号。ナンセンは船を氷に閉じ込めさせて、
そのまま潮流に乗ったまま漂流して北極点に到達しようと考えた。

だった。ナンセンはその時の航海を記した自著の中で、彼らから受けた非難の言葉を引用して、意趣返しをしている。

1893年6月24日、フラム号はノルウェーの北東の端に位置する小さな町ヴァードーを出発した。ナンセンは船が「大皿にのせたボールさながらに」船体をよじるように動いたり旋回したりしながら、他の船なら通れない針路をとり、みごとに氷をさばくのを確認した。ノヴァヤ・ゼムリャの南を通過し、カラ海を突き進んだ。9月22日にはノルデンシェルド海で北極の氷原に入った。計画通り、潮流に乗って北へ、西へと進んでいったが、2日後には逆方向に進み、その後また方向を変えて進みはじめた。絶えず北西方向へと回り込みながら進むどころか、北極の氷自体が潮流と風と地球の自転の影響を複雑に受けながら蛇行していた。したがって、全体としては潮流は船を予定通りの方向へと運んではいたのだが、北極点には到達できなかったのだ。

そこでナンセンは大胆な決断をする。ヒャルマー・ヨハンセンとふたりで、陸地を一気に駆け抜けるというのである。他の隊員たちは氷から脱出できるのを待つか、あるいは救出を待つことになる。脱出にしても救出にしても、少なくとも1年はかかりそうだった。1894年11月にその決断が下され、その冬は準備をした。ナンセンは不運なフランクリンの1845年の探検記を再読すると、129名の隊員が北極で命を失っているのがわかった。その過酷な状況を知り、ナンセンは改めて亡くなった隊員たちに崇敬の念を抱いた。技術面での限界があったが、彼らには根性と勇気があった。ともかく、「かんじきを知らない国に生まれたのは彼らの責任ではない」とナンセンは記している。

陸路を目指すも退却す

ナンセンとヨハンセンは、1895年3月14日にやっとフラム号をあとにする。3台のそりと竹製の小舟(カヤック)を2隻、28匹の犬とともに出発した。ナンセンの計算では犬の餌が30日分あり、その犬を少しずつ殺して、生きている犬の餌にしていけば、その先さらに50日はもたせることができる。80日が過ぎ、たしかに「どこかに着いた」。迷路のように連なる氷の丘の尾根をそりで北へと進んだが、氷原が南へと流れて行くので、なかなか前進できなかった。ついに4月8日になって、これ以上先へ行くと引き返すことができなくなると判断して、ナンセンはやめることにした。到達点は北緯86度14分で、前人未踏の極北にいたのだが、とても満足できる結果には思えなかった。

帰り道はさらに日数もかかり、辛かった。ふたりとも、これほどまでとは想像だにしていなかった。70週を超える旅程で、一冬は見知らぬ島で、セイウチの脂身とホッキョクグマの肉を食べてしのいだ。時計が止まってしまっていたので、経度を計ることもできなかった。イギリスのジャクソン・ハームズワース探検隊と偶然出会って、初めてふたりは自分のいる場所を知ったのである。一行は、ふたりが目指していたスヴァールバル諸島のはるか東にあるフランツ・ヨシフ諸島の調査のために派遣されたのだった。ジャクソンの船に乗せてもらい、1896年8月13日に出

北極探検で深海の海水温計測用に制作した特殊な計測器を使用しているナンセン。この写真につけられたタイトルは「深海温。『水温計万歳！』1894年7月12日」だった。

発点のヴァードー港に帰還した。それから1週間もしないうちに、スヴェルドルップの剛腕にゆだねられたフラム号がシェルヴォイに到着した。隊員は全員無事だった。

その後の政治家生活でナンセンは、独立したノルウェーで最初の駐ロンドン大使（1905～08年）となり、またその一方では、海洋調査の重要な探検も何度か行なった。第1次世界大戦後、国際連盟にも深い関わりをもった。1921年には難民高等弁務官として、難民に「ナンセン・パスポート」を発行し、それは最終的には52カ国に認証された。1922年、ノーベル平和賞を授与される。1930年5月13日、ノルウェーのリサーケルにある自宅プールホーグダ（「極高」）邸にて息を引き取った。

イゾベル・ウィリアムズ

エドワード・ウィルソン

科学者・医師・博物学者・藝術家

(1872 ～ 1912)

ビル・ウィルソンの話をすると、いつも言葉につまってしまう。
あの人は今まで私が出会った中で最高の人物だと思う。

ロバート・ファルコン・スコット
『南極タイムズ』(1911 年 10 月 22 日)

20世紀初期、南極は探検されていない最後の大陸で、エドワード・ウィルソンがその探検の先陣を切った。博物学者にして藝術家であり医師でもあったウィルソンは、スコットと２度の南極探検をしたただ一人の士官だった。ウィルソンはそれまでも数多くの探検に加わって、零下の気温でそりを走らせるとどれほど危険な目に遭うかを認識していた。スコット、シャックルトンとともに、1902 年 12 月には「最南点」到達を果たし、皇帝ペンギンに魅せられて、その卵を標本にしようと、よりによって真冬の南極を目指したこともある。1912 年、スコットをはじめ３人の仲間と南極点に到達。５人のイギリス人探検隊は、不運にも生きては帰れなかった。

ウィルソンはチェルトナムで「やり手」の一族のもとに生を受けた。曾祖父は鉄道と土地で財をなした。母親は藝術家で作家でもあった。叔父のサー・チャールズ・ウィルソン少将は、ハルトゥームのゴードン救出作戦で指揮をとったことがあった。しかし、青年ウィルソンは、実業にも軍隊にも探検にも関心がなかった。ケンブリッジ大学とロンドンのセントジョージズ大学病院で医学を学んだ。重い呼吸器の病気にかかり、肺結核と診断されて、外科医になる道を暗雲が遮った。そこにスコットが指揮するディスカヴァリー号の探検への医師・動物学者・画家として乗船の誘いは、文字通り渡りに船だった。南極を探検し、その謎を記録しようというのである。後年スコットは、ウィルソンの参加こそ、人生で最大級の感謝すべき出来事だったと記している。

発見の旅：1901 ～ 04 年

ディスカヴァリー号の探検によって南極大陸の内部へと入りこみ、学術的発見、地理上の発見が本格化した。仕事熱心で有名なウィルソンは、絵を描いたりデッサンをしたり、医学・動物学の研究も行ない、船内での仕事にも貢献し、気象の記録

『南極タイムズ』第１号（1902 年４月）の扉ページ。ウィルソンの絵を利用してシャックルトンが編集した。隊員は全員がこの新聞に寄稿できた。探検が終わってから、一部７ギニーで印刷販売され、探検の資金に活用された。

"DISCOVERY"

E.A.W.

THE

SOUTH POLAR TIMES.

APRIL · 1902

マクマード入江で越冬するディスカヴァリー号。ウィルソンの水彩画。日付は不明。この時の探検でウィルソンは数多くの絵を描いて、オレンジ色と黄色のまじった空の色、水色の光と氷の色を捉えようとしている。

をとり、探検隊の一員として役目を果たした。さらに、人をなだめるのがうまく、探検隊の和を保つのにも大きな役割を果たした。探検をすると往々にしてエゴがぶつかり合う。ウィルソンは信仰心があつく、仲間の役に立ちたいと思っていた。彼はまとめ役で、決して主導権を求めようとはしなかった。

絵にかんしてウィルソンは、事実どおりに描写しなければならないというジョン・ラスキンの教えに従っていて、その方が解釈を重んずる作品よりも重要だと考えていた。ディスカヴァリー号に乗って、200点以上の絵やロス海南部にあるロス氷棚（ひょうほう）、ヴィクトリアランドの風景、南極の鳥類と動物の緻密で精確なデッサンをのこした。探検隊に同行した最後の画家となったのである。まもなく、写真の技術が発達して、未知の大陸の静寂と美を記録する道具として、カメラが主流になってしまう。

ロス氷棚はフランスほどの面積がある氷の棚で、大陸にぶらさがるような形で接触しているものだが、ディスカヴァリー号が南極に到着した頃は、それがどういうものであるかわかっていなかった。1902年にスコットの南方探検によって、初めてその性質の実証が得られたのである。

スコットは南方を目指す際に、ウィルソンの参加を不意に決めた。この協力を惜しまない器用な人物に気安さを感じていたのだ。ウィルソンはもう一人隊員が必要だったので、友人だったシャックルトンを選んだ。のちに南極の歴史に名を残す人物である。他の隊員たちの間に壊血病（ビタミンCの欠乏による）が発生したために、出発が遅れた。この遅延によって、南極点到達が不可能となった。３人はそれでも、大陸の中心へ少しでも近づきたいと思った。

「南方探検」は支援部隊と19匹の犬とともに出発したが、犬が思いのほかうまくそりを引っ張って走るので、スコットは計画よりも早い時期に支援部隊を引き返させた。そのあとは、３人と犬ぞりがロス氷棚を目指した。希望に満ちた出発だったが、間もなく一面まっ白の雪原を足取りも重く進むことになると、何も考えずにただ耐えるだけの毎日になった。３人は交替で29日間、前進を続けたが、南方向に1.5キロ進むためには約５キロの距離を行かなければならなかった。やっと陸地が南西方向に現われたので、そちらへと進路を変更した。

ウィルソンは、記録を作るためにただひたすら南下するだけのつまらない遠征よりも、将来に繋がるもっと希望のあることを考えながら安堵を覚えた。彼らは南緯82度12分の地点まで到達したが、食糧が不足するので引き返さざるをえなくなった。ロス氷棚から陸地に上がることができなかったのは、大きな裂け目に阻まれたためだった。ウィルソンは潮流による裂け目があるのに気づいた。これは、ロス氷棚がじつは海水に浮かんでいる氷の板であることを示していた。一行は目標に達することはできなかったが、意味のある「最南点」まで行き、ロス氷棚の西側に位置するヴィクトリアランドの大山脈を記録にのこしたのだ。

ウィルソンはさらに数カ所の探検を続け、1904年にディスカヴァリー号はニュージーランドに到着した。皇帝ペンギンの卵が見つかったことにより、凍てつく低温と薄暗い環境と吹きつける風の中でも、南極で皇帝ペンギンが繁殖できることが証明されたのである。ウィルソンは研究のために産みたての卵が欲しかった。うまく手に入れられなかったために、帰るのが遅れたのではないかと考えられている。それはともかくとして、彼の功績は重要な意味をもった。それまでの誰よりも南の地点まで探検して、南極の野生生物を観察し、ロス氷棚の実態について手がかりを得たり、ヴィクトリアランドの山脈を初めて観察したりしている。

ディスカヴァリー号で出発する直前に、ウィルソンは人生最愛の女性、オリアナ・スペーと結婚していた。彼女は「だれよりも美しく」、ニュージーランドで彼を待っていたのだ。ふたりはすぐに愛着を覚えることになる土地、また帰ってきたいと思うようになる土地で、遅まきながら新婚生活を送った。

ウィルソンはなんといっても第一に科学者であり、イングランドに帰国してからの仕事は、根気よく入念に観察する彼の性格には願ってもない事だった。1905

ウィルソンが描いた皇帝ペンギンの卵。ディスカヴァリー号の探検により、この鳥の生態がウィルソンにとって一番の学術的な関心の対象となった。

1910～13年のテラ・ノヴァ号での探検で描いたスケッチを仕上げるウィルソン。撮影は探検に随行したカメラマンのハーバート・ポンティング。ポンティングは南極の美しい光景を数多くフィルムに収めた。

年、イングランド北部とスコットランドの高原(ムア)でアカライチョウを激減させている病因を解明するために設立された〈雷鳥委員会〉の現地調査委員長に任命された（ライチョウ狩りのスポーツは、スコットランド経済にはきわめて重要だった)。いかにもウィルソンらしい仕事ぶりで、昼となく夜となく、一面ヒースの高原に足を運び、丹念に鳥の観察をした。原因がギョウチュウであることを突きとめ、寄生虫の体内侵入を極力抑える対策を示した。

1907年には意気軒昂なシャックルトンから、副司令官として南極探検に同行してもらえないかという思ってもみない誘いを受けた。ウィルソンは断わった。手をつけた仕事を中途半端のままやめるのはできない性格だった。彼がまとめた雷鳥委員会の正式な報告書は、1911年に刊行された。ウィルソンが生前にそれを目にすることはなかった。

テラ・ノヴァ号：1910～13年

1910年、ウィルソンはテラ・ノヴァ号でのスコットの探検に加わって南極へと出帆した。学術調査班の主任に任命された。席の温まる暇もない手のかかる職務だった。絵を描く時間もなかったが、ふたつの重要な任務にかかわった。ひとつは真冬の南極で皇帝ペンギンの孵化前の卵を標本として手に入れること。もうひとつは南極点到達である。

思いがけず、前回の探検で皇帝ペンギンが真冬でも繁殖することを確認していたので、ウィルソン、「鳥さん」の異名を持つバウワーズ、アプスリー・チェリー・ガラードの３人が、無理は承知で、皇帝ペンギンの繁殖地を目指した。5週間の挑戦はウィルソンの覚悟を上回る苛酷さだった。３人は暗闇の中、砂漠のような雪原を進んだ。気温は常に零度をはるかに下回る酷寒で、マイナス 59°C を記録したこともあった。ウィルソンは、鳥類の祖先は恐竜で、早い時期の胎芽にはこの進化を示す証拠が見られるとする学説を確かめるために、産みたての卵が欲しかった。やっと手に入った卵は３個だけだった。

ブリザードが荒れ狂い、ペンギンの棲息地を望める場所に建てた小屋の中から、３人は出られなくなった。帆布の屋根とテントが飛ばされた。２日間、食糧も飲料もなく雪の中に埋もれていたが、それでも賛美歌を歌っていた。飛ばされたテントを見つけ出して基地まで戻れたのは奇跡である。スコットは、それは英雄なみの勇気ある行動で、同世代の人に聞いてもらいたい話だ、と熱っぽく書いている。

この時の探検については、今も批判され続けている。鳥類と恐竜の関係は示されなかったし、南極点到達を目指すまでに何カ月も要したということもある。しかし、ウィルソンがそれを聞いたら、断固として弁明するはずだ。まず、あの探検は学術調査を目的としていて、大きな成果が見込めたのであり、それを成しとげるために、自分は大きな決断力を示したのだ、と。

スコット隊はロアール・アムンセン（本書 181 頁）の率いるノルウェー隊と、南極点到達一番乗りを争っていることはわかっていた。スコット隊が南極点を目指そう

1911 年のクロージャー岬への冬期遠征から帰ったウィルソン、バウワーズ、チェリー・ガラードの3人。凍傷にかかり、疲労困憊していた。

ピラミッド型のテント。大人がひとり楽に立てる高さ。一つの寝袋にみんなで入って寝た。

としたのは1911年11月で、馬を使っていたためにノルウェー隊よりも遅れた。スコットはシャックルトンが1908年に通ったルートをたどった。彼は16人の探検隊を順に少しずつ帰還させるという、公表した自らの計画を守り続けた。ウィルソンは定期的にオリアナに手紙を送り、南極点になんとしても到達したいという気持を伝えていた。

スコット率いるイギリス隊は、ノルウェー隊に勝ったと思っていた。相手も同じシャックルトンのルートをたどっていると思ったのだ。遠くに見えた点のようなものが、近づいていくと黒い旗になり、彼らの夢と希望は残酷な終焉を迎えた。1912年1月16日のことだった。じつはノルウェー隊は1カ月も先に着いていたのだ。

帰りも悲惨だった。北へと向かって進んで行ったが、栄養失調、低体温、脱水症状に苦しみ、体脂肪も筋肉もおちていった。最後のとどめは1912年の年を越してまだ何週間もたっていない時期の異様に低いロス氷棚の気温だった。最初に命を落としたのはエヴァンズ上等兵曹で、栄養失調以下すべての症状に苦しみ、その上、そりを操縦していた時に切った手の傷から黴菌が入ったらしかった。「タイタス」の愛称で呼ばれたオーツ〔タイタス・オーツはイングランド教会の聖職者の名前（1649～1705）〕が次に亡くなった。「これから外に出て行くから、しばらくもどらないかもしれない」という彼の最期の言葉は今もなお心に響く。ウィルソン、スコット、バウワーズも、テントの中でしだいに息を引き取っていった。次の食糧庫まで18キロメートルの地点だった。

1912年11月12日、南極の春に、探検隊員の遺体が、南極点を目指した苦闘と非運の帰路の生々しい記録とともに発見された。ウィルソンの書き残した手紙は穏やかで希望に満ちていた。残酷にも呼び売りの新聞売りの叫ぶ声で初めて悲報に接したオリアナにとっては、慰めになる手紙だったに違いない。ウィルソンは来世に期待していた。「不幸だとおもってはいけない。万事、神の御心だ。わたしたちは神が決めた大きな計画の中ですばらしい役割を果たしているのだから」。

当初はこの悲劇にイギリス中が茫然となったが、探検隊の勇敢な行動が詳しく世界中に伝えられるようになると、隊員たちの偉業に対する誇らしげな気持ちと感動が、いくぶんかは悲しみを和らげてくれた。〈南極探検英雄時代〉の炎が、大きくかき立てられたのである。

ラッセル・ポッター

ロアール・アムンセン

両極点を目指す激しい情熱

(1872〜1928)

じつにおかしなことだが、サー・ジョン・フランクリンの話の中で
私の心にいちばん訴えたのは、彼とその仲間が耐えた
苦難の様子だった。同じ苦難に耐えてみせようという
奇妙な野心が私の中で激しく燃え上がったのだ。青春時代の
理想主義は往々にして殉難に向かうものだが、私の場合は
北極探検というかたちで使命感が発露したのかもしれない。

ロアール・アムンセン
『北西航路』(1908年)

北極と南極の両方を探検した人たちの歴史の中で、ロアール・アムンセンの業績に匹敵するものは見あたらない。伝説の北西航路を初めて渡り、南極点に初めて到達し、たぶん北極点も――飛行船からではあったが――初めて目にし、アムンセンは絶賛していた物語の当事者らの夢を果たし、自らも氷の世界で行方不明となり、数々の偉業を悲劇で締めくくることになった。とはいえ、生前の彼は、他の極地探検家に与えられたような賞賛とはほとんど縁がなかった。イギリス人はアムンセンを冷たくあしらい(王立地理学会では、彼の南極点到達に万歳三唱をしたが、それは同行した犬たちへの万歳だった)、アメリカ人は彼に腹を立てていた。ノルウェーではアムンセンの功績を賛えはしたが、ナンセン(本書169頁)の場合のような盛大な賛辞を受けることはなかった。そのひとつの理由として考えられるのは、アムンセンがやや冷たい孤立した人物だったことである。強い性格の持ち主だったが、信頼に沿わない気配が少し見られただけでも相手を許さないプライドの高さがあった。イヌイットの人たちのやり方を高く評価して採り入れた。当時のイギリスの探検家は原住民の文化を否定的に見て、犬よりも人間の方が理想的な動力だと考えていたので、彼らには屈辱的だっただろうが、アムンセンはイヌイットを真似たおかげで、大いに助かった。

ロアール・エンゲルブレクト・グラヴニン・アムンセンは、1872年7月16日にオスロのボルゲに生まれた。当時のノルウェーはスウェーデンの支配下にあった。父親は造船業を営んでいたので、探検家になるには理想的な家に生まれたと見てもよいだろう。しかし、母親は息子に知的な才能があるのを見抜いて、医者になって欲しいと思った。ロアールは母の願いを叶える約束をしたが、同時に、自分で天職と思われた道をも密かに目指す準備をした。彼が21歳の時に母が他界したため、大学を中退し、自分の夢に向かって乗り出した。

1897 ～ 99 年のベルギー南極探検隊に加わった際にスキーに乗ったアムンセン。探検隊が氷に閉じこめられると、アムンセンは新鮮な肉を獲ってきては隊員の命を守ろうとした。

4 年後の 1897 年、ベルギー南極探検隊に加わり、アメリカ人医師フレデリック・A・クックとともに探検に出た。乗船したベルギカ号が氷に閉じこめられ、一行は南極で初めての越冬隊となった。予期せぬ逗留だったが、アムンセンはそれを大いに利用して、海氷の調査をしたり、テントのデザインをしたり組み立てたり、さらにアザラシとペンギンの狩りもした。隊員たちにはノルウェー式の長いスキーとかんじきを使いこなせるように手ほどきしたが、みな、カナダのものよりも役立つことがわかった。アムンセンはクックの右腕となって、新鮮な肉が絶えず切れないように手配し続けた。肉を食べなくてはいけないと彼は言い張ったのだが、隊員の生命が守られたのは、この方針のおかげであろう。

北西航路

極地探検への思いはますます断ちがたく、アムンセンは独自に探検を行なう計画を立てはじめ、北西航路を渡るという少年時代の夢を叶えようと意を決した。この目的には夢物語のような一面もあったが、アムンセンは、実行するからにはしっかりした学術的な根拠も示したいと思い、地磁気の観測、とくに磁北極の位置を測定するのが最大の目的であると強調した。一流の地磁気の研究者らの賛同、とりわけ重要だったのは、ナンセンの賛同を得たことだった。ナンセンはノルウェーの代表的な極地探検家としてすでに地位を確立していたからだ。

このような冒険をする場合にはだいたいつきものだが、資金がいちばんの問題だった。トロムセーで堅牢な漁船ヨーア号を手に入れると、アムンセンはその船の改装と食糧などの確保のために、借金を背負わざるをえなくなった。6人の隊員を集め、2、3季は越冬する覚悟で5年分の水と食糧を用意して、1903年6月16日に夜陰に乗じて出帆した。翌朝には船を差し押さえてやると、借金取りたちが意気ごんでいたからである。

北西航路を探っていたイギリス海軍、とりわけサー・ジョン・フランクリンの遠征に挑発されてはいたが、多くの点でアムンセンの計画は彼らとは正反対のものだった。たとえばイギリス海軍は、1隻が使い物にならなくなった場合に備えて、2隻を1組にして船を派遣したが、アムンセンには小型船が1隻あるばかりで、フランクリン隊の何分の1かの隊員しかいなかった。海軍の船員らは船内の備蓄に全面的に頼っていたが、アムンセンは狩猟も計画に入れて、可能な限り新鮮な肉の入手を考えていた。

最後に、ひときわ目立った違いは、イヌイットの人たちへの敬意をもった接し方だった。イギリスの探検隊は、藁にもすがりたい時にはイヌイットに手を貸してもらったが、「エスキモー」を原始人と見て、彼らから学ぶべきことなどほとんどないと考えていた。アムンセンもヨーロッパ文明の方がすぐれた点は多いと思ってはいたが、イヌイットの何千年もの経験の蓄積は、北極で効率よく生活したり移動したりしようとする者にはこの上ない価値があることを理解していた。

ランカスター海峡を通るアムンセンの行程は、フランクリンの場合とほぼ同じで、ビーチー島にあるフランクリン隊の隊員たちの墓参りもした。磁気測定器に従って進むべき道を決め、そこから南西に向かい、ピール海峡を抜けた。さらに、フランクリンが通ったと思われるルートを離れて、アムンセンは、キングウィリアム島の西ではなく、東へと舵を切った。するとどんどん浅瀬に向かっていき、マッティ島の附近でヨーア号は坐礁してしまい、犬用の保存食(ペミカン)を25箱も投棄せざるをえなくなった。この経験から、アムンセンの小型船よりもはるかに海面からの深度が必要なフランクリンの船では、このルートは無理だったことが明らかになった。

キングウィリアム島の南島沿岸を慎重に進んでいくと、見張り台にいたハンセン大尉が「世界で最高の小さな港を見つけたぞ」と大声をあげた。アムンセンはヨーアヘイヴンと名づけ、そこを基地にして2度の冬を過ごすことになる。磁極の位置が145キロメートル以内にあったので、アムンセンは地磁気の観測をするには理想的だと考えた。

地元のイヌイットに初めて出会うのは、秋も深まってからのことになる。イヌイットと、食べ物、のちにはカリブー〔北米のトナカイ〕の革製の衣類を交換して入手する。アムンセンも隊員も頭から爪先まですっぽりおおう服を着ていたが、カリブー革の服の方が、温かさでも着心地でも耐久性でも、ヨーロッパの衣服よりはるかに優れていることはすぐにわかった。それなのにアムンセンは、彼らをよく「石器時代の」原始人と呼び、隊員たちがイヌイットの奥さん連中と個人的に接触しないように心を砕いた。文明社会の世界観とイヌイットの原始的な世界観の間にある、目には見えないが強靱な線を踏み越えられては困るからだ。

キングウィリアム島のこぢんまりした港で過ごす二冬は、アムンセンの計画していた観測をするには十分な期間だった。隊員らとともにイヌイットとは距離を置くように努めていたにもかかわらず、1904 年 7 月にその場に別れを告げる段になると、ある種の哀惜の情を覚えた。アムンセンは特段の困難に遭遇することもなく、北西航路の終点までたどり着いた。彼は計画がよかったからだとしていたが、何世紀もこの目標のために苦闘を強いられ続けてきたイギリス人にとっては、不公平なことに思えた。

イグルーの中にいるヨーアヘイヴンのイヌイット夫妻。プラエデリックと妻のドラガ。1903 年、アムンセンの北西航路探検の際に撮影された。

唯一の難題が最後に登場した。アラスカのフォート・ユーコン村に到着してみたら、この偉業を世界に知らせるための電信機がなかったのである。アムンセンは、そりで南へ約320キロのイーグル・シティまで行かなければならなくなった。アムンセンには不運なことだったが、無線通信士のひとりが彼の電報の内容を新聞記者に漏らしたために、探検譚の独占権を売りこむ夢は打ち砕かれてしまった。それはともかく、報道によって彼の名誉は確かなものになった。王立地理学会は1907年に〈賛助者メダル〉を授与し、ノルウェーの国会はアムンセンに、探検の費用として4万クローネを支給した。

南極のベースキャンプであるフラムヘイムの食堂で手作りの「特製ゴーグル」をこれ見よがしにかけているアムンセン隊の隊員たち。

南極点の先陣争い

栄誉の上にいつまでもあぐらをかいていられる性分ではなかったので、アムンセンはすぐに北極点を目指す探検の計画に取りかかり、得たばかりの名声を利用して、すばやく手はずを整えた。ナンセンは胸を打つほどの支援の手をさしのべてくれて、自分のフラム号を使わせてくれるという。前回はヨーア号を押収する勢いだった連中までが、今回の探検には協力者の名に連なろうと熱心だった。しかし、まずクックが、次にロバート・ピアリーが北極点到達の名乗りをあげると、アムンセンは突如として計画を変更し、フラム号が海に出るまで待ってから、隊員たちに、目的地は北極ではなく南極であることを発表した。すでに同じ目的をもって大々的に公表して探検に出ていたスコットにはわざわざ電報で知らせたが、それ以外には、支援者も含めて誰にも計画を教えなかった。

1911年1月2日にアムンセンと隊員たちは、持ち運び可能な軽便なシェルターを一基と優秀な犬97匹とともにホエールズ湾に到着し、キャンプ地を設置して「フラムヘイム（フラムの家）」と名づけた。すぐに南極点までの旅に向けて食糧などの手配をはじめたが、なかなかやってこない南極の春に苛立ちを覚えた。

9月8日に極点目指して出発するも、時期尚早で、マイナス58℃の気温に2匹の犬が凍死し、隊員はひどい凍傷を負ったために、退却せざるをえなかった。

2度目の挑戦は10月19日に開始となり、11月11日にクイーンモード山脈に到達。アクセルハイバーグ氷河を難儀しながら登ってテントを張り、24匹の犬を殺

南極探検の際にアムンセンが持参したノルウェー国旗。次ページの写真では南極点のテントの上で風にたなびいているのが見える。

して、あとの18匹の餌にした。一行は南へと危険なクレバスを越え、何日間も、視界の悪い中を推測航法で進まざるをえなかった。さいわい12月8日に太陽がまばゆく輝いて、観測が可能となった。南緯88度16分に達していることが判明した。それから1週間とたたない1911年12月14日には、南極点に到達した。アムンセンはそこに3日間とどまり、キャンプ地を「ポールヘイム」と命名し、南極点の位置を確認するために、徹底的に観測を行なった。

帰路はほとんど夜間に移動し、荷物は軽いので速く動けたため、1月25日にはフラムヘイムにもどれた。南極点には一番乗りしたが、アムンセンはスコット死亡の知らせを聞いて悲しみに沈み、「いかなる名誉もどんな大金も私は喜んで投げ出しても良い、もしそれによってスコット大佐を凄惨な死から救うことができるのなら」と嘆いた。それでも、多くのイギリス国民は、アムンセンを卑怯者だと思った。嘘をついて密かに出発し、そりを曳くのに、人間よりも犬に頼ったからだ。

北極点上空を飛行

アムンセンはゆっくりと勝利を噛みしめることなく、かつての北極点到達計画を修正して、モード号に乗って北西航路を航行しようとした。慎重に計画し、モード号を北極の流氷に乗せようと考えたが失敗し、ノルウェーに帰還し、今度は飛行機で北極を目指そうと方針を転換した。

空から北極点到達に挑戦する考えは目新しくはなかったが、かつては技術上の問題があって実現できなかった。1897年にS・A・アンドレーが気球で挑んだのは有名だが、命を落としている。ウォルター・ウェルマンも1907年と1909年に気球で北極点に挑戦し、手痛い失敗を喫している。アムンセンは1912年に、ノルウェーでは初めてパイロットの免許を取得しており、飛行機には慣れていたので、雪上飛行機を使って探検をしたいと思ったのだ。

初挑戦は、着陸時に飛行艇のスキー式降着装置が壊れて、あえなく失敗に終わった。その後は資金難に阻まれていたが、大実業家リンカン・エルズワースと親しくなり、エルズワースが特別に改造したドルニエ・ワール飛行艇を2機購入する資金を提供してくれた。

アムンセンはふたりのベテラン飛行士を雇い、自身とエルズワースのふたりが行き先を案内する役目を果たすことになった。1925年5月21日、2機の飛行艇がスピッツベルゲンを発ち、北緯88度まで静かな飛行を楽しんだ。この緯度は北極への飛行記録だったが、すでに燃料の半分がなくなっていた。着陸は無惨な結果を招き、１機は修理不能なほどの損傷を受けた。アムンセンはもう１機の修理を見守ったが、何週間もかかった。やっとの思いで離陸してスピッツベルゲンに戻ると、とっくに死んだものと諦められていた。

サー・ジョン・ロスの場合と同じように、アムンセンもこの世の人ではなくなったと思われたのに、思わぬ帰還を果たして天下の耳目を驚かせ、ために、いっそう名を高めることになった。

燃費が悪く持久時間が短いことと、固定翼機の脆弱性が問題であることがわかって、アムンセンは飛行船の使用をもう一度考えた。イタリア空軍のために長距離飛行船の設計をした経験があるウンベルト・ノビルの協力を求めた。すると、ノビル本人がパイロットを務め、６名のイタリア人を搭乗員に加えるという条件で同意が得られた。

ところが、なんという巡り合わせか、1926年５月、アムンセンの飛行船ノルゲ号が出発する直前に、アメリカ人パイロット、リチャード・バードが北極点を目指

1911年12月14日、南極点に到達した探検隊。左端がアムンセン。撮影はウーラフ・ビヤーラン。原版のネガから焼いた現存する唯一の写真をもとに作成した複製。

「飛行船ノルゲ号に搭乗する北極探検アムンセン隊」。1926 年撮影。大勢に見送られて飛行船はスピッツベルゲンを発ち、南極点上空を通過する 70 時間の飛行を行なう。

して離陸したのである。バードの飛行は、スピッツベルゲンを出発して、わずか16 時間の短かさだった。今では北極点に到達しなかったのではないかと怪しまれているが、当時は信じる声が多かった。

ノルゲ号の出発はバードに遅れること２日で、平穏無事な飛行を続け、5 月 11 日 9 時 55 分に北極点上空に到達した。そのまま北極の流氷を飛びこえ、船体に着氷の心配はあったが、5 月 14 日にアラスカのテラーに無事着陸した。飛行時間は 70 時間を超えたところだった。これがアムンセンの経歴の頂点をなしたが、ノビルがこの功績は自分とイタリアのものだと主張したために、せっかくの偉業に傷をつけられてしまった。

アムンセンは当然不愉快だったはずだが、それでも２年後に、再度北極点を目指していたノビルの飛行船イタリア号が墜落したと聞くや、すぐさま救助に動いた。フランス政府から飛行機とパイロットを調達し、1928 年 6 月 18 日、視界が悪かったにもかかわらず離陸した。飛行機はバレンツ海に浮かぶベア島北方のどこかに墜落したと見られているが、これまでのところ発見には至っていない。

ラッセル・ポッター

ウォリー・ハーバート

最後の北極大探検

(1934 ~ 2007)

先駆者たるものには遠征先から価値あるものを
——この惑星についての人類の理解に貢献できる
地図なり、独自の発見なり、学術的な知識を——
持ち帰らなければならないという暗黙の責任があるが、
そこにはジレンマもある。もし楽園を発見したら、その秘密を
仲間たちに教えた方がいいのか？　迷うところである。美しい土地を
発見したら、その未来に対していろいろな点で責任を負うことになる。

ウォリー・ハーバート
『極地の世界』(2007 年)

極地探検家には３つのことが求められている、あるいは期待されている。第一に探検の任務になくてはならない強靱で沈着な精神。第二に探検の物語にドラマと形を与えられる文筆力。第三に視覚的な感性、つまり遭遇した未知の世界をスケッチ、写真あるいは絵に捉えられる絵心である。この条件をふたつ以上満たせる人はどこにでもいるわけではない。三拍子揃って、なおそれぞれに秀でていたのはウォリー・ハーバートくらいしかいない。

最後の北極大探検にして、地球上で最後の大遠征——何カ月とたたないうちに人類が月面に足跡をとどめることになるのだから——と広く認められている探検を行なった隊長だったハーバートは、当時の極地探検家たちとはちがい、後半生を研究・執筆・絵画に捧げ、いつまでも後世に伝わる財産を遺した。

有名な話だが、そもそもハーバートが北極や南極に興味を持つきっかけとなったのは、バスに乗っていた時に頭の上に落ちてきた新聞だった。見ると、〈フォークランド諸島保護領調査研究所〉(FIDS；のちに南極調査研究所）のための有志を募っていた。それが 1954 年のことで、FIDS は極地探検を志す者には絶好の練習場となっていた。ここでハーバートは、氷雪原で長距離をこなすためには必須の犬ぞりを操る技術を学び、また、急ぎの仕事がない時には、３本の筆と

ウォーリー・ハーバートは絵の才能でも秀でていた。この絵は鉛筆と小刀を使って描いた『自画像 No. 2』。

絵の具箱だけのささやかな美術道具を使いはじめた。

ハーバートが美術と科学を協働させたのは、立体模型地図の制作をした時だった。かつては表面に薄くインクを塗った箔を用意し、地形が目立って見えるように、辛抱強く細心の注意を払いながら、インクの皮膜を外科用メスでゆっくりはがしていった。クイーンモード山脈の精確な地図を初めて作成したチームの一員として、ハーバートは測量と地図制作の技術を完璧なものに仕上げた。のちにはその方法を肖像画にも応用した。そこには、光と陰を表現するために何日も苦労した成果が、明らかに活かされている。

ハーバートが南極で過ごした日々は、実りの多い豊かな訓練期間となった。しかし、それは何のためだったのか。当時、彼が嘆いていたように、南極にはもう探検できる土地はほとんど残っていなかったし、どこに行っても、必ず誰かが先に足を踏み入れていた。それでは北極ならどうか？　北極ならそりを操作する技術も活かすことができるし、イヌイットの犬や地元民の智慧を活用して得られるものもあるだろう。同じように凍った世界ではあるが、北極の中心にあるのは大陸ではなく、ゆっくりと渦を巻いている移動する広大な氷塊の世界で、その実態はまだごくわずかしか分かっていなかった。

サー・ウォーリーのスケッチにもとづく南極のクイーンモード山脈地図。ウォーリーは初めての精確な山脈地図の作成に貢献した。

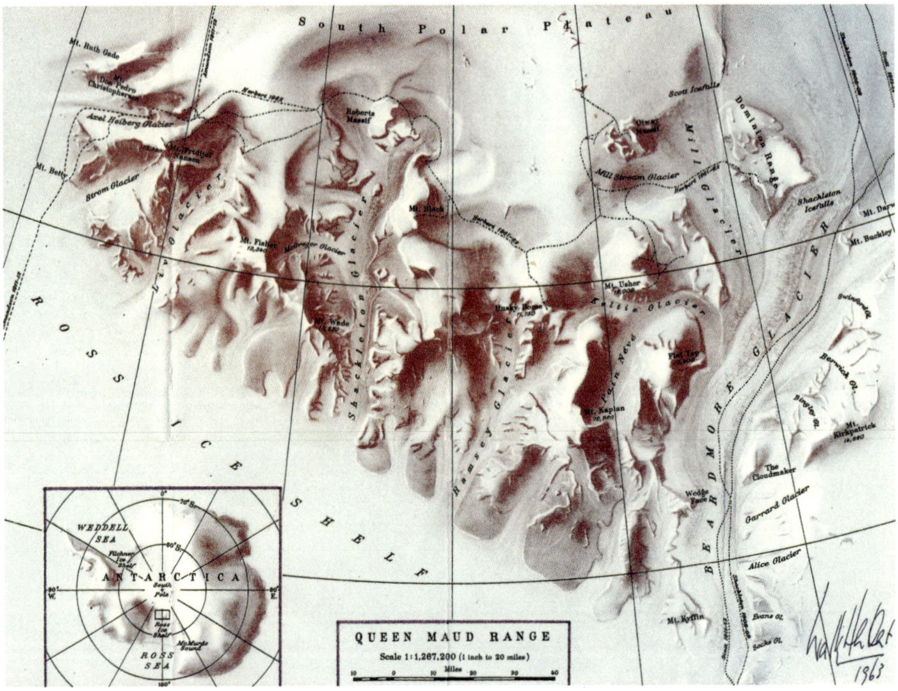

『1969 年スヴァールバル上陸』。このハーバートの絵には、北極氷原の最長部分を
横断した歴史に残るイギリス北極横断探検隊の最後の上陸の模様が描かれている。

氷原を横断する

当時ハーバートは、敬仰するロバート・ピアリーがすでに北極点に到達したものと信じて疑わなかったが、氷原の最長部を徒歩で渡りきった者は誰ひとりとしていなかったのだ。横断を果たすには通常よりも早い時期、2月の太陽がわずかに2時間ほど顔を出しはじめるようになったら、すぐに出発しなければならない。それからは、あらゆる陸地から最も遠く離れている海氷地帯、いわゆる「到達不能極」への一番乗りを目指して、危険なくらい柔らかい夏の氷の中を歩き続けることになる。ゆっくりと東へと移動する北極の流氷を利用するナンセンの着想を拝借して、越冬するためのキャンプを氷上に設置する。いかにもハーバートらしいことだが、彼は北極点そのものをあまり重く見ていなかった。「われわれは北極点に行くことになるだろうが、それはついでにということだ」。

ハーバートは信頼できる仲間を3人、それぞれの経歴と素質をよく見きわめた上で選んで、同行してもらった。その筆頭にくるのが、極地の氷河を専門とするロ

イギリスの北極横断探検の際に越冬のために設営されたキャンプ。撮影は 1969 年 1 月頃。この時点では予定より遅れていたが、挽回してハーバートの計画通りの日程で探検を終了した。

イ・フリッツ・コーナー博士で、ハーバートは博士と、南極のホープ湾で一緒に仕事をしたことがあった。あとのふたりは地球物理学者アラン・ギル、軍医のケン・ヘッジズだった。

一行は 1968 年 2 月にポイント・バローを出発したが、当初、絶えず移動し続ける氷の上を思うようには進んで行けなかった。ハーバートは旅程を夏にまで延長せざるをえなくなった。夏になると環境は最悪になるのだが。

北緯 80 度を越えると、氷原の中をどこまでも流れる水路が現われ、128 キロメートル以上は遠回りせざるをえなくなった。1968 年 7 月 4 日、やっと夏場のキャンプ地に到着すると、タイミング良く流氷が利用できる絶好の位置にきていた。夏が終わるまでに、一行は毎日 2.4 海里（約 4.5 キロメートル）の距離を流されていたのだが、これは最後の 2 週間、彼らが氷上を移動した速度を上回る速さだった。

しかし、その後さらなる試練が待っていた。キャンプを出発して 4 日目に、ギルが融けかけた氷の穴に足を取られて背中を痛めたのである。正確な症状を判断するのはむずかしかった。王立地理学会の探検部門の委員会と何度も無線機でやりとりをして、ハーバートは危険な緊急手術よりも、ギルを休ませた方がよいと主張した。しかし押し切られて、カナダのベテランパイロットがコーンウォリス島から救援に向かったが、平坦な氷面がなく、着陸できずに引き返した。越冬のためのキャンプとしては時期尚早だったが、ギルは完治して、ふたたび運がハーバートに向いてきたようだった。

冬が終わると、予定が大幅に遅れていた。遅れを取り戻すために、ハーバートは真っ暗闇の中で出発する強行軍の計画を立てた。4月初旬には北極点に近づいたが、氷に流され続けて、おそろしく遠回りをした。のちにハーバートが回想しているように、北極点にたどり着くのは「頭上を飛んでいる鳥の影を足で踏もうとしているようなもの」だった。ともかく、彼らは1969年4月6日に到達した。ピアリーから数えて60年後のことだった。その後の歩みは記録的なスピードで、5年前にハーバートが立てた予定通りの日、5月29日にスヴァールバルに到着したのである。

ハーバートのその後

世界中からハーバートの偉業への賞賛の声が寄せられた。イギリスのハロルド・ウィルソン首相は「極地探検史上の俊傑らと肩を並べる忍耐力と勇気のなせる偉業」と讃えた。間もなく人類初の月面着陸で目立たない功績になったが、その後、挑戦する者がいないので、今もなお肩を並べる者のいない探検となっている。

ハーバートはグリーンランドの一周を計画する。計画は失敗したが、そのおかげで、西グリーンランドの文化や住人に近づくことができた。

いかなる運命のいたずらなのか、北極点到達の業績をハーバート自身は大して重くみてはいなかったが、1909年に到達したというピアリーの主張が疑問視されると、新たな意味を持つことになった。アメリカ地理学協会からの問い合わせを受けたり、ピアリーの日記が新たに読めるようになったりして、ハーバートはさんざん自分の気持ちを確かめた挙げ句に、事実関係の確認をすることにした。

調べていくと、ハーバートにとっては残念なことだったが、しだいに、ピアリーが1909年に北極点に到達していなかったという証拠が固まっていった。しかも、ピアリー本人はそれをわかっていたという証拠も出てきた。

ハーバートの説明は『栄誉の絞首縄』(1989年)として刊行され、それで論議に完全な終止符が打たれたわけではなかったが、ピアリーを擁護する声はみごとに沈静された。晩年はまた絵筆をとり、探検家としての自分の人生と経歴を多数の絵に描いた。最後の著書『極地の世界』は、2008年、ハーバートが他界してから刊行された。

砂　漠　へ

いつの世にも、探検家は砂漠に引きつけられてきた。熱と乾きの極限世界への挑戦は、極寒と氷の世界の試練に立ち向かう冒険と同様に、人の心をくすぐるのだ。ハインリヒ・バルトは、中でも際立っている。仲間たちはつぎつぎに斃(たお)れていったが、バルトだけは敵無しだった。持ち物はコンパスと時計と拳銃２丁だけで、行く先々の国の言葉を話し、山のようにメモを取り続ける姿は、探検家のお手本だった。しっかりとした学識もあり、伝説の都市ティンブクトゥについて真相を明らかにし、浩瀚な探検記を著わした。その著書は150年を経てなお、サハラ砂漠とその住民に関する信頼できる文献となっている。

オーストラリアでは川があるために、探検家は、奥地に行けばまとまった水源と肥沃な土地があるのではないかと期待させられたが、その先をたどると川はしだいに細くなって、果てしない砂漠に行き着き、砂漠を突き抜けようとして命を落とした者が多くいる。チャールズ・スタートは３度にわたって大規模な探検を行なって内陸海を探したが、むだな努力に終わった。目的の海は見つけられなかったが――なにしろそんなものは存在しないのだから、見つけられるわけがなかった――オーストラリア中心部と、あちこちに走っている河川について、数多くの謎を解明するのに貢献した。

アラビアの砂漠には変わり者たちが集まってきたが、その中でもガートルード・ベルほど数奇な歩みをみせた者はいないだろう。彼女が今に遺したものといえば、イラクの建国を事実上独力で成しとげたことだ。探検家であると同時に政治家としての才覚もあり、勇猛果敢にサウジアラビアのハイールまで行き、内側からハーレムの詳細を記録する最初の人物となった。ハリー・セント・ジョン・フィルビーは、ルブアルハリ砂漠を、初めて「ほんとうに」横断したと主張した。彼もまたラクダに乗って大移動をし、アラビアの権威となったが、イギリス政府と衝突し、いささか不遇な生涯を終えた（とはいっても、反逆者に

1900年に初めて砂漠に旅行した際、レバノンのクベット・デュリス墳墓遺跡を訪れたガートルード・ベル。その後、中東を歴訪して、探検と政治の世界で伝説の人物となる。

1932年、ラルフ・バグノルドと8人の隊員が、エジプト南部の三日月形の砂丘のふもとで、A型フォードを駐めてキャンプをしているところ。この時の遠征では、それまで車など入ったことのない地域を800キロメートル以上走破した。「悪路」ではあったが、重大な故障もなくすんだ。

してスパイだった息子キムに比べれば大したことはない)。

ラルフ・バグノルドは、現代の砂漠旅行の事実上の考案者だ。サハラ砂漠は地球上で最大の砂漠で、バグノルドは1926年にこの砂漠の探検を開始し、それまで車で行こうとは誰も考えたことのない場所へ、T型とA型フォードを持ちこんだ。彼は優秀な科学者でもあり、考古学的遺跡の確認だけでなく、砂丘の実態について数々の発見を成しとげた。さらに第2次世界大戦時には、彼が〈長距離砂漠部隊〉を編成することになる。

ウィルフレッド・セシジャーは砂漠を愛し、アジアとアフリカの多くの砂漠を横断した。かつて、ボルネオの熱帯雨林で、彼が編者の探検隊に短期間だけ同行したことがある。その時に、ここをどう思うかと訊くと、「水がもっと貴重な地域の方が好きだ」と答えた。セシジャーはその著書『アラビアの砂漠』で有名だが、これほどみごとにルブアルハリ砂漠の本質を捉えた書は、空前絶後である。

ジャスティン・マロッツィ

ハインリヒ・バルト

サハラ砂漠を横断

(1821 ～ 65)

科学と人類のために、すべての民族は
共通の利益のために一致団結しなくてはいけない。
それぞれが、自らの性質と欲求に応じて責務を果たすのだ。
ハインリヒ・バルト
『旅行と発見』(1857 ～ 58 年)

灼熱の砂の中で名をあげた19世紀の大勢の砂漠探検家の中で、ドイツ人ハインリヒ・バルトこそ、探検史上屈指の偉大な人物であることは確かだ。彼の行なった業績はもとより、行なわなかった点についても見事なのである。こんにち、イギリスが率先して行なった世界探検について、その高邁な動機を無視してでも、帝国主義の野望として非難するのが流行りになっている。しかし、奴隷貿易を抑えようとする面も少なからずあったのであり、バルトがアフリカ探検史に名を残す場となったサハラ砂漠は、その貿易の通路となっていたのだ。

当時の威勢の良い探検家たちとはちがって、バルトは学識豊かな研究者であり言語学者だった。彼の人類学的な調査は、今日もなお、アフリカの土地・民族・言語に関する権威ある研究となっている。バルトの代表作『北及び中央アフリカの旅行と発見――英国政府協讃のもと実施された探検日誌、1849 ～ 1855』には、人間味あふれる心の動きが表われている。

時代に先んじて、遠征中に出会ったアフリカ人に尊敬の念を示し、多くの人と友情を結び、アフリカの歴史・文化・言葉に魅せられている。全5巻で3,500ページに及ぶ大著で、今も必読の文献である。ケルンにあるバルトの名にちなんだ施設――「旅行と執筆によりアフリカに学際的研究の基盤を築いたハインリヒ・バルトの精神に捧げ」られた施設――には、現在も彼のおびただしい業績が讃えられているが、それも当然であろう。

バルトは1821年にハンブルクで生まれ、ベルリン大学で古典を専攻した。教授陣には、地理学者で科学者のアレクサンダー・フォン・フンボルト(本書232頁)、「科学的」歴史研究の権威であるレオポルト・フォン・ランケ、哲学者フリードリヒ・フォン・シュレーゲル、言語学者のヤーコプ・グリムのような、錚々たる知の巨人たちが並んでいた。このような人たちのおかげで、若きバルトは、のちに役立てることになる知識を獲得できたのである。

1854年、ロンドンでアウグスト・ペーターマンが刊行した『リチャードソン、バルト、オーフェルヴェーク、フォーゲルの諸氏の監督のもと、イギリス外務省の命により実施された中央アフリカへの探検に関する報告』の口絵。左下がバルト。

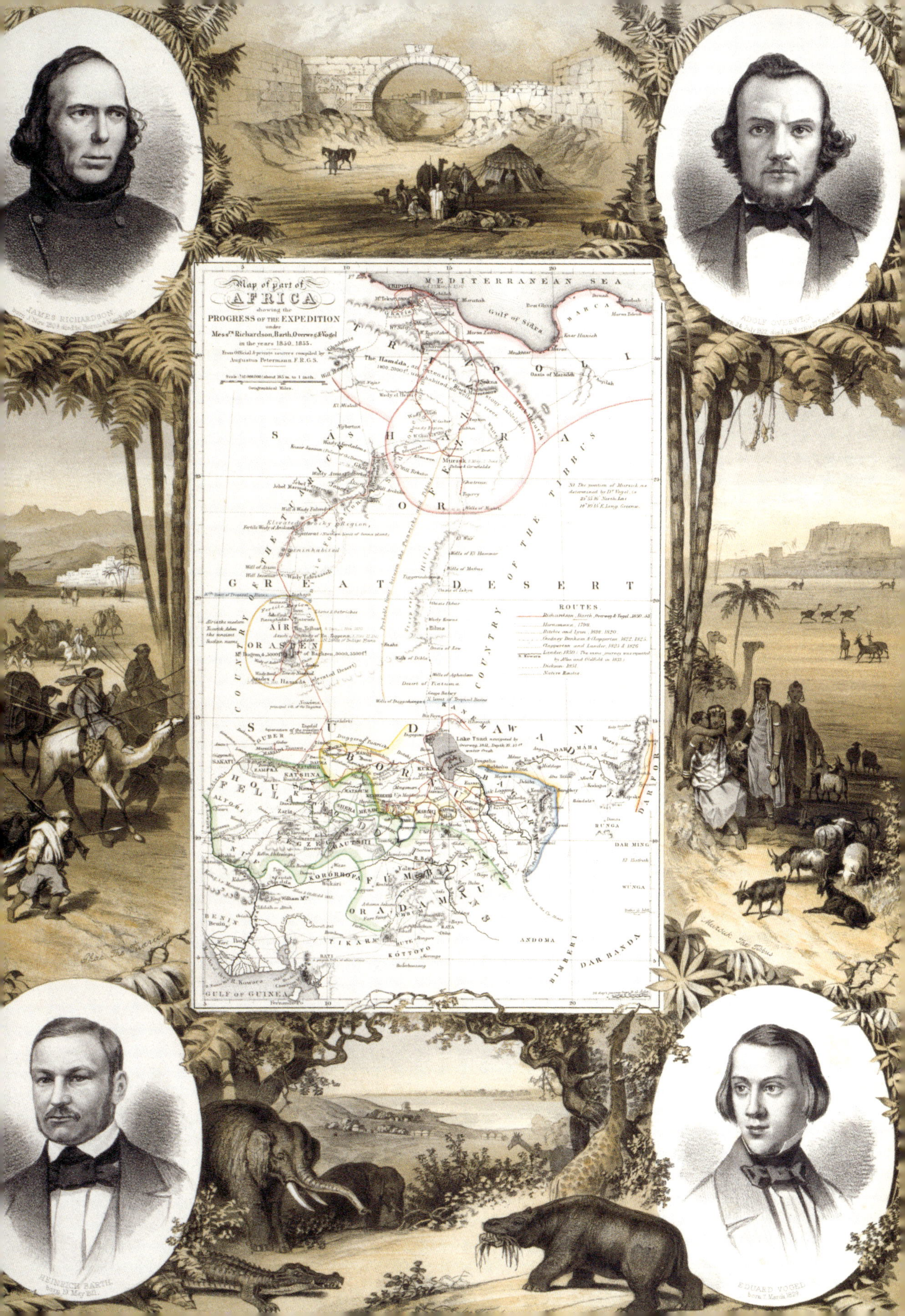

Map of part of
AFRICA
showing the
PROGRESS OF THE EXPEDITION
under
Mess.rs Richardson, Barth, Overweg & Vogel
in the years 1850_1855.
From Official & private sources compiled by
Augustus Petermann F.R.G.S.
Geographical Miles.
MEDITERRANEAN SEA
Gulf of Sidra
GREAT DESERT
COUNTRY OF THE TIBBUS
ROUTES
Lake Tsad
GULF OF GUINEA
JAMES RICHARDSON
HEINRICH BARTH
EDUARD VOGEL
born 7 March 1829

バルトはフランス語・スペイン語・イタリア語・英語に堪能で、さらにアフリカ遠征に備えてアラビア語も習得して、イスラム世界の諸国を歴訪する。1844年に大学を卒業したが、主にイギリスの主導で、ヨーロッパがアフリカ探検でいちばん盛り上がっている時期で、王立地理学協会が独自の調査を行なっていて、世界中に探検隊を送っていた。

オーフェルヴェークに解放され、バルトにヨーロッパまで連れてこられた元奴隷のアベッガとダイレッグの二人。

1820年代のイギリスの探検家としては、ウォルター・オウドニー博士とヒュー・クラッパートンがいる。ふたりはチャド湖の湖岸地図を作成した時の探検にも加わっていたが、（リビアの）ガートにあるオアシスを調査し、政治・貿易・民族にかかわる貴重な数々の情報を持ち帰った。アフリカは、否応なく外の世界と接触することになっていく。

初のアフリカ進出

バルトはすぐさま探検に参加した。ロンドンでアラビア語を学んだのち、1845年に初めてのアフリカ探検に出発した。モロッコの港タンジールから東進して、バーバリ地方とリビアのキレナイカ地方を通り、エジプトに到着したが、盗賊に襲われて負傷した。19世紀の冒険にはつきものの災難だった。バルトはナイル川を遡上してワディハルファの町までたどり着き、さらにシナイ砂漠を渡ってパレスチナに入った。パレスチナ、シリア、トルコ、ギリシアをまわって重要な体験を重ね、1847年にベルリンに帰ってきた。それから2年、『地中海放浪記』という控え目な書名で探検記を出版した。こうして顔見せで存在感を示すと、一気に名が売れ、もっと本格的な探検に臨む覚悟が決まった。

イギリス人のアフリカ探検家のなかで、バルトのその後の人生において決定的な役割を果たすことになる人物がひとりいる。奴隷貿易に対して熱く頑固なまでに反対の狼煙を上げているジェイムズ・リチャードソンは、すでに北アフリカ探検を行なっていた先覚者で、その体験は、手に汗握る『1845年及び1846年のサハラ大砂漠旅行記』となって結実していた。

最初の探検では途中で断念せざるをえない情況に追いこまれ、それに忸怩たる思いを抱いていたが、1849年にパーマストン首相から要請を受けて、「アフリカ北部を抜けてサハラ大砂漠へと至り、さらに南下して、可能ならチャド湖まで行き、諸国の情勢についての詳細な情報を得るとともに、アフリカ諸国とヨーロッパの交易を奨励することによって、アフリカ奥地の奴隷貿易に代わる合法的な貿易を実現するための大規模な探検」を行なうことになった。要するに、地中海とニジェールの間に「正規の確固たる」関係をつくるということであり、これは飛行機を利用しなければ、実際には実現不可能な目標だった。

中央アフリカ探検隊

プロイセンの大使が先鋒に立ち、アレクサンダー・フォン・フンボルトが全面的に支援したロンドンでの政治的駆け引きによって、結局、バルトとその同僚でプロイセン人の天文学者アドルフ・オーフェルヴェークが任命されて、リチャードソンの二度目の探検に同行することになった。これが1850年から翌年までの大規模な〈中央アフリカ探検〉で、バルトの有名な数々の発見を生むことになる。

この探検について、公式文書にはこう記されている。「リチャードソン氏にはプロイセンの紳士2名が同行する。著名なアフリカ旅行者であるベルリン大学のバルト博士と、地理学者でベルリン地理学会会員のオーフェルヴェーク博士の2名である。両名はリチャードソン氏に同行するためプロイセン政府によって選出されたが、職責及びイギリス政府の保護下での探検である点については、リチャードソン氏と同等の立場に置かれる」。

壮大な名称を背負った探検隊は、1850年にトリポリから南下していった。出発と同時に問題がいくつも襲ってきたが、特に健康問題が絶えずつきまとった。一行はガリアン丘陵を抜け、殺伐としたハマダ・アル・ハムラ（「赤い平野」）を横断し、サハラで奴隷貿易の中心地となっていたムルズークのオアシス地帯へと至り、南下を続けて、現在のリビアとアルジェリアの国境に近い、ガートの鄙びた集落に到着した。

さらにアイル山地を通過しアガデズまで来た時に、一行は意見の対立から二つに分裂した。リチャードソンの気まぐれで強引なやり方にも原因があった。気配りは不得手だったのだ。分裂後、バルトはナイジェリア北部のカーノを目指し、リチャードソンは東に向かったが、1851年3月4日、チャド湖の西にあるクワカから6日間進んだウングルルワで、熱病と極度の疲労に倒れた。バルトは無花果の樹の下に眠る短気だったイギリス人の墓を見つめながら、言葉をうまく選んで、胸中をこう綴っている。

「私のものの見方は、探検に同行していた同僚とはまったく同じではなかったので、ちょっとした言い争いになることはあった。しかし、彼がアフリカの人たちの苦悩に対して深い同情を寄せていたことに私は尊敬の念を抱き、その死を深く悼むものである」。

それからは、バルトが探検の指揮をとった。オーフェルヴェークとともに、チャド湖の北、西、南側の地域を調査した。リチャードソンの急逝から18カ月後、オーフェルヴェークもチャド湖の近くで亡くなった。

ふたりの得難い仲間を失った後、バルトにあのような勇気と先見の明がなかったなら、この探検は、失った人命の点でも、経費の点でも、犠牲の多い失敗となっていたことだろう。しかし、有能な探検家のご多分に漏れず、バルトは怯むことなく前進を続けた。

サハラ砂漠の探検だけでも刮目すべき鴻業だが、バルトはチャド湖周辺の地域やバギルミから、西はティンブクトゥ、南はカメルーンまで調査をした。語学に堪能で、各地の歴史と言葉に魅せられて、ボルヌ、カーノ、ソコト、ガンド、ヌーペイ、ティンブクトゥといった昔のスルタン国を旅し続けた。

伝説の都市ティンブクトゥに行くために、アブド・アル・ケリム（「慈悲深き者の僕（しもべ）」）と名乗り、旅行中のイスラム教徒を装った。「このおかげで、地元の人たちの尊敬を得られた。彼らは私の心配をしてくれて、私が重い病気になった時には『アブド・アル・ケリムを死なせるわけにはいかない』とよく言っていた」とバルトは書いている。

1853年にティンブクトゥにたどり着き、世間を驚かせたが、周囲を欺いてでも探検する価値はあった。フランス人探検家ルネ・カイエ〔アラブ人を装ってティンブクトゥに入ったことがある；1799～1838〕の報告を確認することもできたし、ベヌエ川が上流でニジェール川の支流になっていることと、シャリ川がチャド湖に注いでいることも明らかにすることができた。

「1853年９月７日、ティンブクトゥに到着」。この伝説の都市に滞在中、バルトは慎重に気を配りながら、学識を感じさせるふるまいを見せたために、それ以前の旅行者らとはちがい、身に危険を覚えるようなこともなく、またいかにも探検家らしいさまざまな熟達した技術をみせた。バルトのスケッチをもとにJ・M・ベルナッツが描いたもの。『北及び中央アフリカの旅行と発見』第４巻所収。

数多い業績のひとつとして、アフリカ探検で大きな謎とされていたニジェール川中流の初調査もある。

心が広く、好奇心旺盛で、人間味のあるバルトは、数多くのアフリカの指導者や学者らと親交を結んだ。ティンブクトゥでは、著名な精神的指導者であるアーメド・アル・バッカイ・アル・クンティと懇意にしていたおかげで、命拾いをしたこともあった。

バルトはまた、荷を運搬する家畜とも強い絆を結んだ。ラクダというのは何かにつけてバカにされたり貶(おとし)められたりすることの多い動物だが、彼以前の探検家とは違い、バルトはラクダを怒鳴ったり、悪く言ったりすることはなかった。このバカにされてばかりいる家畜をバルトが誉めているので、ラクダとともに長距離の旅を経験した人たちは、みな、今でもこれを読むと嬉しくなってしまう。

ヨーロッパ人はラクダをまともに扱えないくせに、よくラクダをバカにしているのではないかと私は思う。私はトリポリから私自身や重い荷物を運んでくれたこの高貴な動物をいつも聡明な仲間として扱い、自分の食べているオレンジの皮（ラクダはことのほかこれが好物だった）をやったり、ナツメヤシを少しやったりした（すると必ずその美しい首をぐるりと回した）。その忠実な姿は、私の旅行の楽しい思い出として、いつまでも記憶に残ることだろう。

再度サハラ砂漠を横断して、1855年にバルトはイングランドに戻ったが、長期間にわたって音信不通だったために、イギリス政府は、彼が死んだか行方不明になったものとみていた。じつは、バルトは研究に没頭していたのである。

功績と賞讃の声

この一度の探検で陸路を1,600キロメートルも走破したのも驚異だが、バルトが偉大な探検家と見られるための礎石となったのは学術的成果なのだ。バルトは系統立てて調査研究する能力が抜群であり、荒涼たる大地を歯を食いしばりつつ歩いている時の精神力には、体力に劣らず凄まじいものがある。

『北及び中央アフリカの旅行と発見』は万人が読んで楽しめるものではない――1857～59年の刊行時には、読者の大半が恐ろしくつまらない本だと思った。また、集中力の持続時間が短くなっている現代人には読むのが辛い本だ――が、その場の様子などがありありと目に浮かぶ効果的な図版が配されていて、歴史・地理・地形学・人類学・交易・哲学の傑作である。

さまざまな面でバルトは、サハラ砂漠とスーダンについて、それまでヨーロッパ人には知られていなかったほど完全な形で情報を持ち帰ったのである。訪れた地域と民族の歴史に関する徹底した調査の成果として、『タリクー・アス・スーダン』（スーダン史）の発見およびボルヌ王国の発見がある。また、チャド湖周辺の地域だ

ムスグン族の住居の内部。チャド湖の南、現在のナイジェリアにあたる。バルトは探検中にボルヌ族がムスグン族を襲撃するところを目撃した。サハラ砂漠をはさんで行なわれていた奴隷貿易の野蛮な実態を垣間見たわけである。

けでも、40種類のアフリカの言語を特定して資料をまとめた。王立地理学会は、すぐにバルトの5年におよぶ探検の価値を認めて、〈ヴィクトリア・メダル〉を授与した。イギリス政府は〈バース3等勲章〉を授けた。

1858年に小アジアを訪れた後、1860年代のバルトは、自分で集めた資料をもとに、中央アフリカの言語の研究に心血を注いだ。1863年にはベルリン大学の地理学教授およびベルリン地理学会会長に就任。みごとな人選だった。1865年、44歳にしてこの世を去る。

バルトの遺した仕事は、優しい気持ちをもった探検がどれだけ成果をあげられるかを示す記念碑のようにそびえている。代表作の序文にはこう書かれている。

> *もし、大勢の人たちの目の前に生き生きとした新しい絵をうまく置くことができて、あの野蛮で下品に見える人種を、もっと高度な文明をもつ民族の歴史と触れあうようにできたなら、これまで私が経験した苦労と危険も、十分に報われるだろう。*

バルトは立派にそれを成しとげたのである。

上：リビアのワジ・テリサゲ（テリッツァレン）で、砂岩の絶壁の間にある岩板に刻まれた絵と壁面彫刻（後方）のスケッチ（1850 年）。バルトはこの「みごとな腕前の」絵と彫刻の虜になった。

下：チャド湖附近の象の群れ（1851 年）。バルトはチャド湖周辺を調査して、非常に有益な情報をもたらした。探検中に本国に送った中央アフリカの地図は、「アフリカ旅行をした誰のものよりも緻密で完成度が高い」と評された。

ジョン・ロス

チャールズ・スタート

内陸海を探し求めて

(1795 ~ 1869)

あれほど金も使い苦労もして手に入れた土地を
1インチだって手放すくらいなら、砂漠の中で
白骨死体になったほうがましだ。

チャールズ・スタート
『中央オーストラリア探検譚』(1849年)

政府の行政官としてのチャールズ・スタートの人生は、30年以上にわたり、オーストラリアの奥地で内陸海を見つけ出そうという執念によって活気を得るとともに、脅かされもした。3度の探検は、暑さと渇きと疲労によって隊員の命を奪われるか、さもなければひたすら堪え忍ぶ苦痛を味わうかのいずれかで、言語を絶する冒険だった。しかし、マリー川のような大河を下る探検をはじめとする数々の業績も、夢にまで見た海を発見できないために、彼の心の中ではかすんでいた。

スタートは1795年、インドに生まれた。裁判官の長男だった。イングランドで教育を受け、第39連隊の歩兵少尉に任命された。大尉の時には囚人を船に乗せてオーストラリアのニュー・サウス・ウェールズに向かう部隊の指揮をとり、1827年5月に現地に到着。オーストラリアでは総督サー・ラルフ・ダーリンの秘書官となり、すぐに内陸探検の許可を求めた。

スタートは、オーストラリアの地理の神秘と未知の奥地の謎にすっかり心を奪われて、謎を解明したいと思った。1818年、ジョン・オクスリーがニュー・サウス・ウェールズの奥地にある何本もの川を発見したが、湿地帯から出られなくなっていた。内陸にある海は地平線の向こうにあると考えられていた。

干上がった大地

スタートはマクォーリー川の流域を調査する許可を与えられ、1828年11月10日にシドニーを出発した。ベテランの探検家ハミルトン・ヒュームを自分の右腕とし、下士官3人と囚人8人で探検隊を編成した。12月にマクォーリー川の上流からはじめて、日照りと熱に焦がされた土地を抜け、かつてオクスリーの行く手を阻んだ広大なマクォーリーの湿地帯の北限を突きとめた。茫漠と広がる葭(ヨシ)の湿原と大河を避けて、一行は西に方向を変え、水たまりが連なっているにすぎないような川をたどっていくと、ボーガン川にぶつかった。

1829年2月2日、一行は南西へと流れている「高貴な川」を見つけて、目を瞠(みは)った。スタートはダーリン川と名づけた。皆、渇きを癒そうと川に向かって走っていったが、川の水は塩辛くて飲めなかった。それからダーリン川を下流へとた

S・T・ギルのこの水彩画にはオーストラリア大陸の広がる砂地と遠い地平線、酷熱と重苦しい孤独感が描かれている。なお、この絵は 1849 年ロンドンで刊行された最後の探検記『中央オーストラリア探検譚』の口絵用にスタートが描いたスケッチを下敷きにしている。

どっていき、7日目に、スタートとヒュームは、この暑さとハエの大群に加えてまともな飲料水もない状況では、とうてい調査を続けられないと断念した。ハリス山のベースキャンプに戻ると、進路を西にとり、カースルレー川の流れに従って北上すると、この川もマクォーリー川と合流していた。全体像を把握するために、一行は戻って、マクォーリー湿地帯の東側を調査した。

スタートはニュー・サウス・ウェールズの北部を流れる重立った河川群を略図に描き、それまで知られていなかったダーリン川を発見していたが、肥沃な土地は見つからなかった。なによりも内陸海が見つからないことに彼は苛立った。それでも、ダーリン川をたどっていけば秘密は明らかになると思っていた。総督は肥沃な土地を求めていて、スタートには、もっと南部にあるが、やはり内陸へと向かっているラクラン川とマランビジー川を調べるように指示した。スタートは、もしマランビジー川が通行不能の場合だけ、ダーリン川の南の流域に行ってもよいと言われた。

新たな探求

1829 年 11 月 3 日、スタートと隊員らは出発し、現在のガンダガイの町に近い辺境の地まで来ると、未知の地域へと向かっていった。一行はスタートの言葉を借りると「野性的なロマンティックで美しい」景色の中を流れるマラムビジー川に邂逅した。川幅は25メートルほどあり、流れは速かった。この時スタートは、8メートルの折りたたみ式ボートを持ってきていたが、流れを見てボートはやめて、荷車を牛に曳かせて土手をとぼとぼと進んだ。1830年1月6日、やっとスタートは葭(ヨシ)のおおい繁ったマラムビジー川にボートを浮かべ、7人を選んで「いちかばちかの冒険」に同行させた。結局、その細長い船体のボートは葭の湿原を切り抜けて、速い流れに後押しされ、時には枝が頭の高さまで垂れ下がっていることもある鬱蒼とした川を突き進んでいった。

2月14日、彼らはぐいぐいと引っ張られるように流されて、スタートのいう「大きな気品のある川」へと出たので、驚いてしまった。川は植民地の総督サー・ジョージ・マレーにちなんで、マレー川と名づけられた。

一行はこの「表街道」を悠然と進んで行った。平穏を乱すのは堤防に現われる、武器を持ち、顔に絵の具を塗った先住民の一団だけである。探検隊は銃に弾丸をこめて襲撃に備えたが、スタートが上流で親しくなっていたひとりの先住民が藪の中から姿を現わし、その部族の族長を説得してボートを通過させてくれた。間もなく、北から流れてきている川との合流点に来た。スタートはダーリン川だと判断したが、

スタートが2度目の探検をしている時に、中央オーストラリアを転々としているアボリジニのこのキャンプに出くわした。彼のスケッチをもとにしてS・T・ギルが水彩画を描いた。スタートの探検隊は何度もそういう出会いを果たした。

デポー・グレン。チャールズ・スタートによる単色の水彩画。1844 年、最後の探検の際にスタートらが身動きがとれなくなったダーリン川岸辺の場所。乾ききった地域でいつも水のある唯一の場所があったため、彼らは地下壕の中で半年間暮らした。

その通りだった。

広々とした何もない大地の中を浅く穏やかな川下の流れにのって進んでいたが、新鮮な食べ物もなく、またマレー・コッドという川魚はもう食べる気がしなくなって、にわかに探検が不快な旅になった。川は細くなっていき、最後には大きな浅い湖に流れこんでいた。王女にちなんでアレクサンドリーナと名づけた。王女はのちのヴィクトリア女王である。苦労のすえ、やっと砂丘を越えて南の海に出たが、川に出る部分の水深が浅すぎて、残念ながら船が通れないことがわかった。そこからは恐ろしいことに、1,500 キロメートルも流れに逆らって進まなければならない状況になった。しかも、白鳥を捕まえては食事に多少の変化をつけることはあったが、毎日わずかな小麦粉と塩漬けの肉だけしか食べられなかった。明け方から夕方まで交替で船を漕いで、32 日かかってマラムビジー川に戻った。マラムビジー川は流れが速く、逆らって漕ぐのは不可能に近かった。

スタートは隊員たちについてこう記している。「みんなの腕にはもう感覚がなくなったようにみえた。顔はげっそりとやつれ、体はやせおとろえ、元気はなくなっていた」。出発点に戻ってくると、彼は頑健な二人の隊員を 120 キロメートルほど離れた一番近い基地まで派遣した。4 月 18 日、最後の小麦粉が底をついた時に、二人はよろめきながら、全員が無事に残りの旅を終えられるだけの食糧をもって帰ってきた。

最後のチャンス

内陸に海が見つかる望みは薄くなったものの、すっかり消えたわけではなかった。しかし、スタートの人生は、つまらないことの多い官僚的な生活へと落ちついていった。病に倒れてイングランドに帰国し、一時期は視力を失うこともあった。1834年にチャーロット・グリーンと結婚してすっかり健康を取り戻し、ふたりでオーストラリアにまた戻った。

1843年、サウスオーストラリア州で下級の役人におさまっていたスタートは、名を上げる最後のチャンスとして、《植民省》に特別な計らいを求めるしかないと思った。まだ内陸に海があると信じていたので、オーストラリア大陸の未知の内陸全域を探検調査する計画を練った。その計画は規模を縮小され、中央部分の地域を探査して、山脈の存在を確認することになったが、スタートには名誉と主張を証明する機会が与えられたのである。

1844年8月10日、スタートは隊員15人、荷車6台、ボート1艘、羊200頭とともにアデレードを発った。一行はマレー・ダーリン川の流れに沿って北へと進み、デポー・グレンで水のある場所を見つけた。干上がった地域で唯一の給水場所である。ところが、悪天候が一行を襲い、そのまま地下壕で半年間足止めを食うことになった。「まるで極地で越冬するみたいに閉じこめられてしまった」のである。暑さと羊肉とパンだけの食事は耐えがたく、壊血病にもなった。全員が健康を失い、副隊長のジェイムズ・プールが亡くなった。

最後に一行は大雨に救われることになる。北西へと進み、基地を建設して〈フォート・グレイ〉と名づけた。ここからスタートは探し続けている内海を求め、内陸へと800キロメートルの最後の突進を企てる。ところが、行けども行けども砂丘が浪のように立ちはだかり、しまいには茫漠たる岩肌の大地、現在の〈スタート石質（ストーニー）砂漠〉が現われた。マレー川に戻ると、つぎにジョン・マクドゥアル・スチュアート（のちにオーストラリア大陸を横断する人物である）とともに内陸へ最後の遠征をしようとしたが、それは認められなかった。隊はアデレードに向けて出発し、途中でスタートは壊血病にかかったが、1846年1月19日に到着。

スタートの晩年は名誉も与えられ、満足できるものとなった。イングランドに帰ると植民地を統括する長官に任ぜられ、また最後の探検記を完成させ、王立地理学会からは〈創立者メダル〉を授与された。引退後はイングランドのチェルトナムに住んだ。ヴィクトリア州とクイーンズランド州の州総督への就任も求めたが、それは実現しなかった。1869年、友人らに嗾（けしか）けられてナイトの勲位を求めたが、手続きが終わらないうちに世を去った。ヴィクトリア女王は未亡人に〈レイディ・スタート〉〔夫がナイトの勲位を授与された場合の夫人の敬称である〕の呼称を認めた。

彼が船には利用できないと思ったマレー川は、オーストラリアで最大の内陸水路となり、川船が主流となった70年ほどの間は、乗客と巨大な貨物を運んだ。

ジャスティン・マロッツィ

ガートルード・ベル

中東の詩と政治

(1868 ～ 1926)

彼女の中の何かの力によって東方への愛情と
現実的な目的が結びつけられたのだが、ある重要な目標が
出てきたので、難儀な仕事にも堪え、失望が続いても落ち着きを
失わず、理想主義を理想に終わらせず、東方に魅せられた
イギリス人には珍しいしっかりした性格の持ち主である。
『タイムズ』紙（1926年7月13日）

王立地理学会の〈オンダーチェ講堂〉は、ロンドンで最良の講堂であり、屈指の威厳に満ちた演説会場でもあるが、ここに一歩足を踏み入れると、バートン、フランクリン、スコット、シャックルトン、スピーク、スタンリーといった、過去の大探検家の名前がぐるりと壁に並べられていて、身が縮むほどドキドキし、不思議な感覚に捉えられる。しかし、ここにはほとんど女性の名前は見られない。この勇ましい時代の探検は、ごくわずかな例外はあったものの、男の世界だったのだ。

その中で、ひとりの名前がその世界に風穴をあけている。ガートルード・ベル。アラビア学者にして、探検家、登山家、考古学者であり、作家、詩人、情報収集のプロ、さらに57歳で悲劇的に終えなければならなかった人生には、それだけではまだ足りないといわんばかりに、現在のイラクの建国者のひとりにもなっている。

1906年6月、トルコのデグヒルでキャンプのテント前に立つベルとファットゥー。アレッポから始まり、イラクのチグリス川を経由してトルコのコニヤ市に至る波瀾万丈の旅が終わろうとしていた。

1868年、ベルは裕福で身内に有力者が大勢いるイングランドの大実業家の家に誕生し、何でも最初にするのが当たり前のようになった。オクスフォード大学で現代史を最初に修めた女子学生となり、王立地理学会から賞を与えられた最初の女性となり、イギリス軍情報部では初の女性将校となった。アルプスでも、ある重要な登山を最初に成しとげている。男性の世界とされる分野で苦労しながら勝ち得たこのような経歴の持ち主なので、その後、女性の参政権を求める運動に徹底的に反対し続けたのには、驚きを禁じえ

ペトラ遺跡（宮殿墳墓とコリント式墳墓など岩を掘った墓）。ベルのキャンプが手前に見える。大胆で怖いもの知らずの旅行者であり探検家だったベルは、根気のある優秀な考古学者でもあった。

ない。

イギリス人のアラビア研究者や砂漠の探検家は大方がそうだが、ベルも東方の魅力に抗（あらが）うことができなかった。32歳の時に初めて砂漠に行った。ラクダに乗ってシリアを横断したのである。東洋について彼女はこう記している。「これほど私の心を捉えるのは、人であれ物であれ、他にはないと思ったし、将来もないと思った」。愛情はいつでも逃げていくとは限らないが、彼女の愛する男性は、彼女と結婚する前に死んでしまうか、さもなければ結婚しているか、あるいは結婚していて死んでしまうかだった。

そこでベルは、あのわくわくするくらい問題の多いイギリスの砂漠探検家たち――同世代のT・E・ロレンスや、後の世代にはウィルフレッド・セシジャー（本書225頁）がいる――の中に名を連ねることになるのだ。個人的な幸せが砂漠での仕事の成功に追いつくことはなかった。大きな犠牲を伴なったのである。仕事の面では努力が実を結んだが、ベル個人としては、生涯満たされることはなかった。何度か望みのない恋愛にちょっと手を出してみることはあったが、生涯をともにする相手には恵まれなかった。

ある友人がベルにこう言ったことがある。「孤独には詩と美しさがある」。たしかにそれはあったし、今も珍しいことではないが、ベルはそんなものが欲しかったわけではない。夫と子どもが欲しくて仕方がなく、ごく内輪の人たちには、私はただ「生存を続けているだけ」だと漏らしている。しかし、それにしてはみごとな生存だ！　この負けん気の強い女性には、とてつもないエネルギーと精神力が秘められていたのである。彼女には、東洋の言語を身につけられる知力と才能とともに、世界中のどこに行っても友だちを作れる、そして刺戟を与えられる才能があった。

「ねえ、ペルシアの庭でプラタナスの樹の間にハンモックを吊るして寝そべってハーフィズ〔ペルシアの叙情詩人：1326頃～89頃〕の詩を読むなんて、心が洗われる気がしない？」と、友人と家族に宛てた1,600通を超えるすばらしい手紙の1通に書いている。

ペルシア語を学びはじめて2年もたたないうちに、この大詩人の翻訳をしている。彼女の英訳したハーフィズの詩は今も名訳とされており、彼女を当時の代表的なオリエント学者とみる人は多い。同じくペルシア文学の権威であるエドワード・ブラウンは、彼女の英訳を「これまで英語に訳されたペルシアの詩の中で最高の、しかも本当に詩になっている翻訳だ」と評価している。

ハイールへ

1913～14年の画期的なベルのアラビア旅行では、単身で、ダマスカスから、現在のサウジアラビアのネフド砂漠にあるハイールの要塞まで行ったのである。すでに何度も無謀なくらいの大胆な旅を重ねていたが、この時は徒（ただ）ならぬ旅行で、妻ある身の陸軍将校チャールズ・ダウティ・ワイリーとの不倫騒動から逃れる目的もあった。ダウティ・ワイリーは1915年にガリポリで戦死するが、その武勲によりヴィクトリア十字勲章を授与される軍人である。

コンスタンティノープルの英国大使であり20年来の友人であるルイス・マレットは、遠国への旅行者に対して旧態依然とした外務省の姿勢をくずさず、あらゆる責任を認めようとしない人物だった。暴虎馮河（ぼうこひょうが）の勇をふるうベルは、小型の経緯儀をたよりに危険な旅を続け、オスマントルコからもイギリスからも保護を必要としない旨の書類にサインしていた。遠征に出る前に、王立地理学会から測量技術と地図投影法について教えを受けていた。

南に向かっている時に、彼女は、友人で元『タイムズ』紙の在外編集長だったヴァレンティン・イグネイシアス・チロルへの手紙で、こう心の内を語っている。

わたしは今初めて独りでいて孤独がわかりました。何日も何日もラクダの背中に乗り、冬のキャンプでは長い夜を過ごしていると、わたしの心はキャンプファイアをふらふらと離れて、あまり切ない思いをせずにすみそうな場所へとさ迷いこんでしまいます。とても翌日まで持ち越せそうもないほど沈んだ気持ちを引きずってベッドに入ることが時々あります。やがて穏やかに優しく夜が明けて、広い平野に日射しが忍び寄り、小さな盆地の長い下り坂を照らし出し、最後にはわたしの暗い心の中にもそっと入りこんできます。（中略）*わたしにで*

きるのはそんなところです。孤独によって、少なくともちょっとした智慧を教えられ、人に従うことも、どうやって泣かずに苦痛に耐えたらよいかも教えられました。

1913年12月、ベルはエッドゥルーズ山地とワジ・シルハーンの間にある火山の多い地域に行き、ローマ時代の要塞を発見し、3世紀のローマ皇帝ディオクレティアヌスの碑文を書き写すために、カスル・アル・アザクに留まった。ネフド砂漠の一筋縄ではいかない砂丘をなんとか切り抜けて、やっとハイールに到着したが、ラシード家の血で血を洗う内部抗争が熾烈を極めている時期にぶつかってしまい、ベルは軟禁状態におかれた。節度をわきまえた行動と威風堂々たる雰囲気とが相俟って、彼女の身に危害が及ぶのを阻止してくれた。1893年以来、ハイールを目にしたヨーロッパ人はひとりもいなかった。以前、この土地に足を踏み入れたことのある女性はたったひとり、レイディ・アン・ブラントだけだった。

西はヒジャーズ鉄道から東はシルハーンとネフド砂漠の間に住む民族についてのおびただしい情報をもって、ベルはイギリスに帰国した。アラビア半島で勢力争いをくり広げるラシード家とサウド家の関係について鋭い見方も示した。これは、彼女が行なった地図の作成と測量とともに、イギリス軍をパレスチナに侵攻させるための径路の情報を欲しがっていたイギリスにとっては、この上なく価値のある情報だった。王立地理学会は〈創立者メダル〉を彼女に授与して、その功績を顕彰した。

1914年3月、サウジアラビアのハイールで市壁を前にしたベルの隊員とラクダの一行。中東を幾度も訪れたが、この伝説の都市への遠征は測量技師・探検家・諜報部員・外交官としてのすべての才能が要求され、彼女の旅の中でも群を抜いて危険性が高く、また最も成功した旅となった。

上：ベルが撮影したハイールの町の住民。

下：ムハンマド・アル・ラシードに贈与されたチェルケス人の女性、トゥルキイェフ。ハイールにて。「この女性はその体重分の黄金の価値があるのだと、わたしはのちに知った。彼女はとても話し上手で、一緒にいてとても楽しかった」。

中東の政治

1915年からベルは、中央アラビアから送られてくるあらゆる報告書を翻訳した。2年後、中東での豊かな経験をもつ彼女は、植民地行政官サー・パーシー・コックスのオリエント担当秘書官に任命され、バグダッドに住んだ。1917年3月にモード将軍の率いるイギリス軍が市内に進軍して来た時に、父親に宛てた手紙にこう記している。「ここをアラブの文明と繁栄の中心地にできると、わたしは思っています」。

ベルは果敢に中東の政治に身を投じた。その幅広い知識と語学力、不屈の精神力は、異国の世界で身の毛もよだつ冒険をこなす、時代を間違えたような恐れ知らずの度胸も加わって、当時の人たちなど相手にもならない能力となった。ベルを見ていると、アラビアのロレンスなど単

1916年、イブン・サウードのバスラー訪問（左からアブドル・アジズ・イブン・サウード、サー・パーシー・コックス、ガートルード・ベル）。ベルは型破りではあったが、優秀な役人だった。

なる物好きな素人にしか見えないことがある。

驚くことではないが、彼女は仲間たちからの受けは良くなかった。イラクの民政長官だったサー・アーノルド・ウィルソンの下で仕事をしていた時には、イギリスの名誉を傷つけるような手紙を大勢の人たちに書き送っていたのだから、現在ならどんな上司からも解雇を言い渡されるところだ。

1916年に植民地宗主国の間で国境線を決めた、悪名高いサイクス・ピコ協定のイギリス側の代表サー・マーク・サイクスは、妻に宛てた手紙でベルをこき下ろしている。「たわごとばかり並べるうぬぼれ屋の、感情むき出しで、胸がぺちゃんこの、男みたいな女みたいな、尻をふりふり世界中をほっつき歩いているおしゃべりメス豚！」。ベルは、バカな連中には容赦がなかった。

第1次世界大戦が終結すると、滅びたオスマン帝国を少しきちんと、もっと整った形に再編しようという動きが出てきた。少なくともそういう考え方があった。そこでベルを昂奮させる話が持ち上がる。イラクの国境の線引き――クルド人、スンニー派、シーア派のアラブ人がからんでくる――を設定するのだが、この問題は現在まで尾を引いている。ベルの事務所にも自宅にも熱心な族長らが次々に押しかけてくるのにも、彼女は満足した。ベルは「あの人たちが大好きです。わたしはイラク中のどんな族長も知っています」と記している。

たしかにその通りではあったが、イラクが建国され、ファイサルが王位に即くと、ベルは1920年代には、事実上、イラク政府での役目を終えた。自らも地位の低下を痛感していたが、帰るべき自分の家族がいるわけではなかった。しばらくの間は、自分で創設した国立博物館とイラク考古局長――これも彼女が初代局長――の仕事が支えになったが、それではまだ不足だった。心は孤独に対して反抗した。もはや孤独は詩ではなかった。1926年7月11日から12日にかけての夜、睡眠薬の多量服用によって孤独に終止符が打たれた。遺体はバグダッドにあるイングランド教会の墓地に埋葬された。

1980年、王立地理学会の創立150周年を記念して、偉大なイギリス人探検家たちの記念切手セットにガートルード・ベルを加える計画が持ち上がった。もしベルが外務省の対応を知ったなら、どんな反応をしたかは誰でも想像がつく。外務省はサダム・フセインの怒りをかうのを恐れて、提案を却下したのだ。

ジョン・ユア

ハリー・セント・ジョン・フィルビー

アラビアへの熱情

（1885 ～ 1960）

君が何を言っているのか聞こえなかったが、君の話には全面的に反対するよ。

自らの屈折した発言を捉えて……

『アラビアの日々』（1948 年）

1885 年セイロンで生まれた瞬間より 1960 年にレバノンで亡くなるまで、ハリー・セント・ジョン・フィルビーは、自国にいるよりも外国にいるほうがくつろげるイングランド人で、自国のためよりも外国のために心血を注いだ。父親はコーヒー園の経営者で、夫として家庭におさまっていられない質(たち)の人で、イングランドにいる子供たちの養育は妻に任せていた。

フィルビーは聡明な子で、ウェストミンスター校で奨学金をもらい、ケンブリッジ大学のトリニティ学寮(コレッジ)でも奨学金を得て、近代言語専攻で優等の成績をおさめると、東洋の言語を学び、インドの役人になった。しかし、就任後早くから、公務員に必要な奉仕の精神と団結心が欠けていると判断された。メソポタミアの派遣軍に配置換えされ、さらにまたその後は自ら転任を図って、使節団の団長としてアラビア中央、ネジドの首長イブン・サウードのもとに赴(おもむ)いた。この時にはもうアラビア語が堪能で、のちに探検家としての名声を築く礎石となる砂漠旅行への情熱も持っていた。

アラビア半島横断

1917 年、フィルビーは、アラビアを渡って紅海に臨むジッダの港まで同行させてくれるように、イブン・サウードを説得した。この旅（ルブアルハリ砂漠は入っていなかった）の仕上げに、フィルビーはアラビア半島を東海岸から西海岸までの横断を成しとげ、その偉業は絶賛された。ジッダでは、第 1 次世界大戦時にオスマントルコに立ち向かったアラブのリーダーで、アラビアのロレンスの仲間だったシャリーフ・フサインに会った。戦後はまた転任して、建国されたばかりのイラクの行政にたずさわるために、バグダッドに赴任する（イラクではガートルード・ベル（本書 209 頁）が彼の指南役だった）。しかし、またしても政策面での意見の食い違いと人間関係の悪化により、トランスヨルダンに異動してから、公職を完全に退いてしまった。

ジッダに居を定め、貿易会社を設立しながら、イブン・サウードの顧問を務めた。しかし、しだいに関心はいちばん楽しいこと、いちばん力を発揮できることへ

1917～18年、ジッダで護衛隊を従えたフィルビー。ペルシア湾から
リヤドまでラクダに乗って旅をした後、フィルビーは、護衛隊にそこから
ジッダまで同行させ、東海岸から西海岸までアラビア半島を横断した。

と向かっていった。すなわち、アラビアの砂漠探検である。その後、何十年も遠征をくり返して、1932年にはルブアルハリ砂漠の横断も成しとげている。バートラム・トマスがその2年前に、若干距離の短い、おそらくは楽なルートで南から北へと渡ってはいたが、フィルビーはこの北から南への横断こそが、ルブアルハリ砂漠を「ほんとうに」横断したことになるのだと主張した。フィルビーはフフーフからナイファを通り、それから1,930キロメートル以上の距離を西に進んで、まったく何もない未踏の砂漠を横断して、ついにメッカにたどり着いたのである。

井戸と井戸の間隔は640キロ以上あり、水はほかにはどこにもないので、ラクダの鼻からめいっぱい注ぎ込んでやらなければならなかった。ラクダでさえも脱水症

1917年頃にフィルビーが撮影したジッダの光景。フィルビーは1917年から1918年にかけてイブン・サウードを訪ねるイギリスの使節団の一員として、この町に初めてやってきた。1926年にはこの町に住みついて、貿易会社を経営。とはいえ、ほんとうにやりたいことはアラビアの砂漠探検だった。

状をおこしかけていた。護衛隊は叛乱をおこしそうになったが、フィルビーは自分たちの探検の方がトマスらの場合よりもすぐれていることを世間に証明してやろうと意を決して、この遠征の大変さを強調しながら、どんどん先へ先へと進んでいった。

フィルビーにはトマスより有利な点もあった。トマスはラシードの部族民を同行させたが、彼らは案内人としては優秀でも、途中で出くわすベドウィンと昔から犬猿の仲にあった。フィルビーはサウジアラビア王（イブン・サウードがその後ろ盾になっていた）から認可を得ていたので、トマスとはちがって、守ってもらえたのである。その上、国王と交渉する上でもすでに大きな強みがあり、それはアラブ世界全域との交渉でも有利にはたらくものだった。それは、キリスト教からイスラム教に改宗していたことだった。

信仰の問題がフィルビーの改宗に大きな関係があったと考える理由はほとんどみあたらない。それよりは、個人的な利益を考えての判断だったようだ。国王から贈与された第2夫人── 45歳年下で、ふたりの息子をもうけることになる──をも受け入れた。キリスト教の信仰を捨てたように、イギリスの国益を考えることもやめてしまい、1933年には、サウジアラビアとアメリカの石油会社の間で石油に関

1932年、北から南へとルブアルハリ砂漠を横断するには、ほとんど井戸のない厳しいルートを通らなければならなかった。これこそが「ほんとうの」初横断だとフィルビーは主張した。フィルビーが撮ったこの写真は、水のない砂漠を横断するためによさそうな場所を探して、バーニ・ザイナンの砂丘地帯を進んでいるところ。

する合意がまとまるように助力している。中東におけるイギリスの利益が大きく損なわれる取り決めだった。

顕彰と疎外

フィルビーは公務員として、また一同僚として不適格であることはすでにはっきりしていたが、優秀な探検家としては頭角を現わそうとしていた。アラビアの砂漠をラクダに乗って旅行をし、興味を引かれたものは、なんでも熱心にメモに残していた。地名、地形の特徴、遺跡に彫られた文字、気温、高度、天文観察、磁石の方位、距離など、彼の鋭い観察眼を逃れるものも、なんでも書きとめるその手から漏れるものもなかった。調査の結果は、数多くの論文や何冊かの著書となって公表された。

この精進の結果、フィルビーは関係諸機関から認められるところとなった。王立地理学会は〈創立者メダル〉を授与し、王立アジア学会は〈リチャード・バートン記念メダル〉を授与した。数多くの外国の学会はもちろん、大英博物館とキューの王立植物園も彼に賞を与えた。

このような栄誉に浴したものの、第２次世界大戦時にはイギリス政府から厳しい弾圧を受けることになる。フィルビーが1939年に、イギリス議会の補欠選挙に反戦派の候補として立ったこともある平和主義者であることはよく知られていたが、戦時中には安全なサウジアラビアにいて、イギリスの政策を手厳しく非難していたので、無謀にもインドに行くと、戦時下の規制にもとづいて逮捕され、イングランドに強制送還され、投獄された。

終戦後はまたアラビアでの生活に戻ったが、新国王はフィルビーの体制批判に苛立ち、フィルビーはレバノンに亡命せざるをえなくなった。1960年にその地で亡くなった。同居していた息子のキム・フィルビーは、軍事情報部６部（MI-6）に属していた時に、ロシアのために工作していたソヴィエトの二重スパイであることが間もなく明らかになり、糾弾されることになる。父親の場合には不満と不器用さだったものが、息子では反逆と裏切りに変質してしまったのだ。

フィルビーには墓碑に「最も偉大なアラビア探検家」と刻むそれなりの資格はあったが、バートラム・トマスもウィルフレッド・セシジャー（本書225頁）も、それには異を唱えたことだろう。探検家として、フィルビー以前も以後も、あれほどアラビアの言葉にも学問にも習慣にも全身全霊を打ち込んだイングランド人は確かにいない。彼が探検に貢献したことを誉めたたえながら思い出す者は多いだろうが、好意を抱く者はあまりいないだろう。

1932年、ルブアルハリ砂漠のナイファの井戸で水浴びをするフィルビー。手を貸しているのは料理番のザイードで、料理用の盆に水をためている。

アンドルー・ガウディ

ラルフ・バグノルド

砂丘を駆けるフォード車

（1896 ～ 1990）

砂漠の王国の廃墟と有史以前の民族の
食器や碾き臼の間を進んでいく。忍び寄る砂丘と
石と化した森に砂の海の中を
人間ともネズミともみえる最後の骨をも後にして。

R・A・バグノルド
『リビア砂漠』（1935 年）

東サハラ、つまりリビア砂漠はインドと同じ面積である。地上で最大の厳しい乾燥地帯が広がる。その探検をした中心人物はラルフ・バグノルド。小柄で筋肉質、内気な性格で、物事の本質を見抜く眼力をそなえ、友だちづきあいがよく、日曜大工はお手のもの、精密機械も自分で作ってしまうほどで、山登りと玉突き（スヌーカー）の名人だった。

1915 年、第 1 次世界大戦中にバグノルドは英国陸軍工兵隊に入り、フランスに派遣された。戦後はケンブリッジ大学で工学を学び、1921 年にはまた陸軍に復帰した。1926 年、エジプトに配属され、その休暇期間中に、ジョン・ボール博士らが戦時中に T 型フォードに乗って砂漠調査を行なった経験を思い起こして、自分でも自動車で砂漠探検を実行してみたくなった。

遠　征

1873 年から翌年にかけての冬、ゲルハルト・ロールフスがドイツ探検隊を率いてダフラからアルクフラまで大砂漠地帯、いわゆる東部サハラ砂漠の横断を試みた。しかしそれ以降、正確な観測のできる探検隊は、まだこの大砂丘を通り抜けたことがなかった。一般にはこの地域は、自動車には難しすぎると見られていた。バグノルドはほんとうに無理かどうか確かめたかった。1929 年 11 月、バグノルドは 5 人の仲間とともに、カイロから車で南西に走って砂漠地帯に入り、南東に方向を変えてアイン・ダーラへと至り、そこからカイロに戻った。アイン・ダーラは砂漠旅行をする者には必ず押さえておかなければならない、水を調達する場所だった。

一行は 3 台の車に分乗したが、フォードのツーリングカーは舌を巻くほどの機動力を発揮し、バグノルドは探検が終盤を迎えるころには、どんな砂漠でも走破できると自信を持ったほどだ。燃費も良く、かなりの荷物も積載でき、1,900 キロメートルは部品交換もせず自力で走行できそうだった。これを活用しない手はない。

1929 年、リビア砂漠で、バグノルドの第 9 キャンプ。高さ 46 メートルの鯨の背中のような形の砂丘に、タイヤの跡がきれいに残っている。

1929年の遠征で、リビア砂漠はごくふつうの二輪駆動の車でも大丈夫だということがわかった。

この経験からは学ぶべきことが多かった。1930年10月と11月に、バグノルドはもっと大がかりな探検をすることにした。10月13日にカイロを発ち、またアイン・ダーラを目指した。そこから4日半で大砂漠を600キロ近く走ったのである。バグノルドはすっかり魅了されてしまった。

我々は岩場のはるか上、なにもない曲がりくねった砂だけの不安定な世界を進んでいった。なにより不可思議なのは、砂丘の不自然なほどの規則正しさだった。性質も形状もどれもまったく同じで、幾何学的な模様がまっすぐにえんえんと続いていて、それぞれ2度以内の範囲で平行に走っている。我々は大きな目的を持った生き物がいつも一緒にいる感じがした。それがゆっくりと長い歳月をかけて南へと這っていき、行く手を阻むものがあれば、すべて呑みこんでしまうのだ。

むだな装備をすべて取り外して燃料と水用のタンクを装着したフォード車。

その次の旅程は、給水のできるウェイナートまで行ってから、セリマとワジ・ハルファに向かい、さらにダーブ・アル・アルバイン道〔「40日の道」の意〕を通って、カールガ、アシュート、そしてカイロに至る。34日間で約5,000キロを走ったのである。1日の走行距離は、いちばん厄介な砂丘の部分でも100キロメートルを下回ることはなかった。

それだけの距離を安全に迅速にこなせたのは、砂漠のいちばん深くくぼんだ場所でも走行を可能にした4種の神器のおかげだと言える。ひとつは、はまり込んだ車を脱出させるために使える砂地の中の轍（わだち）、もうひとつは、なんの特徴もなく広がる砂漠で道案内をする太陽コンパス、さらに沸騰しているラジエーターの水の蒸発を抑える冷却器、4番目に幅の広いタイヤ。1927年にA型フォードが導入され、23センチ幅で乗り心地にすぐれたいわゆる「空気タイヤ」が使われた。最初のT型フォードのタイヤは8センチ幅だった。くわえて、車体を改造して重量を極力落とし、振動と衝突によって積荷が損傷しないようにする必要もあった。

特製の車体が作られた。装備品がすべてしっかりと固定されていながらも、簡単に外せなければならない。一番良いのは4ガロン缶が2缶収まる8ガロンのガソリン用木箱だということになった。食糧・予備の部品・道具・ガソリンなど、できる限り何でもその木箱に詰めた。大きさといい重さといい、扱いやすい箱だった。

1931年、バグノルドはインドでの軍務を経てイングランドに帰り、ビル・ショーとふたりで、スーダンの北西を目指すと同時に、フランス領チャドの国境地帯にある未踏査の地域への大規模な探検を構想した。そして、8人が4台のA型

1929 ～ 30 年、エジプト南西部のギルフ・ケビル高原のふもとに
広がるさざ波のような波紋。バグノルドがこの高原の上まで自動車
で上がるのに成功したのは、1938 年になってからのことだった。

フォード車に乗ることが決定された。1932 年の探検では、一番の目的は、エジプトとリビアの国境地帯が接するウェイナートに行くことだった。ウェイナートを補給基地にして、そこに大量のガソリンと食糧を保管しておいて、1,900 キロほど西進してサラ三角地（当時はスーダン領でティベスティ山地の方に突き出た岬で、1934 年にイタリアに割譲された）に入り、それからさらに少し長距離になるが南下してスーダンのエル・ファシールまで行って、ワジ・ハルファを経由してカイロに戻るのである。ウェイナートにいる間に、一行はウェイナートとギルフ・ケビルの間にある火山のクレーターを調査したり、山頂にのぼったりした。

全体として考えてみると、この探検は日数はかけて、費用はかけず、成果をあげた旅だった。バグノルドが言っているとおり、

> *全行程は 6 千マイルを超え、キッスからセミマまで往復してもいる。このうち 5 千マイル以上は道のない土地だった。大きな石が並んでいるか、あるいは南なら固い泥に隠れた細い水路があちこちにあって、車が走るには大変なところだった。ティベスティ山地が見えているのに、エンジンを支えているアームの 1 本にひびが入ってしまい、それもあって西に進むのは断念したのだが、それ以外は、時々、ふらついたり、ひどくガタガタ揺れたりすることはあったものの、とくに 4 台の車に重大なトラブルがおこることはなかった。*

1929 年、1930 年、そして 1932 年の探検を支援した王立地理学会が 1935 年に、それまでの功績を讃えて、バグノルドに〈創立者メダル〉を授与したのはまことに至正な判断である。

その後、バグノルドは極東地域で軍務についたが、「熱帯性スプルー」（腸の吸収不全）に罹患し、除隊になった。しかし、砂の動きや砂丘の形成について理解する

ため、ロンドンのインペリアル・コレッジで科学的調査にかかわる仕事に就き、初めて風洞実験を行なっている。1938 年には風洞で実験した砂の動きの研究を現実の世界で検証する必要があると判断し、考古学者と測量技師を同行して砂漠に向かった。この時はウェイナート、ギルフ・ケビル、そしてセリマ砂漠へと赴いた。

バグノルドの現地調査の大半は、砂嵐がおこるのを待ち続け、じっくりと観察して、砂粒の動きを計測するというやり方だったが、彼としては「長年必要とされている探検をちょっと」してみたかった。目的はギルフ・ケビル高原の上まで車で上っていくことだった。これまでは断崖絶壁に邪魔されて実現できなかったのだが、バグノルドは同僚のロン・ピールと協力して、上れる道を見つけたのである。この砂の高原は、面積がスイスほどもあるというのに、1926 年に発見されたばかりで、詳しい学術的調査の対象に、ようやくなったのである。

第２次世界大戦がはじまると、バグノルドは陸軍に復帰して、彼ならではの経験を活かして「高原の砂漠で略奪」を行なったり、北アフリカの枢軸部隊を襲撃するために〈長距離砂漠部隊〉を編制した。バグノルドはリビア砂漠の探検家の中では第一人者だったかもしれないが、同じ時代には、他にも傑物がいた。たとえば、測量技師のボールとクレイトンや、特に『イギリス人の患者』〔セイロン生まれのカナダの詩人。小説家 Michael Ondaatje の小説〕のモデルになったオーストリア系ハンガリー人ラズロ・アルマシー伯爵は際立った存在だ。

科学者としての探検家

バグノルドの探検で目立った特徴となっているのは、新たな土地を探検したり、砂漠旅行に新技術を導入したりしただけでなく、学術的研究にも目を向けていたことである。桁外れの英傑がマッチョぶりを発揮してやりたい放題の離れ業を演じるような探検もあることはあるが、バグノルドの場合はそうではない。彼の探検隊は、砂漠で数多くの遺跡や、過去の天候には大きな変化があった証拠などの大発見もしている。バグノルドは 1941 年に砂丘に関する名著をものしたが、それは今もなお引用されることの多い文献となっている。軍人探検家としては稀有のことだが、王立協会の特別研究員にも選出されている。

1938 年、ギルフ・ケビル高原付近で嵐の中で砂の動きを計測する器械を動かしているバグノルド。

アレグザンダー・メイトランド

ウィルフレッド・セシジャー

ルブアルハリ砂漠の精

(1910 ~ 2003)

困難な状況下を歩く速さで進んで
いったが、私は過去の伝統に従った最後の
探検家だったのだろう。
ウィルフレッド・セシジャー
『わが選びし人生』(1987年)

ウィルフレッド・パトリック・セシジャーは、1910年6月3日にアディスアベバに生まれた。父親はイギリス公使館をあずかる公使だった。9歳までそこに暮らした。セシジャーはアビシニア(現在のエチオピアを彼はよくそう呼んだ)での子供時代が人生に与えた影響は深甚で、「黒い肌と野性」に憧れる気持ちがすっかり染みついてしまったと、常々言っていた。1919年に一家はイングランドに戻るが、翌年、父親が心臓麻痺で死去した。セシジャーはサセックスの予備学校で学び、イートン校を経てオクスフォード大学モードリン学寮(コレッジ)に入学する。大学ではボクシング部で活躍し、1933年に近代史の学位をとって卒業した。

エチオピア・スーダン・サハラ砂漠の旅

1930年、当時まだ大学生だったが、セシジャーはアディスアベバで、ハイレ・セラシエ皇帝の戴冠式に出席した。その時にアラビア探検の経験があるイギリス人将校ロバート・チーズマンに出会い、アワッシュ川の調査をして、どこまで流れているのかを調べたらどうかと勧められたのである。セシジャーは1933～34年に、23歳でそれをやりとげてしまったのだ。若さと未熟さに加えて、敵意を持った部族から殺される危険もあったので、ダナキリ族(あるいはアファル族)の土地を通るこの旅が、彼は一番危険だったという。セシジャーは、入国禁止だったスルタン国アウサを通り抜けた最初のヨーロッパ人にもなった。

1935年から1937年までスーダン行政局に勤務していたころに住んでいたダルフル北部で、セシジャーはラクダの乗り方を覚え、従者たちを召使ではなく仲間として扱うようにした。1940年までは、殺人を犯して執行猶予中のザガワ族の十代の若者イドリス・ダウドを、どこに行くにも連れて行った。セシジャーと半遊牧民生活をともにした部族民の若者は大勢いるが、イドリスはその最初の若者になった。

ラクダに乗って、スーダンのジャバル・マイドブとアンカの井戸まで行き、さらにリビアのビル・ナトルンに行ったが、この時にセシジャーは、初めて本物の砂漠を体験した。また自らの能力を証明するために、再度24時間で185キロメートルの距離をラクダに乗って走破した。セシジャーの美しいビシャリン種のラクダ、

1948年1月、サウジアラビアのルブアルハリ砂漠を行くセシジャー隊。この広大無辺の大砂漠で、ウルク・アル・シバと呼ばれる砂丘群は、高さが215メートルを超えている。

ファラージ・アッラーは「身のこなしが優美」で、「どんなことにでも対応できる」ラクダだったという。こういう誇張した物言いはいかにもセシジャーらしいところで、たとえば、自分の一族の果たした功績には右に並ぶものはないとか、自分はこれ以上ないほどの仕合わせな育てられ方をしたとか、イングランドで最高の学校で学んだ、といった調子である。

1938年、スーダンを発ち、サハラ砂漠から死火山がならぶティベスティ山地に至る3,330キロの旅は、ダナキリ族の国への遠征や、後のルブアルハリ砂漠横断の時のような危険も苦難もなかったが、1936年と1937年のシリア、モロッコの遠征よりは苛酷で苦しいものだった。生命を脅かされるほどの危険はなかったものの、それでもセシジャーの忍耐力が試される遠征だった。ティベスティ山地に東側からのぼろうとしたヨーロッパ人はそれまでいなかったし、また、そもそも足を踏み入れたイングランド人はひとりもいなかった。「今の時代にイングランド人として初めて、というのは容易なことではない」とセシジャーは語っている。

アラビアとルブアルハリ砂漠

1945年、セシジャーは、アラビア南部でイナゴが大発生する地点を調査する

〈中東蝗害対策班〉の一員になった。そのために大遠征をすることになる。すなわち、２度のルブアルハリ砂漠の大横断である。セシジャーは「人生で最大の重要な体験」という。この遠征にはラシード族のビン・カビナとビン・ガバイシャのふたりが同行したが、ふたりはセシジャーがアラビアで過ごす５年の間、なくてはならない仲間となる。ロマンティストを自認するセシジャーは、過去の伝統に従った陸路で旅をした。ラジオで国際試合の成績を聴くのが趣味のセント・ジョン・フィルビー（本書215頁）とはちがい、旅をしている時のセシジャーは、外界との接触をいっさい求めなかった。

1946～47年の、セシジャーにとって最初のルブアルハリ砂漠横断は、始点も終点もダウファール沿岸の町サララだった。北上してダファラとアル・リワへと至り、隊員と疲弊したラクダたちは、215メートルを超える高さの砂丘群ウルク・アル・シバをのぼっていった。２週間、一行は焼けるような喉の渇きと餓死寸前の空腹、全身の感覚がなくなるほどの疲労感、夜は痛いほどの寒さ、日中は焦げるような暑さに耐えながら前進を続けたが、行けども行けども塩水の井戸ばかりだった。

セシジャーはアル・リワのオアシスにたどり着いた最初のヨーロッパ人であり、ウッム・アル・サミンの伝説の流砂地帯に実際に行ったのも彼が初めてだった。セシジャーはこう書き残している。「他人にとっては私の旅など意味を持たないだろう（中略）。個人的な体験であり、得られたものといえば、無味無臭のきれいな水が飲めただけだった。私はそれで満足だった」。

1948年１月から３月まで、ビン・カビナとビン・ガバイシャも含めて６人の隊員とともに、セシジャーはルブアルハリ砂漠をもう１度横断した。２度の横断により、それまで1931年と1932年に砂漠探検をしていたバートラム・トマスとハリー・セント・ジョン・フィルビーを凌（しの）ぐ面積の砂漠を踏査したのである。

スルヤイルでセシジャーは、イブン・サウードの命令によって拘束されたが、フィルビーのおかげですぐに解放された。異教徒のセシジャーが入りこんできたことに、狂信的な部族が彼の命を奪うと騒いだのである。もっとも、ここで助かっても、ジャブリン・オアシスのウッム・アル・アドワ——もともとはセント・ジョン・フィルビーとロバート・チーズマンが見つけた場所——で飲み水にありつけなかったら、セシジャーの一行は全滅していたはずだ。

1948年３月、ルブアルハリ砂漠に坐るセシジャー。ターバンを巻き、アラブ人の長いシャツを着て、柄（つか）が銀製のオマーン人の短剣とラクダ用の鞭をもっている。

1949～50年まで、セシジャーはオマーン国内を旅してまわった。最高指導者（イマーム）に忠実な部族からは危害を加えられる恐れのある危険な旅ではあったが、あまりひどい目に会わずにすんだ。

それほど危険な冒険をした動機と、それによって得た満足感について説明しながら、セシジャーは未知なるものの魅力にわくわくし、決断と忍耐を要する状況への挑戦に昂奮したと語っている。「しかし、ルブアルハリ砂漠でのあの冒険は、ベドウィンの相棒たちがいなかったら、意味のない苦行でしかなかっただろう」。

写真と文章

カメラマンとして、また文筆家としての非凡な才能によって、セシジャーは名を高めた。1959年に最初の著書『アラビアの砂漠』が刊行されるまで、その功績は、外交官の世界と地理学会の関係者くらいにしか知られていなかった。それが、探検家・旅行者・作家・写真家として、セシジャーは男女を問わず冒険心に富んだ人たちに大きな刺戟を与えて（今も与え続けていて）、アフリカや中東にとどまらず、直接はセシジャーと関係のない地域にまで探検に出る人たちが現われるようになったのだ。

セシジャーは、旅行の記録に写真を活用した。エチオピアではダナキリ族を写真に撮り、1935～40年のスーダンではダルフルのイスラム教徒、ナイル川上流で異教徒のヌーエル族、スーダン中部のコルドファンではヌーバ族のレスリング選手を写真に収めている。もちろん、狩猟で仕留めた大きな獲物も。

使ったカメラはライカで、次々に手に入れた4台のうちの1台だった。セシジャーは自分の著書も写真も探検の副産物と捉えていて、第2次世界大戦までは写真は遊びにすぎなかった。戦後セシジャーがアラビアで撮った写真は、藝術面でも技術面でも大きな進歩をみせている。これは1938年のフレイア・スタークの写真集『ハドラマウトの光景』を研究して、クローズアップの人物撮影や光と影の可能性を十分に理解したためであろう。セシジャーはフレイアが好きで、賛美してはいたが、彼女の本を読んでいると「おつまみばかりしかない食事」をしているような気がすることがあるとも言っている。

12歳の時にセシジャーは日記をつけはじめ、それは終生変わらぬ習慣となった。日記と母親・兄弟への手紙は、探検の記録に活用した写真と同じ意味を持つものだった。つまり手紙と写真はともに、セシジャーが記事や講演、著書を書く時に必要な細部についての情報を提供してくれたのである。

人好きではあったが、セシジャーはあくまでも一個の私人であり、『アラビアの砂漠』執筆にあたって、事実に即した体験はもとより、「現役として活動した半生の間、固い決意を持って自分の中に封印しておいた」心の内の思いを伝えるのは至難の業だと思った。1964年に出版された『アラブの湿原』は、1950年代にイラク南部のマダン族の絵になる秘境で過ごしたセシジャーの7年間を描いている。カヌーの漕ぎ手だったアマーラ、ハサン、サバイティは、スーダンのイドリス・ダウドやアラビアでベドウィンの仲間が果たしたのと同じ役割を果たした。

アフリカとアジア

1964年、イランのバクティアリ族の青年。この年、セシジャーはザグロス山脈を毎年移動するバクティアリ族の遊牧民に加わり、遊牧生活を送った。

1950年代のセシジャーは、パキスタン・アフガニスタン・ヌリスタン・モロッコの山脈を訪れている。1959年から翌年にかけてはエチオピアに帰り、ラバを伴ない、徒歩でまず南へ、それから北へと遠征している。その後間もなく、ケニヤの東アフリカ大地溝にあるルドルフ湖（現在のトゥルカナ湖）へとラクダで初めて遠征し、それからの15年間は、ケニヤ北部を広く旅行し続けた。1977年、さらに冒険の範囲を広げ、ガヴィン・ヤングを加えてインドネシア諸島をまわった。ジョゼフ・コンラッドの東洋物の小説の舞台である。1983年にはポニーとヤクに乗ってラダク〔チベットに接するインド北部の地域〕を6週間旅した。

この旅行を終えると、セシジャーはしだいに生活の拠点が定まっていき、ケニヤのマラルでサムブール族とトゥルカナ族の「家族」とともに生活するようになり、養子にした「息子たち」――ラウィ・レボヤレ、ラプタ・レカクワレ、そして「キビリティ」――のために建てたそれぞれの家に行っては暮らした。

晩　年

1992年を迎えるころには、セシジャーの視力はもう写真をとれないほどに衰え、文章も独りで書くのは困難になった。1994年にはラプタに、1995年にはラウィに先立たれ、余生をマラルで送るつもりだったが、イングランドに帰ることにした。病に伏し、長患いすることもなく、2003年8月24日、サリー州で死去。享年93。

セシジャーが荷物を運ぶ役畜と地元民を伴なって徒歩で旅をした期間は50年におよび、遠征先は遙かアフリカ・アラビア・中東・西アジアに至った。89歳の時にはアラブ首長国連邦に最後の旅行をした。そのころには、すでに20世紀最大の旅行者にして、屈指の探検家との賛辞を送られていた。

大地の生命

探検の最も重要な目的は学術的な調査であろう。アレクサンダー・フォン・フンボルト男爵は万物の研究方法を、まだそれが可能な時代に示した。彼の業績は質量ともに桁外れの規模で、忍耐強い相棒のエメ・ボンプランと5年間、中央アメリカと南アメリカを広く調査して、目にしたものをことごとく蒐集し分析した。登山でも徹底していて、ヒマラヤの中にチンボラソ山〔南米エクアドル中央のアンデス山脈の山〕よりも高い山があることが判明するまでは、フンボルトが世界の最高峰をほぼ征服したと長年思われていたくらいなのだ。

探検などまともな女性のすることではなかった時代には、植物画は女性が探検するひとつの理由になった。マリアンヌ・ノースは40歳で出遅れはしたが、誰よりも力強く精確な植物画家となって、それを挽回した。出向いた地域も広範囲に及び、過酷な旅になることも珍しくなかったが、熱帯地方をくまなく歩いて絵を描いた。彼女の作品はさいわい、今もキュー植物園に保管されている。

アルフレッド・ウォレスもまた学術的探検を行なった巨人のひとりだった。4年間、アマゾンで標本採集を行ない、はるかアジアの端まで足を伸ばして、そこで8年間過ごして、すぐれた業績を残した。マラリアにかかりハンモックに横になって苦しんでいる時に、適者生存の考えが浮かんだ。すぐに友人でありすぐれた相談役でもあったチャールズ・ダーウィンに手紙を書いた。ダーウィンは20年近くその理論を考え続けていた。ダーウィンはその理論発見の栄光をウォレスと分かち合うことにして、ウォレスの論文は1858年リンネ学会に提出された。進化——あるいは科学——の世界ではどんなものも変化せざるをえなくなる。

植物学はまたもうひとりの大探検家フランク・キングドン・ウォードにも刺戟を与えた。彼は50年近くの間、チベットとヒマラヤ東部に25回遠征することになる。彼が旅行中の条件も、危険が目前に迫ってくる状況も、安全な園藝の世界とはかけ離れたものだったが、現在、自宅の庭で見慣れている多くの美しい植物は、キングドン・ウォードが発見してイギリスに持ち帰ったものなのである。

南北のアメリカ大陸でフンボルトとボンプランは6万種以上の標本を蒐集した。その多くは未知のものであり、その図版を次々に本で紹介した。

Pl. XV.

ポール・ローズ

アレクサンダー・フォン・フンボルト

学術的探検の第一人者

(1769 ~ 1859)

フンボルトが史上最高の学術探検家だというのは
まったくそのとおりだと思う。
チャールズ・ダーウィン、
1811年8月6日付J・D・フッカー宛書簡

アレクサンダー・フォン・フンボルトは勇ましい冒険家であり、先駆的な科学者であると同時に、最後の偉大な万能の天才の名に価する人物であり、現代の自然環境学の創設者とも見ることができる。フンボルトは1769年9月14日、啓蒙主義の時代にベルリンにて誕生した。ナポレオン、ウェリントン、シャトーブリアン、キュヴィエも同年の生まれである。大学を卒業したフンボルト青年は、ジェイムズ・クック(本書46頁)と航海して標本を絵に描いた経験のある親友ゲオルク・フォルスターとイングランドに行き、植物の標本と植物学の蔵書を見たくて、ふたりでサー・ジョゼフ・バンクスを訪れた。

フンボルトは絵の才能にも恵まれていた。これは1814年の自画像。

驚異的な仕事量

フンボルトは1791年にフライベルク鉱山学校に入学する。そこで猛勉強をするのだが、少しでも時間があると、自分の関心が高かった博物学の研究に打ちこんだ。この学生時代について「人生でこれほど忙しいことはなかった。健康に影響が出るほどだったが、それでもとても幸せだった」と記し、最後は「私は情熱をこめて楽しめる職業についている」と締めくくっている。この言葉は、生涯を通じてのフンボルトの生き方を一言で表わしている。

初めての仕事は、鉱山の監督官だった。広く鉱山を視察して回り、廃棄された鉱物から使える製品を作ったり、技術を学ぶ養成所を開設したりした。鉱山で立て坑のガスを調べて、そこから鉱山労働者用の呼吸装置や安全灯が考案された。

26歳になり、立派な教育も受け、身内の有力者にも恵まれ、元気に満ちあふれていた。その独創性を発揮して、とてつもない実験を、自分を実験台にして行なった。彼のいう「動物電気」を理解するために、カエルと植物を使って実験を行なったのだが、重要な点を証明するために、電極を自分の体にあてたのである。

私の背中には水ぶくれが2箇所に生じた。それぞれクラウン銀貨ほどの大きさだった。（中略）水ぶくれを切開して、亜鉛と銀の電極をあてると、鋭い痛みを感じた。激痛が走り、僧帽筋がかなり盛り上がった。そして、震えが頭蓋骨の下と背骨まで伝わってきた。（中略）私の背中に乗せていたカエルは跳び上がるのが見えた。（中略）驚くべき現象なので、何度もくり返し実験した。

フンボルトの仕事量は超人的だった。4千回の実験の中には、自分の歯を抜いた後の歯茎の窪みに電極をあてるという実験も含まれているが、それによって、もう少しで電池の発明につながるところだった。当時、こう書いている。「色々なことを発見して自分の周囲の世界を理解したいと思っている者を阻止なんてできるかい。ともかく、多種多様な広範な知識が旅行者にはなくてはならないのだ」。

自主独立と準備

フンボルトの母は1796年に他界し、遺産をのこしてくれたおかげで、息子は鉱山の仕事を辞めて、学術調査のための旅行を計画しはじめる。探検への思いが強く、1798年4月には「半分狂人、半分天才」のブリストル卿のナイル川探検に加わることにした。ところが、フンボルトがパリで調査に必要な器具を調達している間に、ナポレオンがエジプトに侵攻し、ブリストル卿がミラノで拘束されたのである。これで計画は流れてしまった。

すると今度は、子供のころからあこがれていたルイ-アントワーヌ・ブーガンヴィル（本書40頁）に出会い、フンボルトは、フランス政府の学術調査で5年間世界をまわる探検に誘われた。フンボルトはすぐに応じた。2週間で準備をして、乗船命令を受けた。しかし、いよいよ出発という段になって、政府は財政に余裕がないことを理由に、探検は中止されることになったのである。

「ただなにも手を打たずに泣いているわけにはいかない。行動を起こさなければだめだ」とフンボルトは、植物学者のエメ・ボンプランとともに北アフリカ探検を自力で行なう決心をした。このふたりの協力体制は、探検史に残る重要な意味を持つことになる。

しかし、ふたりはさらなる困難にぶつかった。フンボルトの計画ではアルジェリアを目指して出帆し、アトラス山脈で越冬し、それからトリポリとカイロの間の砂漠を渡る巡礼の一団と合流するはずだった。ところが、船の手配をしていたところ、フランスから到着した乗客が全員、即刻、地下牢に投獄されていることがわかった

フンボルトとボンプランは目の前に現われたあらゆる植物を丹念に描き、記録した。その多くは未知の植物だった。この図はノボタン科のレキシア・スペキオサ。

のである。それでもとにかく実行に移したかったので、1798年12月になると、スペインまで歩いていくことに決めた。今度ばかりは、やっと出発して、6週間かかってマドリードにたどり着いた。さまざまな科学的観測を行なったが、特にスペインの内陸が高い台地になっていることと、地図が何マイルもずれていることが証明されたのは大きな成果だった。

南米探検

フンボルトの評判と人脈を考えると簡単なことにみえるかも知れないが、マドリードに着いてごく短期間のうちにスペイン国王との謁見を果たし、南米探検の支援を請願できたのは、なかなかできることではない。国王は探検隊に正式な勅許を与え、ピサロ号に乗船できるよう手配してくれた。フンボルトはすでに準備していた機材等を船に積み込み、一行は5月にラ・コルニャの港を発った。

南米への航海は当時としてはごくありふれたパターンをとった。ピサロ号は鮨詰め状態で、腸チフスが発生した。しかし、フンボルトは病気にも船酔いにも無縁で、気分が悪くなるということはいっさいなかった。彼の心を研究から引き離すことのできるものなど存在せず、航海中は天体・海洋・気象の観測に追われていた。

ベネズエラのクマナに到着すると、フンボルトとボンプランはベネズエラの総督から歓迎を受け、住居と召使などを提供してくれた。フンボルトはのちにこう回想している。「ここは私が子どものころから夢見てきた土地で、最初に足を踏み入れた場所だった。私の心の中によく浮かんでくるのは、コルディリェラ山脈の勇姿ではなく、クマナとその塵にまみれた土だ」。

この時期のメモには、次から次へと初めての経験ばかりで浮き足立っている様子がうかがえる。「裸のインディオ、デンキウナギ、オウム、猿、アルマジロ、クロコダイル、目を疑うような植物、夜、金星の光で六分儀が読めるなんて」。

しかし、楽しさがある一方、奴隷貿易に対する不愉快さも大きかった。フンボルトの住まいは、アフリカから船で運ばれてきた奴隷が売られている町の一角のそばにあった。フンボルトは生涯を終えるまで、奴隷貿易を公然と批判し続けた。

7週間が過ぎ、フンボルトとボンプランのふたりは、高地へと2カ月間の実地調査にでかけた。フンボルトは新種の鳥と昆虫を記録に収め、地元の案内人が案内できる限界地点まで洞窟の調査をし、また言葉と文化について詳細に観察をし、初めて地震や流星雨を体験し、さらには「気の触れた混血者」に襲われて命拾いをしてもいる。

1799年、カラカスへと出港した。市内にある彼らの大きな屋敷には使用人が配属され、すぐに地元の上流社会にも受け入れられた。天候が悪く天文観測はできなかったので、フンボルトは地元では最高峰、2,424メートルのシラ山に登頂した。記録されている限りでは、初登頂を果たしたことになる。フンボルトは奴隷貿易を忌み嫌ってはいたが、登山の時の荷物を運ぶために18人の奴隷を使わずにすますことはできなかった。

1800年2月、フンボルトらはカラカスを発って、内陸へと向かった。やがて関心のあった動物電気を研究する機会が訪れた。すでに沿岸部で、インディオにデンキウナギを捕まえてもらおうとしたことはあったが、彼らは怖がってだめだった。ところが、内陸に入ると、カラボソ界隈の住民たちは、馬をおとりにしてデンキウナギを捕まえていた。何頭もの馬とラバを集めて、池の中へと追いやると、デンキウナギが容赦なく襲ってくる。倒れて死んでしまう馬もいるし、また池へと追い込まれると溺れる馬もいるが、生き延びる馬も出てくる。ウナギが650ボルトの電気を使い果たしてしまうからだ。死んだ馬やかろうじて生きている馬の間に飛びこんでいって、一時的に放電してしまったウナギを捕まえるのである。フンボルトとボンプランは、4時間も電気ショックを受けなが

フンボルトは長年にわたって「動物電気」に強い関心を抱いていた。南米をまわっている時に、地元ではジムノティと呼ばれているデンキウナギをなんとしても詳しく調べようとした。たまたま両足でデンキウナギを踏みつけてしまって、「恐ろしい衝撃」を受けたこともある。

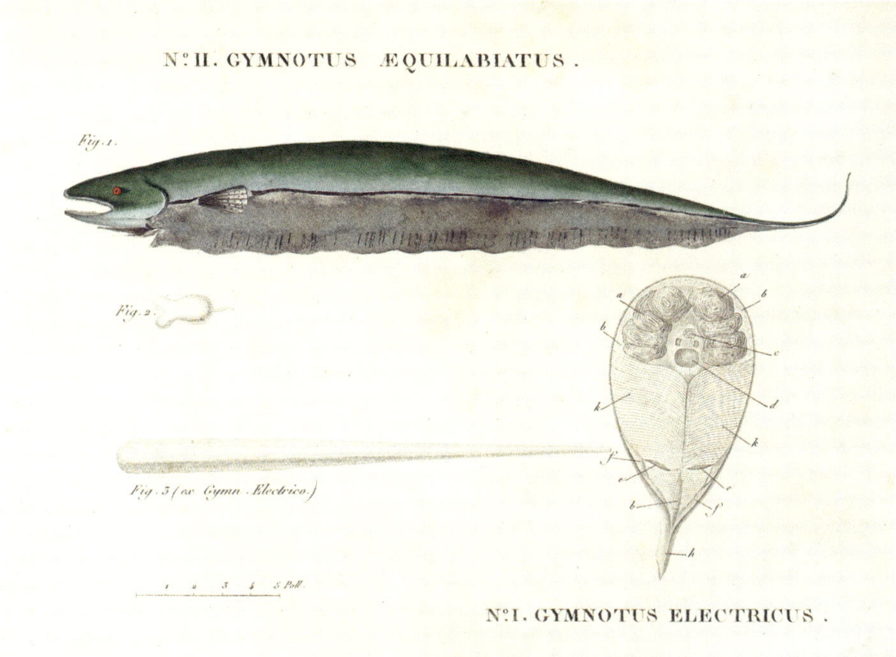

フンボルトとボンプランは、世界最高峰と当時思われていたエクアドルの死火山チンボラソ山に登った。山頂には到達できなかったが、それまでの登山高度の記録を達成した。このアクアチント版画は、フンボルトのスケッチをもとに制作された。

ら、ウナギを実験したり解剖したりした。おかげでふたりとも「翌日まで筋肉には力がはいらず、関節は痛く、全身がだるかった」という。

ふたりはリャノス、すなわち大平原を越え、いよいよオリノコ川がどこをどう流れているのかを明らかにするため、2,400キロの旅にのりだした。アンゴスツラにもどるまでに、リオ・ネグロを経由し、オリノコ川とアマゾン川の2本の大河を結ぶカシキアーレ水路を経て、精確に川の流れを地図に記録し、経度を計測して、1万2千もの標本を蒐集した。その中には、未知の植物や人骨も含まれている。

ふたりは信じがたいほどの体験をくぐり抜けた。人を寄せつけないような奥地でボートを漕いだり、運んだりしながら通り抜け、餓死しそうになったり、アリまで食べなければならなくなったり、虫には気が狂いそうになるほど刺され、泥を食べたり薬物を常用する種族とともに暮らしたりもした。たとえ現実にそうだったにしても、昂奮のあまりフンボルトは、探検譚を大げさに書いている。「私は6,433マイルを旅した。小屋があるので入ってみると、たいていは食べ残された人肉が目に飛びこんできた」。

ふたりは熱病に冒され、貴重な標本も異常な湿度のために3分の1以上は損傷を受け、アンゴスツラから、1800年8月にはクマナにもどった。ベネズエラの河川網調査探検を成功させると、フンボルトは休むこともなくボンプランとともに、1800年11月にはキューバへと船出した。1801年3月にカルタヘナに帰り、アンデス山脈での2年の探検のためリマへと向かつた。

内陸部での旅はまたしても川の流れに乗つた壮大な冒険となった。マグダレナ川が滔々と流れる密林の中を、旅程は805キロメートルに及んだ。またしてもふたりは虫さされに苦しめられ、20人のインディオのうち8人が熱帯病と極度の体力消耗によって帰された。フンボルトとボンプランはいたって健康で、オンダの港に到着し、ボゴタ（コロンビア）を目指して高原を行く旅の準備にとりかかった。1801年9月にキトへと出発。鉱山の役人たちは難所にさしかかると、インディオの運搬人（カルゲロ）に運ばせるのが常だった。インディオに椅子のような形の物を背負わせて、そこに役人が坐るのである。フンボルトもボンプランもそんなことはさせずに、自分の足で歩いていった。

1802年1月にキトに着くと、それから半年はその土地の火山を調査した。当時は標高がどういう影響を人間に与えるかわかっていなかったので、フンボルトは山を登っていくと気分が悪くなり、気を失って、ピチンチャ山の初登頂を断念せざるをえなくなった。しかし、その程度でたじろぐフンボルトではない。再度挑戦して、クレバスから何度か落ちはしたが、山頂を征服した。フンボルトは身体強健で、翌日に再度ピチンチャ山に登り、地球物理学的な観測を行なった。

その後、フンボルトはボンプランと一緒にチンボラソ山を目指したが、柔らかい雪が積もっている急勾配の斜面を越えることができず、標高5, 878メートルの地点に留まった。それから30年間、フンボルトは誰よりも高い山に登った男として記録を保持し続けた。老年になって、ヒマラヤが調査され、チンボラソ山が世界一の標高を誇る山ではないことが明らかになると、フンボルトががっかりしたのも無理からぬことである。「私はこれまで全人類の中でたったひとり、世界で一番高いところまで登った人間だと思いこんでいた。つまり、チンボラソの斜面に登ったのだと！」

フンボルトはどこに行っても、目に映るものはどんなものでも几帳面に観察した。太平洋岸のトルヒーヨに行くまでに彼が計測した地磁気が、その後の50年間、地磁気研究の基準値として用いられた。また、地元の農民から糞化石（グアノ）が優れた肥料になることを教えられ、その知識をヨーロッパに伝えたのもフンボルトである。

しばらくリマで過ごしてから、フンボルトとボンプランは、1802年12月にエクアドル南西部の港市グアヤキルを経由してメキシコに向かって船出した。フンボルトはもちろん終わることのない研究を続けた。ペルー沖の海水温計測によって、彼の名を冠した海流（現在はペルー海流の名でも知られる）の存在を明らかにした。ふたりは1803年3月にメキシコのアカプルコに到着し、1年間、火山を観察したり、アステカ族の文化を研究したり、鉱山を訪ねたりした。

1804年3月、ともにハバナ、そしてフィラデルフィアへと向かい、フンボルトはアメリカ大統領トマス・ジェファーソンを訪れた。フンボルトはジェファーソンに刺戟されたことがあり、なんとしても会いたいと思っていたのだ。大統領と1週間ほど一緒にいて、ルイス-クラーク探検隊（本書64頁）について話し合うなどして、フンボルトの最高の探検を締めくくる旅となった。1804年6月、フンボルトとボンプランはボルドーへと出港した。

パリと「ありえない歳月」

5年に及ぶ大探検に、フンボルトは全財産の3分の1を費やした。しかし、6万点を超える標本と動物学・地球物理学・天文学・地質学・海洋学・文化に関する厖大な情報が手もとにあった。フンボルトは常々、自分の目的は「物ではなく知識を蒐集すること」にあると言っていた。南米旅行の成果をまとめ、出版するとなると30年を要し、何巻もの書物になってしまった。それがフランス語から英語に翻訳された『1799年から1804年までの新大陸赤道地帯旅行記』である。ほとんど自費で出版したのだから、彼が財政難におちいったのも当然であろう。

南米から帰ると、フンボルトはパリに居を定め、ナポレオンから年金の支給を受け、24年間パリ生活を送った。相変わらず最高の科学者、政治家、上流社会の人間と交流し、パリで華やかな生活を送った。しかし、パリよりも旅行と発見を求める気持ちの方が強く、1805年にフランスの科学者ゲイ-リュサックを伴なってアルプスへ6週間の旅行をして、地磁気と大気の観測を行なっている。

彼には「人生二番目の大仕事」と名づけた計画があった。北アジアへの学術調査旅行である。1811年にシベリア・カシュガル・チベットに行こうと思っていたのだが、ナポレオンのロシア侵攻によって計画は頓挫した。1827年にベルリンに戻ったものの、探検への意欲は消えることがなかった。ロシア探検の支援を得るために、ロンドンへ何度も行き、ある時はイザンバード・キングダム・ブルネルと一緒に、潜水鐘（しょう）を装着して1時間近くもテムズの川底に潜っていた。川から上がると胸の血管が破れ、咳をすると血液が混じっていて、翌日まで鼻血が出た。

1829年4月、60歳の時にフンボルトはサンクトペテルブルグへと旅立ち、半年もしないうちに1万8,500キロの旅を終えてまたベルリンに帰ってきた。その時も天文・地質・地理の観測を徹底的に行なって、ロシアでダイアモンドが採れることを証明した。また、ロシア中に地磁気観測所と気象台の設置を計画し、観測網を整備した。ヨーロッパ諸国、イギリス、アメリカもこれにならい、世界を網羅する観測網ができあがったのである。

フンボルトは今度は、昔考えていたことを復活させ、野心的な大著『コスモス』を書きはじめた。科学と自然についてのすべての知識と、異なるさまざまな分野の関係を結びつけて記録する試みである。それは「宇宙の物質界の記述」であり、自然界に統一性があることを証明しようとしたのである。この大著は25年を要して、第1巻は彼が76歳の時、第3巻は81歳の時の出版である（彼が「私のあり得ない

フンボルトがこのアメリカ大陸の小型のサル、タマリンを描いて、「シミア・レオニナ」と命名した。ただし、正確にはどの種なのかわかっていない。探検から帰り、その後の30年は、それまでの調査と観察について書き、出版した。

歳月」と呼んだ時期だ)。最終巻の第5巻は、フンボルトが90回目の誕生日を迎える直前に亡くなったために未完となった。

あらゆる科学の分野にわたるフンボルトの功績は先駆的で、植物・動物の種、地理学上の特徴、地名、大学名など、彼の名前にちなんで命名されたものは数多い。

自分自身について、フンボルトはこう記している。

> *私が貢献した重要な非常に特徴的な業績は三つだけある。植物の地理と、その植物がある熱帯世界の自然を絵に描いたこと。等温線の理論。世界中に地磁気測定所が設置されるようになる契機となった地磁気の計測。*

フンボルトは確かにあれだけの成功をするに価する人物であり、当然受けるべき賞讃を受けた。科学に与えた彼の影響は、今もなお感じ取れるほどである。

ミルブリー・ポーク

マリアンヌ・ノース

怖いもの知らずの博物学者にして植物画家

(1830～1890)

ある日、絵を描こうとしていたら、ひどく寒気がして、それで、
散歩に出て、崖っぷちまで行って4マイルほど歩いて帰ってきた。
とてもきれいだった（中略）ベリーはたくさんあったのに、花はなかった。
それでも嬉しくなったのは、その風景そのものがすぐに
目を奪われるほどだったから。風は刺すようで、波は岸辺に
本物の海みたいに打ち寄せてきた。（中略）坐って、わたしはほんとうに
イングランドの家に帰って、自分の画廊の完成を見られるのかしらと考えた。

マリアンヌ・ノース、
ニュージーランドのワカティプ湖に浮かぶ島について記した日記の一節（1881年）

マリアンヌ・ノースが後に名をなすことになる活動をはじめたのは40歳の時だった。心酔していた父親が亡くなったことがきっかけとなり、遠く離れた土地の珍しい植物を記録する独り旅に出ることになった。それから残された人生の20年で標本を蒐集し、キューにある王立植物園に収蔵され、約1,000点の絵を描いて、それは現在キューと大英博物館にある彼女が建てた展示館に展示されている。ノースのように自国を遠く離れて冒険をする女性はほとんどいなかった。珍しい異国の植物を蒐集して絵を描くという自らに課した責務に突き動かされ、密林をかきわけ、山に登り、泥道を踏みしめながら歩き、川を筏で下り、虫にも蛇にも暑さにも耐え忍んだ。彼女が発見した植物のうち、5種類が彼女の名前にちなんで命名されているのは妥当なところだろう。

魅せられた若き日

ノースは、イングランド南部のヘイスティングズで、裕福で教養ある家庭に生まれた。母親には相当な遺産があり、父親フレデリック・ノースは自由党の議員で、当時の政治家や知識人と親しく付き合い、新しい科学分野を研究しているクラブにも所属していた。ノースは正規の教育はほとんど受けなかったが、一家に出入りする友人の中に藝術家や科学者がいた。著名な植物学者で王立植物園の園長だったサー・ウィリアム・フッカーは、少女マリアンヌに異国の植物をプレゼントして、植物の絵を描くように促した。彼女は父や妹と同様に植物が好きで、家族でヨーロッパ各地を漫遊したさいに、何人もの画家からデッサンと絵の手ほどきを受けた。好みだったのは油彩で、「それ以来、ほかには手を出さなくなった。油絵はちびちび飲む酒みたいな悪癖と同じで、一度はじめたらやめるわけにはいかなくなる」のだった。

ジャマイカでレオノティスに飛んでくるオナガハチドリ。レオノティスと組み合わせたノースは先見の明がある。玉虫色の長い尾を持つオナガハチドリは、地元の民話にもよく登場し、ジャマイカの国鳥になった。レオノティスは現在、薬効で有名。

1855年に母親を亡くし、ノースは約束通り父親の世話をした。結婚せずに、財産を管理し続けたので、のちに探検をするための資金を捻出できたのである。それからの14年間、マリアンヌは日記帳とスケッチブックを手に、父と一緒にヨーロッパ中を駆けめぐり、聖地パレスチナも訪れた。1869年、ハイキングの途中で父フレデリック・ノースが病気になり、ヘイスティングズの自宅に連れて帰ると息を引き取った。父を失ってマリアンヌは大きなショックを受けた。絵を描くことと珍しい外国の植物を求めて世界旅行をするのが唯一の慰めとなった。

旅歩き

遠くまで旅行したい気持ちはずっと以前、ウィリアム・フッカーから熱帯の花をもらった時からの気持ちだったが、もう41歳になった今、つぎつぎに長期間にわたる旅行をはじめ、それが終生続くことになる。エジプトのルクソールで会ったことのある探検家ルーシ・ダフ・ゴードンにもっと遠くへと促されて、ヨーロッパを越えて「自然が豊かに繁茂している土地でほかにはない植物を描くために、どこか熱帯の国に行くという夢」を実現させる決心をした。

ブラジルのサトウキビ収穫の絵。ノースはブラジルで出会った野生植物の豊かさに目をみはったが、鉱山や畑で奴隷が不当に使われている現実も忘れることはなかった。

1871年、アメリカ訪問の招待を受けた。そこからひとつのパターンが生まれる。チャールズ・ダーウィンらの友人をはじめ、サー・ウィリアムの子息であるサー・ジョゼフ・フッカーのおかげで紹介状があるために、行く先々で有力者と会うことができた。地元の名士らの計らいで、もめることもなく滞在できた。

彼女は独り旅をしたが、初めての独り旅はボストンからはじまった。マリアンヌにとって大きな意味をもつことだが、博識をもってならした夫ルイとともにブラジルへの長距離旅行からもどったばかりのエリザベス・アガシー夫人と会えたのである。アガシー夫妻の植物のコレクションを見てノースは刺戟され、熱帯地方に行きたくなった。

冬が近づいてきたので、嬉々としてジャマイカに向かった。ノースは寒い気候は苦手で、「古傷」(リウマチ)に苦しめられるので、暑い気候はいつでも大歓迎だった。キングストン市を出ると、壁面が緑におおわれた、今にも倒れそうな一軒の家を見つけた。その家で楽しく1カ月、絵を描いて過ごしたのである。次はブラジルで、ミナスジェライス州の小さな家に住んで、「至福の」8カ月を過ごした。

旅行がいくら大変でも、どんなに苛酷で、どんなに長くても、彼女は植物のことしか眼中にはなかった。植物は彼女を失望させることがなかった。「わたしは楽しくあちこち歩き回り、遠くに出かけるたびに必ず新しい植物が見つかった」。ノースは人間よりも植物の方がずっと好きだったのだ。

南アフリカの風景と植物と人びとを描いたノースの絵。彼女は「カフィルランドの完璧に新しい植物の世界」に胸を打たれた。時おり、切り開かれた土地に蜂の巣型の建物があり、そこに住んでいる人たちは「赤い布を身にまとい、羽根をつけて堂々としていた」。

ジュリア・マーガレット・キャメロン作、マリアンヌ・ノースの肖像画。ノースはキャメロンを大のひいきにしていて、キャメロンの「突飛な行動はとても新鮮に感じられた」。

回想録が『幸福な人生の思い出』と題されたのにはわけがあった。旅行に明け暮れた時期は、断崖絶壁をよじ登り、沼を渡り、川を筏で下っては、危険をものともせずに、求めている植物のある場所を目指す冒険がえんえんと綴られている。彼女はどんな状況であれ、自分をとりこにする植物の姿を通して、世界を見たり体験したりした。

セーシェル諸島でオオミヤシの樹を描いていた時には、もっとよく見ようとして不安定な丸い石の上に乗ることさえ辞さなかった。彼女は「画板を大きな扇みたいな葉っぱの上に載せて、その大きな実とつぼみを無事に描き終えたが、ちょっとでも足が滑ったり、攣ったりしたら、スケッチもわたしも一巻の終わりだった」と記している。またある時、山岳地帯を歩き回る厳しい長期旅行から帰ると、「自分の足もとが見えない場所には、積極的には行かないというわたしの掟を」守ることにすると書いている。

1876年、セイロン島のカルタラで、樹の下に立てておいたイーゼルにもどってくると、椅子の上で緑色のものが揺れているのが見えた。眼鏡をかけていなかったので、誰かが植物を標本にと置いていってくれたのだろうと思い、手を伸ばすと、毒蛇が鎌首をもたげたのである。「その日以来、わたしは必ずメガネをかけるようになった」という。やはりカルタラで、ノースは写真家のジュリア・マーガレット・キャメロンと出会い、友だちになった。

ノースの明るい人柄は、きっとまわりを巻きこんでしまったのだろう。どこに行っても温かいもてなしを受けた。多くの人が手を貸してくれた。ある総督は、でこぼこの危険な道を行くのに馬車の手配をしてくれ、保安隊の馭者は「その名の通りの黒川（ブラックリバー）の」川縁（かわべり）でお茶を淹れてくれ、兵士は「立派な長い刀でわたしにくっついていたヒルの首を刎ねてくれた」。ボルネオではサラワクの白人王を紹介され、王妃のマーガレット・ブルックと親しくなって、一緒に旅行を楽しんだ。王は彼女の１カ月の滞在期間中は、沼のそばの家に住めるように取りはからってくれた。ノースの料理番だった男性は鶏小屋に潜りこんでは鶏を捕まえてきた。彼女は絵を描きながら「美味しい」時を過ごし、鶏肉がなくなり、「パンが変色した」ら、仕方なく帰ってきた。

サラワク滞在中に、ノースは食虫性袋葉植物では最大とされるネペンテス・ノーシアナを発見した。これが、功績を讃えて彼女の名前にちなんで命名される5種類の植物の第１弾となった（ちなみに他の4種類は、セーシェル諸島の樹であるノーシア・セイシェラーナ、アマリリスの１種であるクリナム・ノーシアナム、葉が羽状になったヤシの１種であるアレカ・ノーシアナ、アフリカ原産のユリのクニフォフィア・ノーシアナ）。

1878年から翌年にかけての１年半は、インドの文献に見られる植物を探してインド中を駆けめぐった。死者が花に包まれるようにと墓の近くに植えられるインドソケイ、ヒンドゥー教徒が火葬に使うマンゴーの木、芳香がするので寺の周囲に植えられるヤコウボクなど、200点以上の植物と土地を絵に描いた。南船北馬で、ひとには真似できない旅行を続け、日本、ジャワ、東インド諸島、アフリカ、オーストラリア、ニュージーランド、チリ、セーシェル諸島まで訪ね歩いた。

妹のキャサリンは姉にまつわる回想録を出版し、こう語っている。

姉は魔法に守られたような人生を送りました。マングローブにおおわれた沼地の中で一日じゅう坐って絵を描いていても、風邪ひとつひくことはありませんでした。何も食べなくても、眠らなくても、死ぬこともなく、1年か2年たつと、少しやせただけで、帰ってきました。眼差しには疲れた表情が浮かんでいても、歓迎会はめいっぱい楽しまなくちゃという様子でした。ロンドンはなんであろうと

食虫性袋葉植物では最大とされるボルネオのネペンテス・ノーシアナ。ノースの名前にちなんで命名された。

面白いことをして尊敬を集めた人をいつでも歓迎してくれますから。

何年か過ぎると、ノースは自分の絵で展覧会を開くことにした。ロンドンのサウスケンジントン博物館で行なった展覧会は大盛況だったため、ノースは自作を永久に保管するための博物館を建てようと考えた。1879年、サー・ジョゼフ・フッカーに、自分の絵だけではなく、それを所蔵する特別な建物のための建設費も提供したいと申し出た。フッカーがそれを聞き入れると、もうひとりの友人で有名な建築家のジェイムズ・ファーガソンに、庭師用の部屋もある建物の設計を依頼した。ノースは246種類の木の標本を旅行先から集めて来たが、それを展示室の壁板に使い、ドアには縁取りの模様を描いた。現在、キュー植物園には832枚の絵に、727種類の「属」と1000に近い「種」の植物が描かれている。大英博物館に行くと、さらにインドの絵が数百点見られる。

ノースの最後の旅は1884年から翌年までのチリ旅行だったが、帰国すると、すっかり体力を消耗し、長年にわたる苛烈な探検が祟(たた)って、病に伏した。1890年、グロスタシャーのオールダリーにて世を去った。59歳だった。

遺　産

ノースは自然環境保護論者の先覚者で、自分が今捉えている姿は、束の間のはかないものだと認識していた。風格あるアメリカスギの森林の中に伐採されて跡がつけられていくようすを目の当たりにして、彼女はこう書き記している。「何百年もの間、未開人も動物もいっさい害を与えずにきた宝物を、文明人が荒廃させていくのかと思うと、心が張り裂ける思いだった」。

キュー植物園のジョゼフ・フッカー園長は、1892年の〈ノース館(ギャラリー)〉公式案内書の序文で、彼女の絵についてこう記した。「これらの植物は（中略）次々と入りこんでくる入植者や植民地開拓者の伐採の斧と森林火災、鋤と人波を前にして、すでに絶滅しかけているか、もしくは間もなく絶滅する運命にある。このような惨状は、自然の力では修復不可能だ」。

ノースの遺した業績には、植物の記録として重要な要素が含まれている。植物だけを孤立させずに、鳥や昆虫、時にはそこにいる人間とともに描くなど、育っている環境の中のあるがままの姿で描いたからである。彼女は情熱を注ぐことのできる対象を見いだし、その情熱を追究するだけの資産と勇気に恵まれ、発見を他人と共有できる才能にも恵まれた、真に幸運な人間だった。また、自分のなしえた仕事の成果を世界でも有数の植物園と連結させ、それを確実に後世への遺産として活用できるようにしたのである。

インドのジンジャーリリーとタイヨウチョウ。ノースがインドを訪れた目的の一つは、インドの宗教と関わりのある植物を描くことだった。ヒマラヤ山麓が原産のジンジャーリリーの花で花輪を作り、ヒンドゥー教の雨の神インドラを讃える８日間のインドラジャトラの祭りの間、女神クマーリの化身と信じられている少女をその花輪で飾った。

ピーター・レイビー

アルフレッド・ラッセル・ウォレス

適者生存

(1823 ～ 1913)

文明人がこの遙か遠方の土地にたどり着き、
この原生林に道徳と知性と自然法則の光を注いだなら、
絶妙に調和している生物と無生物の関係を掻き乱し、
彼だけが観賞できるみごとな仕組みと美しさを備えた
これらの生物を追い払い、最後には絶滅に
追いやることになるのだ。

A・R・ウォレス
『マレー諸島』(1869 年)

アルフレッド・ラッセル・ウォレスは、1823 年 1 月 8 日にウェールズ南東部の州モンマスシャーで生まれた。1826 年に一家でハートフォードに引っ越し、アルフレッドは 14 歳までグラマー・スクールにかよった。その後は一時、ロンドンで兄のひとりと暮らしていたが、1837 年にもうひとりの兄ウィリアムのもとで、測量技師の見習いになった。7 年〔徒弟期間は 7 年がふつうだった〕近く兄と一緒にいて、後にはウェールズに移ったが、測量の契約をこなした。

野外の生活が向いていて、地質学と博物学に関心をもち、職工学校でも学ぶかたわら、独学で本格的に学問を身につけはじめた。それからちょうど 1 年がすぎたころ、レスターで教員になり、ヘンリ・ウォルター・ベイツに出会った。ベイツは昆虫採集の面白さをウォレスに伝授した。ウォレスはウェールズに帰って、しばらくの間は一時的に景気が良くなった測量の仕事をこなした。鉄道ブームでにわかに儲かったのである。

しかし、しだいに知的な好奇心が頭をもたげはじめた。旅行記、とりわけフンボルトの『南米紀行』(本書 232 頁)とダーウィンの『ビーグル号航海記』に夢中になった。1845 年には『創造の痕跡』(ロバート・チェインバーズ著)を読んで、その中心的な考え方である「種の変移」が自身の考えと一致した。

ベイツとは毎月お互いに「収穫」をリストにして交換していたが、ベイツがウェールズの自宅に泊まりにくると、ふたりは共同で探検の計画を立てた。「〈種〉の起源の理論を視野に入れて、なにかひとつの〈科〉を徹底的に調べてみたい」とウォレスはベイツに書いている。ふたりはアマゾン川を目指すことにし、ロンドンで博物館関係の仲介をしているサミュエル・スティーヴンズに標本を売ることで、経費に充てようと考えた。

アマゾン川へ

１週間、猟銃を撃ったり、鳥の皮を剥いだりの練習をすると、ウォレスとベイツは1848年4月にリヴァプールを発った。パラ（現在のブラジルのベレン）に到着すると、町の外れに家を借りて、すぐに過密なスケジュールを実践に移した。早朝に獲物を蒐集し、暑い日中に標本の皮を剥ぎ、剥製の処理をして、保管する。夕方からは記録にまとめるのである。蝶などの昆虫と鳥が、彼らのコレクションの大半を占めた。ふたりは死に物狂いで活動して、動植物を扱う商売人としての信用を確立し、いちだんと大規模な探検の資金が調達できる仕組みを作り出そうとした。アマゾン川の支流のひとつトカンチンス川探検は学ぶことの多い経験になった。

ウォレスは未熟な探検家がたいてい経験する突発的な事件・事故を休験した。スズメバチの猛攻、死んでいると思ったアリゲーターとの取っ組み合いの死闘、カヌーの板の間に銃が挟まって暴発して手に大怪我をしたり。

ウォレスはベイツとは別行動をとってそれぞれ違う場所に行くことにしようと考え、弟に一緒に来るようにと説得をした。弟ハーバートは植物学者のリチャード・スプルースとパラまで行き、1849年8月に、兄弟でブラジル北部パラ州の西の都市サンタレンまで、アマゾン川を645キロ遡上した。ウォレスは体を動かすこと、澄んだ空気、素朴な暮らしに小躍りした。蝶を追いかけ――マボロシアカネタテハを「これまで捕まえた中で一番美しい蝶」だと言っている――分布状態にとまどった。川の両岸で採集をすると、川が種を分けている境界になっていることに気づいた。

自信を深めつつ、ウォレスはあまり開発されていない土地を調査したくなった。1849年末までには、アマゾン川とリオ・ネグロ川の合流点にたどり着き、バラ（現在のマナウス）を調査の拠点に定めた。ハーバートは、すでに採集は自分の仕事ではないと見切りをつけていたので、アルフレッドは地元の商人と調査に出て、リオ・ネグロ川がオリノコ川と合流する、サンガブリエルの滝から先を目指した。ウォレスは魚を系統立てて集めて絵を描いた。グイアに着くと、色鮮やかなイワドリを探して、セラ・ディ・コバティへと向かっ

1869年、ウォレスと友人フレデリック・ギーチ。ウォレスがイギリスに帰国する直前にシンガポールで撮影された。

ウォレスのスケッチブックより。リオ・ネグロ川の魚、セイルフィンプレコの鉛筆画。魚のスケッチをしたノートは、ヘレン号火災の際にウォレスがやっと救い出した数少ない記録の一つだった。

た。

この時の探索はとりわけ考えさせられることが多かった。インディオに獲物の捕獲をたのまずに、ウォレスは彼らの後をついて行ったのだが、持っていた銃が頭上の枝に引っかかったり、つる植物のトゲにシャツの袖が取られたりしたので、インディオたちはウォレスを「役立たずの良い見本で、森の中を歩くのに服なんか着ていたらどんな目にあうか思い知らされた」だろうといわんばかりの顔で見ていた。彼はヤビタで数カ月過ごした。ブヨはともかくとして、ここはユートピアだった。

そこからさらにウアウペス川をカヌーに乗って進んで行ったが、ウォレスは「正真正銘の森の住民たちの中に」自分がいるのを喜んだ。彼は森の人たちの習慣や踊り、言葉を記録して、もっと長くそこにいたいと思った。1時間ほど歩き回っただけで、30種類のランを見つけ、生きたサルやオウムをただ同然の安い品物と交換してもらえることもわかった。白いカサドリがいるという噂も聞きつけた。珍しい鳥となると、彼には抗しがたい魅力があった。

荷造りした標本を送り、さらに多くの動植物を買おうとバラにもどると、弟がパラで黄熱病にかかって危険な状態にあることがわかった。しかし、遠すぎて助けには行けないと自分に言い聞かせて、サン・ジョアキンまで引き返したが、何度も高熱が出て、「もうちょっとで死ぬ」かと思うほどだったという。

ウォレスは立ち直りも早かったし、決断力もあったが、自ら体調を崩したり弟が心配だったりで、内心は穏やかではなかった。元気になるとすぐに、50カ所ほどもある滝をくぐり抜けたり回避したりしながらウアウペス川を引き返して、やっとムクラに到着した。それまでヨーロッパ人が来たことがなかったので、ウォレスは満足した。できるだけ正確に地図を作製したが、標高を測るための沸点温度計がなくなったり壊れたりして、携帯用の六分儀がひとつあるだけだった。彼は病気のせいで遅れたために、動物が思ったようには集められなかったという。果物の旬は過ぎ、魚の数も少なくなり、白いカサドリも存在しないように思われた。それでも、極力たくさんの生きた動物を集めて、出発した。パラでは弟の死を知り、墓を訪ねた。

1852年7月、ウォレスはイングラドへと出帆した。3週間が過ぎたところで船から出火があり、全員が救命ボートに乗り移った。ウォレスは魚と椰子のスケッチなどを手当たりしだい持ち出して、船が3年分の日誌や大判のスケッチブック、サルと鳥のコレクションとともに焼けるのをじっと見つめていた。ウォレスらはバミューダ周辺を漂流していると、ディールへとふらふらと入りこんできた船に救助された。それまで何日もビスケットと水しか口にしていなかったので、ビーフステーキとスモモのタルトが食べられたのも救いだった。

ウォレスは標本を失い、500ポンドの損失と計算した。さらに手痛かったのは、まる4年間大切にしていたコレクションを失ったことだった。さいわい、取引をしていたスティーヴンズがそのコレクションに200ポンドの保険金をかけていてくれたので、ウォレスは無一文にはならずにすんだ。

彼は29歳で、しかも筋金入りの楽観主義者だった。すぐに各種の学会に挨拶回りをし、会合には顔を出し、論文や研究の発表をした。王立地理学会にも論文を送った。記憶を搾り出すようにし、わずかに残っている記録を最大限に活用して、『アマゾン川ネグロ川紀行』をまとめ上げた。

標本蒐集に大きな功績をあげ、種の進化と結びつけて動植物の分布を考えていくと自信が出てきて、さらに大きな探検を考えるようになった。ふたたびアマゾン川に行くか、まだ行ったことのないペルーがいいのか。オーストラリアにしようか。サー・ロデリック・マーチソンと王立地理学会に働きかけて、自由に東方に行けるように許可を得た。1854年4月、ウォレスは若い助手チャールズ・アレンを連れてシンガポールに到着し、8年に及ぶマレー諸島での逍遙がはじまった。これは彼の人生の「中心を占め、針路を決する事件」となる。

ボルネオとオランウータン

シンガポールはヨーロッパに向かう船舶の重要な地点にあり、申し分のない活動の拠点となった。ブラジルの時と同じように、ウォレスは身近なところから調査をはじめて、少し足を延ばしては様子を見て、ムラカには2カ月滞在して、オフィア山に登った。しかし、ボルネオには比較的自然のままに近い標本採集には最適の地域があり、サラワクの王ブルックとも連絡が取れて、魅力のある土地だった。

1854年11月にはボルネオに到着する。雨期の間はサントゥボン山の麓の小さな家で過ごして、重要な論文となる「新種の導入を調節する法則について」を書き上げた。そこには「あらゆる種はそれ以前に存在した近縁の種と、同じ時期に同じ場所で出現してきた」という刺戟的な一文があった。これはウォレスがベイツやスプルースと議論してきた理論だったが、「いかにして」という重要な要素が欠けていた。

この論文がロンドンへと運ばれていたころ、ウォレスは活動の拠点をシムンジョン川へと移した。そこは石炭工場のために原生林が切り開かれているところだった。彼は2部屋の小さな家を建てて、絶好の場所で9カ月間、本格的に標本蒐集を行なった。1日で76種類の昆虫を捕まえることもあった。そのうち34種は初めて見るものだった。ほかにも楽しかったのは、大型のトリバネチョウで、それをサラワクの王ブルックにちなんで、アカメガネトリバネアゲハ（*Ornithoptera brookiana*: 現在はアカエリトリバネアゲハ *Trogonoptera Brookiana*）と名づけた。トビガエルの新種も見つけた。

とくに重要なのは、オランウータンとの出会いだった。ウォレスが雇ったダヤク族の猟師と一緒に相当数のオランウータンを撃ったが、当時のウォレスは、それに良心が咎めることはなかった。彼はまたオランウータンの習性を念入りに調べることもできた。幼いオランウータンをまるで人間の赤ん坊のように育てて、記録したのである。

サラワクにもどるには、シムンジョン川を利用してサラワク川へと入っていったが、途中でダヤク族の長屋に泊めてもらったりもした。そうして、イングランドへ輸送するための大コレクション—— 5,000種類もの昆虫とオランウータンの皮と骨——をもって、シンガポールに帰った。ウォレスの心は多くの動物を観察して豊かになっていた。また、他の人種の人びとと多くの時間を過ごして、人類も含めて〈種〉というものについての考え方も固まってきていた。

ウォレス線

さらに東へと目指す時期が来た。バリ島に（中国人の所有するスクーナー船で20日かかって）到着し、つぎにロンボク島におもむいた。すると、まったく予想外に鳥が多く、「東洋の動物の地理的分布の法則解明に大いなる光」を与えてくれることになった。バリ島とロンボク島は

左：「トビガエル」。ウォレスのスケッチを原画とするJ・G・キュールマンズ作の版画。

右頁：オオフウチョウ（学名 *Paradisaea apoda*）。ジョン・グールド著『ニューギニアの鳥類』所収。

ウォレスの個人コレクションから。雄と雌で形態に違いがある。上段左は雄のアカメガネトリバネアゲハ。ウォレスは「世界で最もみごとな蝶」と絶賛した。

28キロも離れていないのに、まったく別の動物学上の地区に属していて、それぞれの島が極限の地域になっている。ウォレスはアジアとオーストラリアの間にある生物学的な区分線がそこにあることに気づいた。これが彼の名を冠して「ウォレス線」と呼ばれることになる。これはみごとな推論で、のちに地質学上の大発見であるプレートテクトニクス理論によって初めて立証されることになる偉業である。

ウォレスはマカッサルへと移動した。その後セレベス（インドネシア語名スラウェシ）島へは何度も行くが、今回が初めてだった。地理上の分布を考える上ではみごとなくらい戸惑いを覚える島だった。しかし、彼はアルー諸島の最北端に着目した。そこにはヒヨクドリとオオフウチョウがいるのではないかと見当をつけ、地元の快走帆船（プラウ）に乗って1,600キロほど航海した。茅葺きの船室でくつろぎ、「船旅でこれほど居心地が良く快適だったことはなかった」といい、森林の匂いを思い出させるプラウ船の野菜繊維の香りを楽しんだ。

ウォレスは陶然としながら、記録を綴っている。ケイ諸島は「新世界」で、人間の「絶対的な多様性」に狂喜乱舞した。アルー諸島ではさらに驚きが続く。各種のフウチョウ、珍しい蝶、島民たちの美しさ、環境に「みごとに順応している」姿に目を瞠（みは）るばかりだった。ロスチャイルドトリバネアゲハを捕まえた時のことを、こう記している。「私の方へと悠然と飛んでくるのを見た時には、昂奮のあまりふるえてしまい、本当にうまく捕獲できたかどうか半信半疑で虫取り網から取り出し、そのビロードのような黒と鮮やかな緑色をした（中略）羽根と金色（こんじき）に輝く胴体、深紅の胸をうっとりと見とれていた」。1,600種の標本を9,000点確保して、満ち足りた思いでマカッサルにもどった。

自然選択とフウチョウ

ウォレスは拠点をまずアンボン島に移して、3.6メートルのニシキヘビと同居し、テルナテ島へと移動した。近くにあるジャイロロ島（ハルマヘラ島）を調査しながら、人類について考え続けていると、マラリアで高熱を出して震えている時に、マルサスの『人口論』が頭に浮かんだ。突如、種がどのように変化したかという問題の答えを思いついたのである。各世代で劣っているものは必然的に絶滅していき、優れた種が生き延びる。すなわち「いちばん適した者が生き残るのだ」。テルナテ島にもどり、論文を清書して、手紙のやりとりをしていたチャールズ・ダーウィンに送り、意見を求めた。それからまた大航海を計画した。ニューギニアのドーレイに向かったのである。

今回はウォレスの遠征の中でも指折りの辛い旅となった。ニューギニアではふたりが病に倒れて、ひとりが死んだ。ウォレス自身も病気と大雨とアリとハエの大群に苦しんだ。しかし、彼の論文が受諾されたという知らせが届いた。1858年7月にリンネ学会の会合で、ダーウィンが書き添えた文書とともに読み上げられたのである。自然選択による進化の理論がいまや公けの場に出されたのであり、ウォレスの役割と科学的思想家としての名声は揺るぎのないものとなった。

ダーウィンとの手紙のやりとりが続き、最後にダーウィンからの返事が『種の起源』という形で送られてきた。1859年の出版だった。ウォレスはその

オオフウチョウを射つアルー諸島の住民。『マレー諸島』所収のT・W・ウッドの版画。

THE

MALAY ARCHIPELAGO:

THE LAND OF THE

ORANG-UTAN, AND THE BIRD OF PARADISE.

A NARRATIVE OF TRAVEL,

WITH STUDIES OF MAN AND NATURE.

BY

ALFRED RUSSEL WALLACE,

AUTHOR OF

"TRAVELS ON THE AMAZON AND RIO NEGRO," "PALM TREES OF THE AMAZON," ETC.

IN TWO VOLS.—VOL. II.

London:

MACMILLAN AND CO.

1869.

[*The Right of Translation and Reproduction is reserved.*]

ジョゼフ・ウルフ画、雌のオランウータン。『マレー諸島』の標題頁より。

該博な知識と論証の確かさを認め、自らの理論をまとめる計画にはそっと封印をして、動物と時間・空間の関係についての研究を完成させることにした。

彼はバチャン島（バカン島）で新種のフウチョウ、シロハタフウチョウを発見し、ベニフウチョウを探して、ワイゲオ島とベッシルを訪れ、標本を生きたまま持ち帰ろうとし、またティモール島・ジャワ島・スマトラ島の知識を仕入れてきた。やっと1862年4月1日にロンドンに帰り、生きている宝石とも言うべき2羽のフウチョウに手ずからゴキブリを食べさせて、意気揚々とロンドン動物学会のために連れてきたのである。

探検家としてのウォレスはこれで終わりとなった。『マレー諸島』を出版するのはそれから7年後だが、しだいに旅行記の傑作として認められていく。明解で、活き活きとして、並々ならぬ理解力が示されているし、自然界の美しさと多様性を目の当たりにした畏怖の念も強烈に伝わってくる。ウォレスは1913年まで健在で、正式に研究職につくことはなかったが——組織には馴染まない性格だったのかも知れないし、社会主義や心霊主義に関心があったために、胡散（うさん）臭く見られていたのかも知れない——しかし、続々と科学をテーマとする読み物を発表して読者に影響を与え、公的機関が授ける栄誉はすべて受け、メリット勲章にも輝いた。

しかし、博物学者として探検した歳月こそ、ウォレスが一番大きな功績をあげた時期であり、その功績があげられたのは、はるか遠い異国に遠征したからではなく、観察力がすぐれていたからである。1カ所にかなり長期にわたって腰を据えることが多かったからこそ、また地元を活用したからこそ、ウォレスは世界をひとつの連続体として捉える独特の世界観を持つようになったのだ。

彼は近代文明の価値観を疑問視し、野放しの開発が人類と自然界におよぼす危険を予見していた。ウォレスの書いたものを読んでいると、自然界における人間の位置をめぐる諸問題や、自然界のつながりと脆弱さを思わずにはいられなくなる。

オリヴァー・トゥーリー

フランク・キングドン-ウォード

東アジアで植物採集

（1885 ～ 1958）

探検というものは、ときどき我を忘れるほど
陶然とすることはあるが、退屈な日の連続だ。
フランク・キングドン-ウォード

私の祖父フランク・キングドン-ウォードよりも有名な探検家はいるだろうが、大勢の著名な旅行者たちと比べると、ある意味で誰よりも目立っていることも確かだ。それは、わずか数度ではあったが、命拾いをしたことだ。1885 年、マンチェスターの生まれで、初めての冒険はまだ学生のころ、2 日以上かかって自転車でオクスフォードまで行き、ずぶ濡れになったり野宿をしたりした。親友とともに、クラブを（部員はふたりだけ）結成して、定期的に冒険をした。苦難が多いほど、冒険は成功だったと考えた。2 度の世界大戦に邪魔されはしたが、50 年間の探検のすえに、キングドン-ウォードは病院で没した。享年 72。

父親のハリー・マーシャル・ウォードはケンブリッジ大学の植物学教授で、セイロン（スリランカ）のコーヒーの木の胴枯れ病の研究で優れた業績をあげた。子供の時にフランクは、父親とある探検家が自宅で話をしていたが、その時聞いた「いまだに白人が足を踏み入れたことのない土地がブラフマプトラ川の上流にはあるんだ」という言葉が際立って耳に響いた。父親が亡くなると、フランクはケンブリッジ大学を中退して、ブラフマプトラ川に近づくため、上海で教職に就いた。1909 年、ベッドフォード侯爵が後ろ盾になっている中国西部への探検に誘われて受諾した。これは主に動物の調査が目的だったが、フランクは母校ケンブリッジに植物の乾燥標本も送った。

フランク・キングドン-ウォードは植物採集家として有名だが、本人はなによりも探検家だと思っていた。彼にとって植物の蒐集は単なる目的のための手段にすぎず、要するに探検のための資金集めのためだった。とはいえ、初めはイギリス、のちにアメリカ、やがて世界中の熱心な園藝家たちにとっては、庭に異国の美しさをほぼ途絶えることなくもたらしてくれるありがたい活動だった。伝説的なヒマラヤの青いケシ（メコノプシス・ベトニキフォリア）、プリムラ・フロリンダエ（ジャイアント・カウスリップ）、ロードデンドロン・ウォーディー、リリウム・マク

「メコノプシス・ベトニキフォリア」（ヒマラヤの青いケシ）。キングドン・ウォードが撮り、1924 年に持ち帰った写真。

リニアエの４種はその代表的な例である。彼はまた精力的に書き物もして、一日長い距離を歩いたあとでも、小さな机に向かっては日記を書き、手紙も書いた。残念ながら、多くの著書と数え切れないほどの記事を書いたのに、ほとんど金にはならなかったが。それでも、著書と記事は彼の生涯の仕事の証拠であり、伝記の基盤を形成してくれている。

初期の遠征

キングドン-ウォードが初めて植物採集の遠征を行なったのは1911年で、ビーズ育種社のA・K・ブリーの依頼を受けてのことだった。彼の任務は中国の雲南（ユンナン）に行き、イングランドの庭で育てるための新しいおもしろい植物を蒐集することだった。自分の能力に不安はあったが、みごとな成果をあげて、約200種の植物を持ち帰った。未知の植物も多く含まれていた。植物採集をしているうちに、道に迷い、はぐれて、２日間は花の蜜と葉だけで生きていたが、胃痙攣までおこしたのだった。２日目には幻覚を見て、ありもしない大きな石を跳び越えたら、つまずいて本物の石の上に転んでしまった。なんとか発見されて、旅を続け、貴重な種子をイングランドに持ち帰った。

1913年にビーズ社のためにふたたび雲南の土を踏んだ。1914年にはビルマに向かい、波瀾万丈の遠征を経験することになる。命を失いかけたことも３回は下らない。１度は樹が倒れてきて、彼のいるテントを直撃した時。２度目は嵐で小屋が壊された時。３度目は暗闇のなか断崖から落ちかけた時だ。こういう目にあっても、彼はその土地を探索して植物採集を続けたのである。

帰途、大英帝国の最果ての地にいる何人かのイギリス人将校に会い、ヨーロッパで戦争が起きていることを知らされた。一刻も早く軍隊に入りたくて、強行軍で、ビルマの北東にあったイギリス軍基地フォート・ハーツまで行ったが、過労のあまり倒れて人事不省となり、何日も寝こんでしまった。彼の戦歴は華々しくはなかったが、何もしなかったわけではない。２年間はビルマで地元の反抗的な軍隊の訓練をし、さらに２年間はメソポタミア（現在のイラク）に従軍した。ただ、そこで彼が見た唯一の軍事行動は、一匹のクロコダイルを撃つことだけだった。

この時世では誰もが人種差別をし、現地の住民を見くだし、動物はただ殺されるためにだけいて、希少な物は価値があり、他人の国はまるごと搾取するためにだけ存在するようなものだったが、キングドン-ウォードは、相手の気持ちが汲める旅行者だったといえる。取引で地元民を相手に金をごまかしたり、未知の土地を大勢の人夫の行列を従えて行ったりという、同じ世代の人たちのやり方が彼は嫌いだった。

彼らとは対照的に、身軽な格好で旅をし、約束通りの金額を支払い、珍しい獲物を狙っている時には射撃の名手となり、わけもなく現地の人を悪く書くことは、まずなかった。彼はカメラや懐中電灯などは安い物を持ち歩いていた。現地の酋長や

インド東部のヒマラヤにあるミシュミ山地の標高3000メートル地点にある温帯雨林の壮観。樹には着生のツツジが生えている。

王が欲しがることを知っていたからだ。そういう物は惜しまなかったが、自分の上等な機材や装備は手放すことはなかった。

1924年の遠征時には「神話上の」滝を見つけ出す目的は果たせなかったが、72年後に別の探検隊が同じ目的で遠征した時の道案内は、その祖父が昔、フランクを案内したことがあったという。この案内人は、滝を探していた探検家の話を子供のころから聞かされて育ち、後年、探検隊を成功へと導くことになった。1926年初版で、2001年に再刊された『ツアンポー峡谷の謎』には、その顚末が詳しく語られている。

1923年、キングドン-ウォードはフロリンダ・ノーマン-トンプソンと結婚した。ふたりの娘に恵まれはしたが、ほとんど家にいることはなかった。結婚生活は14年で終止符が打たれ、離婚した。時代柄、彼は女性関係の問題があるかのような態

1930年代のビルマでキングドン-ウォードが撮ったナガ族の女性の写真。彼は人類学に大きな関心を寄せ、現地の住民については数多くの文書で触れており、常に彼らの慣例や風習を尊重しようとしていた。

キングドン-ウォードの荷物を背負っている現地の運搬業者（時期も場所も不明）。キングドン-ウォードは植物と風景にも劣らぬほど、出会った人びとを写真におさめた。

度を取らなければならなかった。離婚仮判決が通知されたのは、ビルマにふたたび出かけていたときのことだった。

第２次世界大戦と晩年の探検

第２次世界大戦中、キングドン-ウォードは、初めはロンドンで検閲の仕事をして、中国語の文書を翻訳していたが、室内に閉じこもっているのが嫌だった。最終的には、戦場に出たいという願いが一部聞き入れられて、アフリカを経由して、陸路で中東とアジアを通り、シンガポールまで行くことになったが、そこに日本軍が侵攻してきたため、インドへとうまく逃れたのである。日本軍が攻めてきた時には、退却した最終組の中にいて、その後、１年半は音信が途絶えていた。

ふたたび消息がわかった時には、燃料と食糧を密林の中に隠しているところだった。のちにイギリス空軍にジャングルで生き延びる術（すべ）を教授している。ある時、乗っているジープから投げ出されて、そのジープの前の路上に落ちたこともあった。自分の死を姉に知らせる手紙の内容を言って書き取らせたあと、気を失った。その時、60歳だった。もちろん、その後、元気になって、手紙も送られることはなかった。戦況が変わり、彼の経験はもう必要とされなくなって、失業状態になったが、茶を栽培する大農場の仕事を引き受け、やがて行方不明の飛行士を捜索するアメリカ空軍に雇われた。

1947年、ジーン・マックリンと再婚。最初の妻とは違い、ジーンは探検が好きで、その後の旅行にはすべて夫に一緒について行った。1948年、ふたりはインドのマニプールに行き、1,000種以上の植物を採集した。さらに1949年、ニューヨーク植物学会のために、現在はインドの一部であるミシュミに行き、1950年には王立園藝協会の依頼でアッサム地方とチベットの境界地域にも行った。

この時にふたりは、リヒタースケール〔地震の規模を表わす日本のマグニチュードとは別の世界的基準〕でマグニチュード9.6～9.7の地震を体験した。それまでの記録では最大の地震で、キングドン-ウォード夫妻は震源地から何キロもはなれていない場所にいた。フランクの言葉を

遠征中のフランクとジーン。キャンプ地に着いても一日は終わりにはならなかった。えんえんと一日中歩いたあとでも、キングドン-ウォードは腰を下ろすと手紙や日記を書き、きちんと整理しなければならない種子も、乾燥させて押し花にしなければならない植物の標本もあった。

借りると、「あたりの山々はロヒト峡谷の中へと崩れ落ちているように見えた。真っ二つに裂ける山もあった。樹がおおい繁っている山肌は濡れた紙のように剥がれ落ちていき、緑の山々は雪のような白さになり、巨大な塵のカーテンが太陽の色を赤銅色に変えた」。

無惨な光景の中をなんとか家に帰ろうとしていると、無一物になってしまった兵士らに出会った。ふたりは着の身着のままで、やっと帰国したが、遠征自体は惨憺たる結果に終わってしまった。キングドン-ウォードは支援者らに資金の返還を申し出たが、みんなふたりが生きて元気だったのでよかったと慰めてくれた。

キングドン-ウォードは高いところが大の苦手だった。場所は不明だが、これは彼が撮った写真で、橋の造りは精巧な部類に入る。ロープが一本渡されただけの場所も時々あった。

このような挫折を味わうことはあったが、彼とジーンは、さらに大きな成果をあげて帰ってくるようになる。1952年から翌年まで、彼らはビルマに行き、若いふたりのビルマ人植物学者と一緒に調査をした。68歳の誕生日には3,350メートル以上の山に登り、1956年にはスウェーデン人植物学者とともに、ふたたびビルマを訪れた。1930年にキングドン-ウォードが植物学上の功績のみならず、中国とチベットでの「探検による地理学上の功績」に対して王立地理学会が〈創立者メダル〉を授与したのは、まことにふさわしい評価を下したといえる。

時代をさかのぼるが、1911年にキングドン-ウォードは「雨の中、11時間歩いて疲れた」と書いていたが、晩年になってからは「5時間の山登りで疲労困憊だ」と言っている。1909年にはマラリアにかかり、何年間も、幾度となく高熱を出していたこともあった。しかし、嵐・地震・断崖絶壁・病気などなど並べきれないほど多くの災難でさえも、彼の命を奪うことはできなかった。

1958年、脳卒中に倒れ、昏睡状態におちいった。その2日後に死去。72歳だった。地図の空白地帯を狭め、詳細な地図を作成し、人類学的な研究を行なって、50年にわたる理路整然とした探検の成果を遺した。しかし彼は、我々の庭に大きな変化と美しさをもたらした人物として記憶に残ることだろう。

新次元の世界へ

大探検時代ともいうべき時代は、まだはじまったばかりと言えるかもしれない。人間は自然の営みについても、生物の種（しゅ）の間の複雑な関係についても、ほとんど理解していないことに気づきはじめたばかりなのだから。この大地と海のはるか上にも、中にも、まだ手つかずの新しい自然の世界が広がっている。本章で取り上げるのは、いずれもそれぞれ別の方面での探検を通じて、世界の見方や我々と世界の関わり方を一変させた人物である。

短い生涯ではあったが、環境の見方も環境を扱う人間の能力についての見方もすっかり変えてしまった若者がジーノ・ワトキンズである。彼が仲間とともにした血の滲むような努力の果てに、グリーンランドの内陸に気象観測所を設置したおかげで、大西洋を横断する飛行機旅行が可能になったのだ。グリーンランドの氷に閉ざされた山の上を飛ぶ航路は、ごく最近まで利用されていた。

大気圏外の宇宙空間に飛び出した最初の人類は、大工の息子だった。庶民の家柄も一役買って、ユーリイ・ガガーリンが共産主義の指導者らから労働者階級の代表にふさわしい人物として選ばれ、ソヴィエト連邦で一番の有名人となった。人類が宇宙空間で生きていられることが証明されると、さらに遠くを目指しはじめることになった。現在は探査機が太陽系の周辺部を調査しているが、いつの日にか、人間もそこにいくことになるのだろう。

深海は我々には一番謎の多い生物世界である。深海の探検を可能にした装備、アクアラングの開発といえば思い浮かぶのが、ジャック-イヴ・クストーの名前である。映画と著書を通じて、クストーは海中の世界を明るみに出した。この惑星で一番傷つきやすい世界を保護しようと熱心に展開した運動は、現在、長男のジャン-ミシェル・クストーに引き継がれている。

この地球でもうひとつ、ほとんど調査されていないのが、茫漠と広がる地下世界だ。現在、誰よりも数多くの洞窟を探検し続けているアンドルー・イーヴィスによると、中に入れる洞窟のうち、これまでわずかに10％しか調査されていないのだという。息を呑むような洞穴と早瀬の流れる偉観は、地下の探検をいっそう刺戟的なものにしてくれる。

中国の重慶にある天坑は世界でも屈指の深度をもつ縦穴洞窟。深さは垂直方向に約500メートル。人影はすべてロバート・イーヴィス。

ジェレミー・スコット

ジーノ・ワトキンズ

危険に取り憑かれて

(1907～32)

彼らが北極で経験したことは無垢な高揚感だった。
残酷なまでの美しさと真実しかないあの広大な空間で、彼らの人生は
大胆なほど純朴になり、それ以降は、その純朴さに太刀打ちできるものは
なにもなかった。
ジェレミー・スコット
『氷上で踊る』(2008年)

ロンドンからアメリカ西海岸までの定期便旅客機は、氷におおわれたグリーンランドの上空約1万4000メートルから1万7000メートルを飛んで行く。天候は無関係の上空を飛んで行くので、食事を静かに楽しむことができ、眼下には白い平原がどこまでも続いている。しかし、昔からいつでも見られた風景ではなかった。

1930年、23歳のヘンリ・ジョージ・"ジーノ"・ワトキンズが、14人の若者を率いてグリーンランドに向かった。この遠征は、氷におおわれたグリーンランドの山の上空を飛ぶ航路が可能かどうかを調べ、ヨーロッパとアメリカを結ぶ飛行機旅行の可能性を探ることが表向きの目的だった。しかし、彼らのほんとうの動機はもっと深いところにあり、もっと複雑だった。若すぎて第1次世界大戦で闘うことができず、不況のイングランドにいては避けられそうにない陰鬱で冴えない生活には耐えがたかったのだ。彼らが求めていたのは冒険、危険、そして自分たちの度胸を試すチャンスだった。仲間のひとりだったオーガスト・コートールドの言葉を借りれば、「大きなことをした」かったのである。

操縦席がむき出しの複葉機2機に、手巻き式蓄音機を1台積んで出発し、グリーンランドで最初に行なったのは、イヌイットにチャールストンの踊り方を教えることだった。こういうやり方はいかにもジーノらしい。人生にしろ北極探検にしろ、気楽にかまえるのが彼の基本なのだ。ただし、その裏では冷酷なまでのプロ意識が貫かれているのだが。彼が危険や冒険を好むようになったのは、ケンブリッジ大学で夜中に大学の建物の屋根や塔によじ登ったのがそもそものはじまりで、それが高じて、アルプスにも登るようになった。初めて北極探検を行なったのは19歳の時で、エッジ島(スヴァールバル)の実地調査が目的だった。その2年後、王立地理学会から助成金を得て、大学の友人J・M・スコットとラブラドル半島に行き、現地の調査と合わせて、ハミルトン川の源流も調べた。

ラブラドル滞在中に、ジーノは氷の山の上を通過して、ヨーロッパとアメリカを結ぶような航空路を調べてみようと思い立った。そこを通れば最短の路線になると同時に、航空機が燃料補給のために着陸できる中継点を設けることもできる。そう

女性的で体の線も細く、金髪で、ジャズとダンスとスポーツカーが好きだったワトキンズは、およそ探検家のイメージとはほど遠かった。彼自身も探検に加わった青年たちも、いわゆる「ブライズヘッド世代」〔E・ウォーの小説『ブライズヘッドふたたび』(*Brideshead Revisited*)にちなむ名称。二つの世界大戦に挟まれた時代に青春を過ごした上層中産階級・上流階級の世代〕の若者だった。

なると、乗客を乗せた商業飛行が、理屈の上では可能になる。

1930年7月、イギリス北極航路調査隊が、シャックルトンの古いクエスト号――シャックルトンはその船で亡くなっていた――に乗って東グリーンランドへと出港した。ジーノは基地となる建物を建てた後、沿岸に連らなる山の高さを測るために、船に飛行機を1機載せたまま北上を続け、たまたま北極の最高峰を発見したのである。一方、スコットほか3名の隊員と28匹の犬がベースキャンプから225キロメートルの地点、標高2,620メートルの場所に気象観測所を設置するために出発した。この観測所により、冬の間、気象状況が記録され、飛行条件が把握できるようになる。

観測所には2名が配置され、定期的にふたりずつ交替する。10月末には、コートールドも含めた一行は、翌春まで観測所で生活できるように、食糧などの物資を持って出発した。ところが、ブリザードに悩まされ、旅は困難を極めた。観測所にたどり着いた時には、もう、ふたりが越冬できるほどの食糧は残っていなかった。観測所を諦めるということは、遠征は失敗だったことになる。コートールドは3月に救援隊が来るまで、独りで残っていると自ら買って出た、というより、そうせざるをえなかった。他のメンバーはベースキャンプに戻り、2日後には、24時間続く夜のとばりが降りてきた。

ベースキャンプではブリザードが冬の間じゅう猛威をふるった。一行はキャンプで、宴会とダンスでクリスマスを祝った。ディケンズがエスキモーの「血と脂身の家庭生活」と表現した生活に馴染んでいく者も出てきた。ジーノをはじめとして、何人かはイヌイットを「妻」にして、周囲の戸惑いをよそに、イヌイットと同じ生活をしはじめた。少なくとも、一行のうちふたりは子どもをもうけた。何度も飛行機でコートールドに物資を運ぼうとしたが、失敗に終わった。3月になった、スコットら3人が歩いてコートールドの救出に向かった。しかし、観測所はすっかり雪に埋もれていた。40日間、吹雪が続くなか、彼らは観測所を探し、コートールドが埋もれているすぐそばまで歩いていったが、彼を見つけることはできなかった。スコットがベースキャンプにもどった翌朝、悲痛な思いを胸にジーノが隊員をふたり連れて、生死はわからないがコー

デ・ハヴィランド・モス型の飛行機。イギリス北極航空路調査隊が使った。フロートかスキーが装着可能だった。ぶつかって壊れ、シベリアの松の根で尾翼を作り、エスキモーの女性がブラウスにしている素材で尾翼を覆い、修理した。

トールドの埋まっている場所を目指して出発した。コートールドはもう5カ月も独りでいることになる。3月末に、猛烈なブリザードによってテントが埋まってしまい、出口も封じられたのである。雪の中に閉じこめられて、食糧もほとんどなく、4月の末には、もうスズメの涙ほどしか残っていなかった。寒さと闇の中で、コートールドは横になって寝ていた。5月5日、朝食をとろうと雪の中で携帯コンロをつけると、火が弱くなり、消えてしまった。氷の中に閉じこめられ、独りになってから149日目だった。しかし、ジーノと仲間がすぐそばまで来ていた。彼らはなにか小さな黒い物が見えたので、そちらへと急いで行ってみた。ぼろぼろになった旗の残骸だった。すぐそばには、雪の中から通風管の先端が顔をのぞかせていた。ジーノが「だいじょうぶか？」と声をかけると、声が返ってきた。長いあいだ声を出していなかったので、かすれてはいたが、普通の男の声だった。

一行は氷におおわれた山並みをさらに調査し、船でグリーンランドの南岸をまわって、気象データとともにイングランドに帰ってくると、大喝采を浴びた。しかし、ジーノは調査を最後までやりとげるために、もう一度グリーンランドに行きたかった。翌夏にはふたたび旅路についた。1932年9月、遠征隊は飛行機が着陸できる場所を探して峡湾を調査していたが、そのころ、彼らが以前測量した雪山の上空を通る航空路を、チャールズ・リンドバーグ夫妻が初飛行を行なった。しかし、その時ジーノは、もう彼らとは一緒にはいなかった。8月20日、カヤックに乗って仲間の食糧にするアザラシを狩りに出かけ、帰らぬ人となったのである。遺体は見つからなかった。25歳だった。ジーノの死には故意だったと思われる面もあった。その数日前に、同じ場所で氷山が割れて、あやうく溺れそうになっていたのだ。スコットはのちにこの探検について取り上げ、大恐慌のイギリスにもどるというのは、ごく平凡な生活、（うまくゆけば）9時から5時までの務めにつくことであり、北極の虜になっていたジーノにとっては気の滅入る話であり、帰りたくなかったのだと言っている。

ジーノを筆頭に全員がブライズヘッド世代の若者で、ジャズとダンスが好きで、男らしさなど意に介さず、軽いのりが信条だった。彼らにとって探検は英雄気分の冒険だった。計画は無謀で、服装も非常識、持ち物に至っては現代の基準では論外だった。しかし、彼らは一致団結して凄まじい障碍を乗り越え、北極の専門家からは「人間の忍耐力の限界」といわれる状況を体験し、連れて行った犬を食べ、生き残るために共食いまで検討せざるを得なくなった。

コートールド、スコット、そしてジーノは1931年に国王に拝謁し、極地探検勲章（ポーラーメダル）を授与された（ジーノは1932年に、王立地理学会の創立者メダルも授与される）。しかし、彼らの一番の功績は、現在でも利用されている航空路に先鞭をつけたことである。

1930年、ベースキャンプでのクリスマス（中央にいるのがジーノ）。この時にはエスキモーの「妻」をもち、「現地の人と同じ生活」をして、仲間を戸惑わせる者もいた。みんながお祝いをしている時に、コートールドだけは零下30℃の厳寒の気象観測所に留まっていた。

フランシス・フレンチ

ユーリイ・ガガーリン

人類初の宇宙飛行

(1934 ~ 68)

遠い惑星への探検に参加できなくても嘆くのは
やめよう。(中略)大きな幸福が私たちのところへも
やってきた。宇宙空間への第一歩を踏み出した幸福が。後の
時代の人たちには、この幸せをうらやましいと思わせよう。
ユーリイ・ガガーリン

ユーリイ・ガガーリンは、それ以前の探検家たちとは大きくタイプが異なっている。それは宇宙飛行をした最初の人類だからというだけでなく、自分で計画を立案して実行したわけではなかったからだ。他人が可能にした探検のお客のようなものだった。しかし、人類の目と耳が初めて地球の外に飛び出したのだから、その経験は、彼が自分の手でロケットを作ったのと同様の重要性がある。

ガガーリンは1934年3月9日に、旧ソ連のクルシノで生まれた。歴史に残る偉業を成しとげるような家柄ではなかった。コルホーズで父親は大工をしていて、息子のユーリイは水道も電気も引かれていない村で育った。外界との接点はラジオしかなかった。姉とふたりの兄がいて、ユーリイは学業に精を出すよりは、大工の技術を身につけて、父親の跡を継ぐものと思われていた。

1941年、ナチスの侵攻によって、ガガーリン家の生活は一変した。前線がじわじわと迫ってきて、この地域を呑みこんで、村も村にあった価値ある物はなにもかも破壊し尽くされた。逃げる余裕もなく侵略軍に包囲され、一家はナチスによって肉体労働を強いられ、地面に穴を掘って住まざるをえなくなった。食べる物もなく、教育も受けられず、絶えず苦痛と死に脅える毎日だった。

そういうつらい子供時代を過ごしたため、ガガーリンが反抗的な若者になったのも不思議ではない。息子が大工になろうとしないので、父親は不満だった。ついに、ユーリイは両親に村を出る決意を打ち明けた。モスクワに出て、体育の勉強をしようとしたが、入学の余地はすでになかった。やむなく、製鋼所で重労働につくことにした。最終的には工業学校に入学し、そこで人生の目標を見いだすのである。町には飛行クラブがあり、飛行機の操縦にガガーリンは目覚めたのである。

飛行クラブで操縦を学ぶユーリイ・ガガーリン青年。飛行が彼にとってのいわば初恋だった。空軍のパイロットを経て、やがて宇宙飛行士に選ばれる。

宇宙へ

ガガーリンは学校をやめた。空軍の見習い飛行士になって、飛行機の操縦だけに専念したいと思ったのだ。最初の任地は北極圏にあるムルマンスクだったが、ガガーリンが望んでいたような魅力ある飛行環境ではなかった。それから1960年、謎めいた人物たちの訪問を受けた。将校らが理由もいわずに、何十人ものパイロットに面接を行なったのである。そのうち、ガガーリンはモスクワに呼び出され、健康診断を受け、ようやく理由を明かされた。彼は宇宙旅行者——つまり宇宙飛行士——として選考の対象になっている何百人もの候補者のひとりだった。

まだ宇宙飛行をした者は誰もいなかったので、選考委員たちも必要な条件を推測するしかなかった。ガガーリンはパイロットで、若く健康で精神的にも健全だった。それで条件を満たしていると判断されたのだ。最終選考に残った20名のひとりとなったが、絶対に秘密にするように厳命された。家族にさえ言えなかった。ガガーリンはモスクワ郊外の秘密の訓練施設に移され、精神力と体力の両面から厳しい訓練とテストが開始された。

最初はガガーリンをはじめ訓練を受けている全員が、準備中の秘密のロケットと宇宙船がどのような形をしているのか見せてはもらえなかった。やっと宇宙船が見られたとき、ガガーリンは非常に戸惑った。球形で、ぴかぴかの物体はどう見ても宇宙船には見えなかった。しかし、それでもガガーリンは堂々として、その仕組みを理解しようとした。その姿勢が設計者や訓練担当者らの目にとまった。彼らはもう、初めての任務を任せる候補者を絞り込もうとしていたのだ。

間もなくガガーリンが、もうひとりのパイロット、ゲルマン・チトフとともに候

1961 年 4 月 12 日、宇宙船ヴォストーク号に乗りこんだ飛行前の宇宙服姿のガガーリン。最初のテスト飛行では宇宙船は自動操縦で飛ぶので、ガガーリンは操縦装置には手を触れる必要がなかった。飛行時間は 79 分で、地球にもどってきた。

補の筆頭に出てきた。ふたりとも資格は十分で、ともに初飛行に意欲を見せていた。しかし、チトフは横柄なところがあり、教師の息子だった。ガガーリンは温厚で屈託のない性格だったから、この任務の広報活動にも適しているし、労働者階級の出身というのも、ソヴィエトの宣伝に好都合だと見られた。村の大工の息子が宇宙飛行士になるのは、共産主義体制での生活の平等を証明していると思われたのだ。

未知の世界へ

飛行のちょうど 1 週間前、ガガーリンが極秘ながら正式に宇宙飛行士に選ばれた。チトフはガガーリンの交代要員になった。1961 年 4 月 12 日の朝、ふたりは宿舎に寝ていて起こされた。宇宙服に着替えて、近くのカザフスタンの平原に設置された発射台へと向かった。そこには宇宙船ヴォストークが、ずんぐりした改良型 R-7 ロケットの先端で待っていた。

ガガーリンが宇宙船の中のソファのような乗員席に滑り込むと、ハッチが閉じられた。操縦装置をじっとみつめた。訓練で見慣れた装置だ。緊急時以外は手を触れてはならない。ガガーリンは宇宙船の操縦法を知っていたが、今回の短いテスト飛行では、すべて自動制御で行なわれる。予定の時間になると、ロケットの推進剤がエンジンの中へと流れ込み、エンジンが低い音とともに始動した。ロケットを支えている装置が外れ、ロケットはあたりの牧草地と見に来た人たちを爆音で震わせながら、上昇していった。しかし、船内のガガーリンには、わずかな振動とかすかな音しか聞こえなかった。宇宙への旅がはじまったとは感じられなかった。のちにガガーリンは、こんなふうに回想している。「もちろん緊張していました。ああいう時に、あの状況で緊張せずにいられるのはロボットしかいませんよ」。

ロケットが速度を上げるにつれて、ガガーリンの感じる振動も圧迫感も強くなったが、不快な感じはしなかった。発射から9分後、突然のショックと同時に宇宙船はロケットの最後の部分から切り離されて、静かに飛行をはじめた。無重力状態になり、ガガーリンは宇宙に出た最初の人類となった。小さな窓から外を見ると、それまで誰も見たことのない世界が見えてきた。明るい鮮やかな青い大気の帯に包まれ、くっきりとした水平線が、真っ暗な宇宙空間の中に浮かび上がっていた。大気は何色にも分かれた薄い層になっていて、ガガーリンはその美しさに胸を打たれた。

ヴォストークが静かに回転すると、ガガーリンは大洋と島々、町や森を見下ろした。絶えず宇宙船の計器を確認していた。すべて順調で、操縦装置に触れる必要はなかった。地球の夜の部分に回りこむと、みごとな日没とまばゆい日の出が目に飛びこんできた。79分で地球をほぼ一周すると、帰還の時間となった。

ソ連の畑に着地したガガーリンの宇宙船ヴォストークを回収。ガガーリンは予定通り宇宙船から飛び出して、パラシュートで無事に別の地点に着陸した。

ヴォストークの逆推進ロケットが大気圏再突入のために自動で噴射した。この時、問題がおきた。宇宙船のふたつの部分がうまく分離せず、ガガーリンはぐるぐると回転しはじめて、もう少しで気を失うほどだった。さいわい、ふたつとも分離して、回転も止まり、予定通りに宇宙船から飛び出して、パラシュートでソ連の畑の中へと降りていった。

国際的な有名人へ

ガガーリンは宇宙飛行が公けにされるや、たちまち有名人になった。ソ連では英雄として崇拝され、何カ月も世界各地をへとへとになりながら行脚した。熱狂ぶりと賛辞という点では、ビートルズにも匹敵するほどだった。ここでガガーリンの明るく温厚な性格が強みになった。宇宙船もロケットも飛行の詳細もまだ秘密だったが、ガガーリン本人はソ連の偉業の生き証人だった。飾らない魅力で冷戦時代の敵も味方も虜にし、いつも自分はふつうの人間で、大きな事業に貢献できたのは運が良かっただけだと強調した。

しかし、初めは幸福感に浸りきっていたが、それがおさまってくると、ガガーリンは広報活動に時間を使いすぎていて、訓練が不十分ではないかと不安を覚えた。訓練を積まなければ仲間に大きく後れをとり、また飛ぶことができなくなるのはわかっていた。ジェット機を操縦するために、技術学校に入り、厳しい教育課程の勉強を開始した。その課程を修了して、ジェットパイロットの訓練を、大ベテランのウラディーミル・セリョーゲン教官のもとで受けることになった。1968年3月27日、ふたりはミグ15ジェットで飛行中に、急降下から水平姿勢に移ろうとして、森に突っ込み、即死した。事故の調査から複数の可能性が示されたが、ガガーリンにもセリョーゲンにも明確な操縦ミスはなかったとされた。ジェット飛行は熾烈な競争をくり広げる事業であり、ガガーリンは夢を追っているうちに犠牲者になったのである。

ガガーリンの短く波瀾に富んだ人生は、誰でも不利な家柄や環境を乗り越えて歴史に足跡を残せる可能性があることを示した。また、大規模な探検の時代が決して終わっていないことも明らかになった。この地球の探査はまだ序の口で、これから手を伸ばして理解しなければならない新しい地平線がいくつもあるのだ。

ガガーリンの宇宙飛行を初めとするソ連の宇宙事業の成功を祝う1961年の記念ハガキ。ガガーリンは一躍有名人になり、世界中を回って、数カ国から勲章を授与された。しかし、彼はまた飛行士にもどりたいと思って、ジェットパイロットの訓練を受け始めた。

12 АПРЕЛЯ 1961 г. «ВОСТОК»
4.X.1957
3.XI.1957
15.V.1958
2.I.1959
12.IX.1959
4.X.1959
15.V.1960
19.VIII.1960
1.XII.1960
12.II.1961
25.III.1961
СЛАВА!

ジャン-ミシェル・クストー

ジャック-イヴ・クストー

潜水のパイオニア

(1910～97)

誕生と同時に、人間は両肩に重力を担っている。
大地に釘付けにされているのである。しかし、水中に
沈むだけで自由になれるのだ。水によって浮力を与えられ、
上下左右、どこにでも飛んでいける。水中では、
人間は天使になれる。
ジャック-イヴ・クストー

ジャック・クストーが最初の人魚、すなわち水中を自由に探訪し、深海の生物に迎えられ、息を呑むような映像と詩のような言葉でその世界を我々に伝え、地球の見方をすっかり変えてしまった最初の人間というのが現代の伝説になっている。クストーの伝説的な探検は、危うく命を落としかけた1936年の交通事故からはじまる。当時、彼は26歳、パイロットの訓練を受けている海軍兵学校の訓練生だった。この事故がクストーの人生を変えた。

8カ月の入院生活を経て、ふたたび歩行は可能になったが、医者から片腕を切除しなければならないと告げられた。クストーはそれを拒否して、自分で長期にわたるリハビリの計画を立てて、毎日、地中海で水泳をはじめた。泳いでいる時に、フィリップ・タイエと、水中銃の名人フレデリック・デュマに出会った。タイエは、日本で真珠取りの海女が使っている小さな水中メガネを教えてくれた。3人はリヴィエラの「海の三銃士」となり、連日泳いだり素潜りをして、目の前に広がる海中の壮観に我を忘れて夢中になった。

ひらめき

水面をのぞくと、クストーには極彩色のさまざまな魚たちが入り乱れて泳ぐようすが見えた。顔を上げると、トゥーロンの町の雑踏が目に映った。クストーには、このふたつの世界が並んで存在していることが衝撃だったという。それがきっかけで、彼は深い海の中へと潜って、長くそこにいたいと思うようになった。間もなくエミール・ガニャンと出会った。ガニャンは戦時の配給制だったフランスで、液化ブタンガスを自動車のエンジンに送る調整装置を考案した人物だった。クストーの空想はそこから広がって、その装置を使って空気をダイバーに送り込めないだろうかと考えた。クストー（すでに技術者としての教育を受けていた）とガニャンは協力して改良に改良を重ね、ついに1943年、アクアラングの開発に成功した。これが一般にスキューバ（SCUBA）の名で知られるようになった。「自給式水中呼吸装置

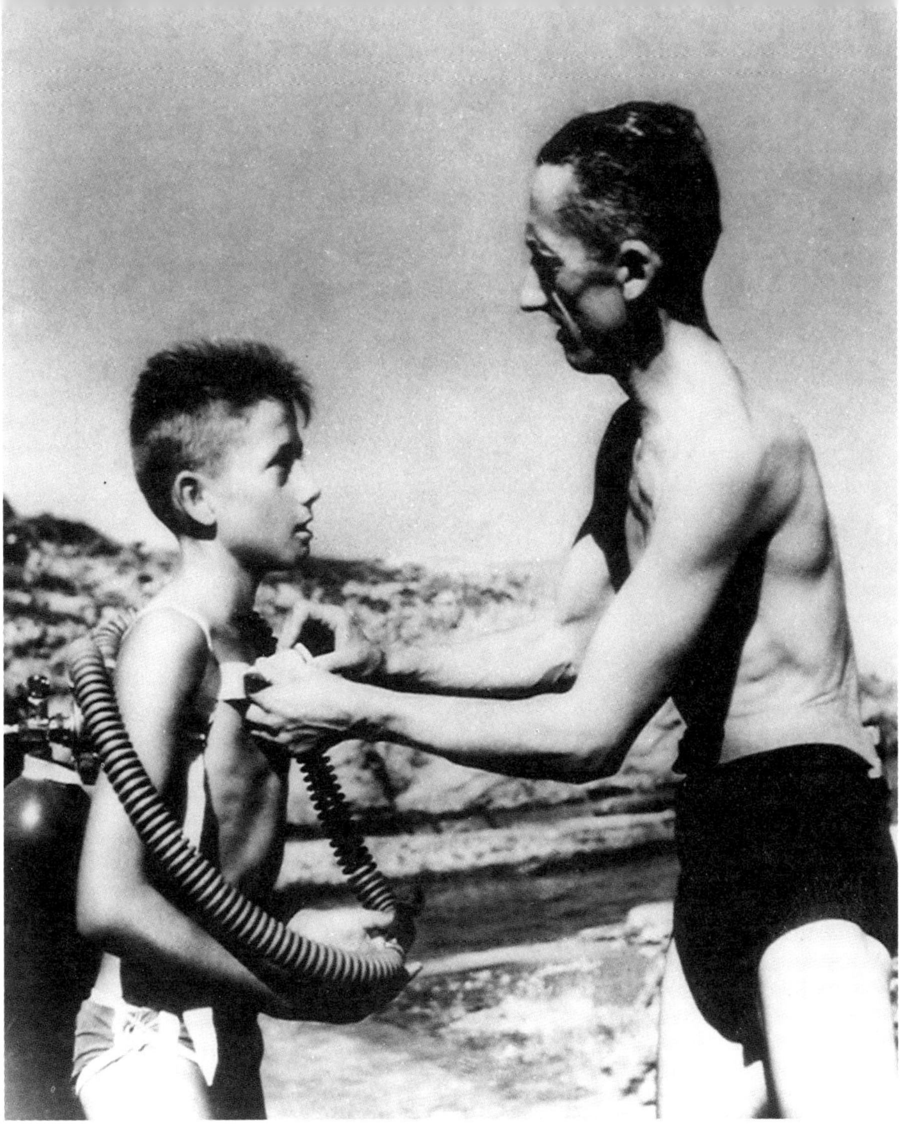

フランスのサナリーで、地中海に潜る前にクストーが 10 歳の息子ジャン–ミシェルのアクアラングを調節しているところ。クストーが共同開発したこのアクアラングは、フランスのスピロテクニーク社が商品として製作した最初の潜水用具だった。

(Self-Contained Underwater Breathing Apparatus)」の略称である。

あくなき好奇心と知力をそなえたクストーは、詩人であり、技術者であり、人を惹きつける超人的な魅力の持ち主でもあった。やがて周囲には、彼が切り開いた新分野を探検しようとする熱心な人たちが集まってきた。水圧や圧縮空気が人体にどのような影響を与えるのか、水深の限界、血栓や減圧症などについてもほとんど解明されていなかったので、スキューバによる初期の海中探査には、予想できない危険が満載であった。

飛行機の操縦など、若いころのジャック・クストーが熱をあげていたもののひとつに映画がある。間もなくクストーは、海中の世界の美しさと驚異を捉えて、世界中の人たちに見せられるように、防水カメラの製作に取りかかった。それが『クストーの海底世界』として結実した。1966年にはじまる世界初の海底ドキュメンタリーシリーズで、30年間続き、世界中の人びとに、テレビを通じて坐ったまま探検を楽しんでもらった。クストーの名は知らない人がいないほど有名になって、海洋と冒険の代名詞となった。映画製作のために、何十年も探検し、撮影し、科学的調査を行ない、啓蒙活動を続けたが、この活動はそのまま、長男のジャン-ミシェル・クストーに引き継がれている。

新機軸と発見

当初からクストーは、さらに多くを見たい、もっと深くへ行き、もっと長い時間いたいという気持ちに突き動かされていた。そのために、新たな目的にかなう新しい装備が必要となった。1950年、クストーは第2次世界大戦中の掃海艇〔機雷の探知除去を行なう〕を改造したカリプソ号の提供を受けた。匿名だったが、ギネス家が年1フランでクストーに提供したのだ。この船で彼は世界を回り、大勢の科学者を研究室から連れ出して、現実の世界の中にいる研究材料を観察させた。1950年代初めには、海中用の装備を開発して探検を学術調査と連携させるための研究施設をふたつ設立するのに助力した。

アクアラングと初期の低温用二層潜水服（ドライスーツ）を着用して潜水の準備をするテリー・ヤング（左）とジャック-イヴ・クストー（1950年）。

1952年、クストーはフランスのマルセイユ近くにあるグランコングルエで、初めて大規模な水中遺跡の調査をはじめた。何百点ものテラコッタの容器（アンフォーラ）が引き上げられ、カリプソ号の乗組員はアリストテレス時代のワインを最初に味わうことになったが、飲み頃の時期を何百年も過ぎている味だった。1954年、クストーとカリプソ号はペルシア湾での調査を依頼され、沖合に含油層を初めて発見した。1960年には、クストーの調査団が、地中海で初めて岩塩ドームの位置を確認した。岩塩ドームがあるということは下に炭化水素の存在が期待できるので、興味深い発見だった。

クストーが次の発見を目指すのは、いつも探検を人と分かち合いたいとの思いがあったからで、撮影と情報伝達に新機軸を打ち出しながら旅行が続けられた。1955年、初めて35ミリの水中スチールカメラを完成させ、「カリプソ・フォト」と名づけた。こ

クストーはスチール写真用とビデオ用の水中カメラを初めて考案した。この写真は『クストーの海底世界』のために熱帯地方の海に潜って、いつもと同じようにファインダーをのぞかず、自ら先鞭をつけたケースに収めた水中カメラで撮影しているところ。

れはニコンの水中カメラ、ニコノスの原型となったモデルである。1957年には、これも先駆的な事業となるマルセイユ沖合での水中テレビ放映を行ない、全ヨーロッパに放送された。

30年近くの間、ジャック・クストーとふたりの息子、フィリップとジャン＝ミシェルは、海底探検を世界中の視聴者に見せられる映画制作にたずさわってきた。クストーは、どうしてその場所を次の冒険に選んだのかと聞かれると、こう答えるのが有名だった。「そりゃ、そこに行ったことがないからさ」。また、何が見つかると思うかと聞かれると、「そんなことがわかっていたら、わざわざ行かないよ」。しかし、時がたつにつれて彼の調査は、目の前の現実ゆえに深刻さを増していった。

環境問題への意識

潜水をはじめたころ、クストーは核廃棄物と石油による汚染公害には断固反対の立場をとっていた。彼は地中海の環境を守るために尽力し、陸上からの海洋汚染、タンカーの原油や中途半端な沿岸開発による汚染に対して初めて警告をならした。

ドライトートゥーガス群島環境保護区で父親ジャン - ミシェルと一緒に潜るセリーヌとファビアン。海中の自然保護区を写した２時間の映画に収録されている場面。海洋環境保護は、クストー家がいわば一族伝来の財産の一つとして守り続けているもの。

クストーはカリプソ号で地中海をめぐり、支援を呼びかけ、水質調査の標準的な方法の策定を推進した。彼が発した警告は、国連環境計画のもとで「地域海計画」となって実を結び、さらに1976年には、21カ国がバルセロナ条約を締結するところとなった。このように知名度もあがり、影響力も大きくなると、責任も重くなっていったが、クストーはそれをしっかりと受け止めた。1973年、ふたりの息子ジャン–ミシェル、フィリップとともにアメリカに「クストー協会」を設立し、たちまち何十万人もの賛同者を得ている。1979年には次男のフィリップ・クストーが、水陸両用飛行機の事故で悲劇的な死を遂げたが、ジャン–ミシェルが父親をしっかりと支えに入った。

1997年に亡くなるまで、ジャック–イヴ・クストーは海との恋愛を続け、海の美しさに魅せられながらも、海に被害を与えている無知と欲望には警戒していた。問題が大きなニュースとして扱われるはるか前から、クストーは魚の乱獲、環境破壊、汚染、地球温暖化に警告を発していた。警告を発してくれたクストーを敬愛している人は大勢いるようだが、彼の愛した海の世界を護る目的達成のために迅速に結集しようとはしていない。仕事を継続する責任はジャン-ミシェルも負うことになったが、伝説の人物である父親の仕事に比べると、現実に対応しなければならない部分が多く、目立ち方は少なくなった。

遺産──そして将来へ

30年以上にわたって、ジャン-ミシェル・クストーは父親の映画制作と冒険を継続して、80本を超える作品を生み出したばかりか、クストーの訴えを大きくふくらませもした。「海洋未来協会」を創設し、「海洋探査プロジェクト」をはじめたのもジャン-ミシェルである。このプロジェクトは、科学者・教育者らのチームの指導のもとで、学生や成人に海中での冒険を体験してもらう教育的で実践的な冒険を狙っている。海洋未来協会の傘下で、この企画は現在は「環境大使」と呼ばれ、環境保護と維持を原則として、何万人もの賛同者を集めている。

ジャン-ミシェルは建築家になる教育を受けたので、クストーの思想をホテルやリゾート地の設計にも反映させている。「フィジー・リゾート」(もともとは父と息子の間で議論の的になっていた問題)が、サンゴ礁目当ての観光旅行を、環境にも配慮した文化的で健全な事業へと変革するための試みとしてはじまった。ジャン-ミシェルの革新的な設計は、観光旅行に環境意識を与え、熱帯地方のサンゴを保護する目的を担い、産業界からきわめて高い評価を得た。

クストーの伝統に則った活動となると、海の世界への新しい見方が必ず伴わなくてはならないだろう。映画制作の伝統は生き続けていて、ごく最近では「公共放送機構」がスポンサーとなって、「ジャン-ミシェル・クストー──海洋冒険」のシリーズが制作された。その第1作、「クレ島への冒険」はハワイ諸島北西部の保護をテーマとし、当時のジョージ・ブッシュ大統領が広範囲に及ぶ海洋保護区域の指定を決める転機となった。「シャチの呼び声」は、難燃性物質に使用されている有毒化学物質に対して警告の声を上げた。その有毒物質は環境を汚染し、シャチばかりか人間にも害を及ぼしているのだ。

ジャン-ミシェルのほかに、海洋探検と環境問題に熱心な孫たちも4人いる。ジャン-ミシェルの息子ファビアンと娘のセリーヌ、フィリップの娘アレクサンドラと息子フィリップの4人である。彼らはひとつの家族チームではなく、それぞれ血の中に海をもち、視野の中には未来を入れ、遺伝子には伝説の探検家のひらめきが組み込まれている4人の個人なのである。クストーは1980年の『未来世代の権利宣言』に、こう記している。「子どもや孫のためでなければ、どうして住みよい地球を守る必要があるのか」。

アンドルー・ジェイムズ・イーヴィス

地下の新世界を発見

(1948 ～)

洞窟探検のための装備品は、予備の電話機、
らっぱ型拡声器、(中略) 紐(ひも)と深度測定のために
重りを先端につけた糸、巻き尺、薬、ビンに入れたラム酒、(中略) ナイフ、
温度計、気圧計、携帯用磁石、地形をスケッチするため四角に切った紙、
鉛筆、奥で動物の死骸が腐敗している場合に焚くための
香かアルメニア紙〔香を染みこませてある〕。

エドゥアール・アルフレッド・マルテル (1898年)

若いころから私は探検ばかりしていた。後年、宇宙は近い将来のイギリスには手の届きそうにない世界であり、深海も特殊すぎることがわかったので、できそうな探検は洞窟しかなかった。1969年の夏、21歳の時に、レスター大学ノルウェー北極圏探検に参加して、ノルウェー北部で氷河の上も下も体験した。この時、洞窟探検家は私しかいなかった。氷に閉ざされた湖から1立方キロメートルの水が何時間もしないうちに吐き出されると、氷河の下にみごとな洞窟が姿を現わし、私はその氷河の下に入りこむチャンスを得たのである。

私を鼓舞してくれる偉大な英雄のひとりが、エドゥアール・アルフレッド・マルテルだった。事実上、現在の洞窟探検を確立したフランス人である。1880年代、マルテルは「洞窟学」という言葉を作り出した人物であり、世界各国の数多くの洞窟を最初に探検した人物である。1895年にヨークシャー谿谷のゲイピング・ジルに降りていったのも彼が最初である。洞窟写真の先駆者でもあり、とくに洞窟の威容を人びとの目に触れさせ、洞窟保護の必要性を訴えたのもマルテルだ。私はこれまで彼を手本にしてきた。

レスター大学を卒業すると、リーズ大学の大学院に進学するのはごく当然の流れだった。当時世界でも有数の洞窟調査クラブを擁していたからだ。私の研究テーマが採鉱学で、全国石炭庁の後援を得たのも驚くことではない。それから2年以上にわたって、採鉱しているか洞窟探検をしているか、私の地下での生活時間は少なく見積もっても半分にはなっただろう。リーズ大学には洞窟探検に情熱の炎を燃やす学生が大勢いた。デイヴィッド・ブルックとアラン・ブルックの兄弟の活躍ぶりは目覚ましく、これほどイギリスで洞窟発見の成果を挙げた者はいないだろう。

さらに遠くを目指して

1970年代の初め、私は特にフランスなどヨーロッパ各地で数多くの洞窟探検を行なった。フランス側のピレネー山脈西部にあるピエール・サン・マルタン洞窟は、当時知られている限りでは世界で最も深い洞窟だった。底部にたどり着くのは容易ではなく、1キロ以上続く険しい裂け目を降りていくと、滝の斜面がいくつも現われ、底まで行くと、水の流れが狭い割れ目の中へと吸い込まれていた。結婚後間もないころだが、私はディック・ウィリス、ポール・エヴァレットの二人と底まで降りていき、手動のドリルと爆薬を使って通り道を広げようとしていた。その時、洞窟に水があふれんばかりにどんどん入りこんできていた。ディックは急いで地上に出ようとしたが、ポールは避難場所を見つけた方が安全だという。そこで私は、ポールと一緒に滝を半分ほど上がったところにある小さな窪みに身を寄せて、55

ピレネー山脈フランス側にあるピエール・サン・マルタン洞窟の内部。川の本流はこの先で「ヴェルナ」と呼ばれる巨大な洞穴――長年、世界で最大の洞穴とされていた――へと流れこんでいく。

サラワク洞穴（チェインバー）、1984年。カメラから壁面までの距離は700メートル以上ある。ジェリー・ウルドリッジが三脚を使い、少なくとも10個のフラッシュバルブを同調させて撮影した。

時間避難していた。大水がおさまると、他の仲間たちに助けられて地上に出ることができた。さいわい九死に一生を得たのである。

この時期の洞窟探検家たちは、深さの世界記録を樹立することに憂き身をやつしていた。20年ほど前には、世界の最高峰エヴェレストが征服されていた。私の仲間たちは地図を眺めて、パプアニューギニアに世界でも最大級の石灰岩の洞窟がありそうな地域を見つけた。そこで1975年にニューギニア探検が企画されたのである。当然のことながら、デイヴ・ブルックが隊長を務め、あまり当然とはいえないが、このグループでは新参者の私が副隊長としてまとめ役を務めることになった。この時の探検では世界記録を破ることはできなかったが、洞窟内を50キロ以上探検し、24人で6カ月かけて調査を行なった。探検隊としては考え得る過ちはことごとく犯したが、「過ちを教訓にする」という点では、みごとな訓練になった。

この探検が終わると、王立地理学会から、私を含め5人の洞窟探検家がサラワク

ニューメキシコ州南東部のカールズバッド洞窟群（カヴァーンズ）。「ビッグ・ルーム」は縦 1219 メートル、横 190.5 メートル、高さ 107 メートルで、かつては世界で最大の洞穴とされていた。別名「巨人の広間（ジャイアンツ・ホール）」でも知られる。

南部でのムル探検に参加を呼びかけられた。計画がまとまってきた段階で、地理学会はその地区の洞窟が石灰岩なので、科学者を調査に加えた方がよいと判断したのだった。私はムルでの体験によって、洞窟学への関心がかき立てられた。この探検は、わずか５人の洞窟探検家とともに洞窟内を 50 キロメートル以上も調査するなど、多くの点でそれまでとは違っていた。新米のリーダーとして、特に私にとって大きな意味を持つのは、先輩リーダーたちから探検隊を組織する場合のノウハウを学べたことで、とりわけナイジェル・ウィンザーとロビン・ハンベリー-テニソンとの出会いは大きい。それまで得た経験と合わせて大きな力となり、とくに東南アジアなど遠隔地への 20 回を超える探検を指揮することができた。

ムルには発見されていない洞窟がまだまだあることは明白だったので、再調査のための探検を計画し、ベン・リオンと協力してまず第１回目の探検を行なったのちに、再度探検することとなった。1980年の調査の目的は、地図から想定される塞がった行路にムル山の反対側から入ることにあった。その後、オランダの水文(すいもん)学者ハンス・フリードリヒが小さな入り口を見つけ出した。何日もしないうちに、トニー・ホワイト、デイヴ・チェックリー、そして私の3人は、運良く独自の入り口を探り当てた。滝と早瀬をまずは泳ぎ、次いで這うようにして切り抜けて――その模様はシド・ペルーによって映画にされた――3人は丸石の山の上にたどり着いたが、暗くて自分の足下くらいしか見えなかった。壁がありそうな方へと向かい、110メートル進むと壁にぶつかった。壁伝いに2キロ近く歩いた。自分たちが巨大な空洞の壁面を手探りで歩いていることがだんだんとわかってきた。人類史上最大の洞穴を発見したのである。これがサラワク洞穴(チェインバー)で、広さはウェンブリー・スタジアム〔ロンドン北部の競技場。FAカップ決勝戦が行なわれることで有名〕の2.5倍ある。

1985年、私とトニー・ホワイト、ティム・フォッグの3人で、ニューギニア島ワメナ北部の山地を歩き回っていた。ワメナは飛行機でしか行けない世界最大の都市である。5千メートル附近で高山病になり、3人は二手に分かれて広大な土地を探索することにした。私は大勢の地元民をヘルパーに雇ったが、それぞれ部族のしきたりがあり、谷を越えるごとに新しい人手を募らなければならなかった。

何といっても悲惨だったのは、激しい雨の中、リュックサック3個と一緒に取り残されて、独りとぼとぼと歩いたことだ。ジャワから来た一人のインドネシア人に出くわしたが、彼は多少の英語がしゃべれて、「造園業」と記載された名刺を取り出したのである。高地に入るための道路が作れないか調査しているところだという。私を自分のキャンプまで連れて行き、町まで帰るための新しいヘルパーを提供してくれた。それ以来、私はイリアンジャヤ〔ニューギニア島の西半分を占める西イリアンのインドネシア語名〕に2回ほど、ちょっとした遠征をしている。風景も立地もすばらしい。赤道の南に広がる高山植物の草原、雪をいただいた丘陵地帯。政治情勢は難しく、洞窟は水文地質学の観点からはまだ若いが、発見に価することはたくさん残っている。

中国の洞窟探検以降

やっと中国旅行が公式に許可され、1985年にトニー・ウォルサムと二人で協力して貴州(クイチョウ)と広西(クワンシー)に探検に出た。どちらの地域の洞窟も我々の予想をはるかに上回る規模だった。広々とした坑道はすでに中国の人たちに踏みならされてしまって、

1985年の探検隊。中国広西の桂林にて。この地区には多くの洞窟が見られるが、これはその典型で、地元の中国民がよく訪れる場所であり、倉庫や住まいとして利用されることもあるが、難所から先には誰も行かず未踏のままになっている。

Alexandra

「中国洞窟研究計画 2002」により重慶市の「グレイト・クラック」の中を流れる川を渡る筆者。ガヴィン・ニューマンが上流へと必死に泳いでいき、防水ケースもないカメラで撮影した。

調査は困難な状況だったが、その先へ行くと、まったく手つかずの状態になっていた。

桂林では岩溶研究所の所員の方々、とくに朱学文教授と親交を結ぶことができ、教授とは「中国洞窟研究計画 2002」を立案することになった。その後、私は 10 回以上、探検隊を率いて中国にわたった。当初は南部だったが、最近は長江三峡である。長江三峡には長大な坑道、威容を誇る峡谷、地下河川が風景の中に散りばめられている。滝の水が張り出した崖の壁面を何百メートルもの高さから流れ落ち、世界でも屈指の刺戟に満ちた驚異的な地下世界を作りだしている。中国各地で探検が続けられており、現在では中国の洞窟内には中国の人たちと共に活動している西洋人の洞窟探検家の姿が絶えることはない。

1990 年と 1991 年には 20 名の探検家が中国にやってきた。飛行機の発着が可能なほど大きないくつもの洞窟を調査するためである。何百キロもの坑道が測量され、写真に収められ、科学的に調査された。1990 年代には我々が重慶市で地下の冒険に乗り出した。「大裂口（グレイト・クラック）」は幅 30 メートル、深さ 200 メートルの石灰岩の峡谷が11キロほども続く。この天坑は地下へと入りこんで、さらにその先10キロ続いて、天窓のように明かりがさしこむ場所が1カ所あるが、中国人の話では世界最大の洞窟内の渓谷だという。この天窓のところに水力発電用のトンネルが建設されていて、発電所に水を送っている。おかげで低い坑道には水がないので、道は乾いている。上流はなかなか大変である。我々は上流へと遡行を試みたが、1.5キロほど進んだところで、垂直に流れ落ちている水に足止めされた。そこはなんとか切り抜けたものの、川の流れが急で、わずかずつしか先へは進めなかった。グレイト・クラックの一端から200メートルほど垂直に降りていくと、ちょうど地下へと降りる入り口で、テントを張るには絶好の場所だった。毒蛇が跋扈しているのはいただけなかったが。

ここから下流へと向かうと、きつい地下の冒険が待っている。行く先々でロープを固定しておかなければいけない。また同じ径路でもどってこられるようにしておくのだ。白濁した川の水には無数の気泡がまじっているために浮力が小さく、厚手のウェットスーツと大きい救命胴衣を身につけていてもなお、水面から顔を出していることさえできない。それにまた、音もうるさい。ガヴィン・ニューマンと私は、上流にも下流にも誰よりも遠い地点まで行ってみたが、到達点を結ぶ距離は500メートルである。これまでこの洞窟の探検を4度試みたが、毎回、悪天候に阻まれている。本格的な探検は今後に期したい。

愚息ロバートは、私が勧めもしないのに（いや、ちょっとひきとめたかもしれない）、洞窟探検を始めた。2009年には3度目となる探検隊を率いて、2000メートルの最深世界記録を塗り替えようとクレタ島のホワイト山脈に遠征している。ロバートたちの世代には、実力を試される洞窟が数多く残っている。私の見方では、人間が入っていける世界中の洞窟のうち、これまで探検されたのは10パーセントにすぎない。イギリスの場合、氷河期に入り口が塞がれてしまったため、洞窟の半数は未だに発見されていない状況にある。2009年春、イギリスとヴェトナムの合同調査隊が、これまでわかっている限りでは世界最大の洞窟、ヴェトナムのソンドン洞窟を発見した。洞窟探検の黄金時代が到来しそうな気配である。

執筆者一覧

ROBIN HANBURY-TENISON is a well-known explorer, author, film-maker, conservationist and campaigner. Named by the *Sunday Times* in 1982 as 'the greatest explorer of the past 20 years' and in 2006, in the *Spectator*, as 'the doyen of British explorers'. He has been a Council Member, Vice-President and Gold Medallist of the Royal Geographical Society. He was the editor of *The Oxford Book of Exploration* (1993) and also of *The Seventy Great Journeys in History* (2006), published by Thames & Hudson.

DAVID BOYLE is a fellow of the New Economics Foundation and the author of a number of books on the history and future of money. He has written about the business rivalry between the early transatlantic pioneers in *Toward the Setting Sun: Columbus, Cabot and Vespucci and the Race for America* (2008).

MILES BREDIN has travelled in and written about Africa for the last 20 years. His biography of James Bruce, *The Pale Abyssinian*, was published in 2000.

BILL COLEGRAVE is a venture capitalist and publisher and has travelled in much of Central Asia. His book *Halfway House to Heaven; Unravelling the Mystery of the Source of the Oxus* (2010) follows his expedition to the Pamir and Wakhan Corridor, Afghanistan.

VANESSA COLLINGRIDGE is a writer, broadcaster and academic specializing in maritime history and the history of maps and ideas. Her historical biographies include *Captain Cook: Obsession and Betrayal in the New World* (2002), which was made into an award-winning international documentary series.

JEAN-MICHEL COUSTEAU is the eldest son of Jacques-Yves Cousteau and is an explorer, environmentalist, educator and film producer. He has produced over 80 films, received the Emmy, the Peabody Award, the 7 d'Or, and the Cable Ace Award.

DAVID EWING DUNCAN is the author of seven books published in 19 languages, including *Hernando de Soto: A Savage Quest in the Americas* (1995), the worldwide bestseller *Calendar* (1998) and the recently released bestseller *Experimental Man: What one man's body reveals about his future, your health, and our toxic world* (2009).

ANDREW JAMES EAVIS has spent over 40 years exploring caves all over the world. He is currently Chairman of the British Caving Association and President of the World Caving Organization.

FRANCIS FRENCH is the Director of Education at the San Diego Air & Space Museum, California. Among his many books and articles on space history are the award-winning *Into That Silent Sea* (2007) and *In the Shadow of the Moon* (2007), exploring the lives and flights of the earliest space explorers.

CAROLYN GILMAN is a historian of North American frontier history, whose books include *Lewis and Clark: Across the Divide* (2003), *The Grand Portage Story* (1992), *The Way to Independence* (1987) and *Where Two Worlds Meet: The Great Lakes Fur Trade* (1982). She was curator of the National Lewis and Clark Bicentennial Exhibition.

ANDREW GOUDIE is a Professor of Geography at the University of Oxford. He is a Gold Medallist of the Royal Geographical Society, and has been awarded the Mungo Park Medal of the Royal Scottish Geographical Society. He is the author of *Great Warm Deserts of the World* (2002) and *Wheels across the Desert. Exploration of the Libyan Desert by Motorcar 1916–1942* (2008).

CONRAD HEIDENREICH is Professor Emeritus of Geography at York University, Toronto. His numerous books and articles on exploration, mapping, Natives and European/Native relations of early Canada include *Huronia: A History and Geography of the Huron Indians* (1973); he was also co-editor and contributor to the *Historical Atlas of Canada*, Vol. 1 (1987).

JOHN KEAY is the author of many works on Asian history, including *The Honourable Company* (1991), *Last Post: The End of Empire in the Far East* (1997) and *The Spice Route* (2005). He also edited *The Royal Geographical Society History of World Exploration* (1991) and was the author of *Mad About the Mekong: Exploration and Empire in South East Asia* (2005).

JOHN MCALEER is Curator of 18th-Century Imperial and Maritime History at the National Maritime Museum, Greenwich. He is the author of *Representing Africa: Landscape, Exploration and Empire in Southern Africa, 1780–1870* (2010).

ALEXANDER MAITLAND is the author of numerous books, including *Speke* (1971) and *A Tower in a Wall: Conversations with Dame Freya Stark* (1982). He worked with Wilfred Thesiger on several books and edited Thesiger's anthology, *My Life and Travels* (2002), as well as writing Thesiger's official biography, *Wilfred Thesiger: The Life of the Great Explorer* (2006).

JUSTIN MAROZZI is a travel writer, historian, journalist. His first book, *South from Barbary* (2001), was an account of a journey by camel along the slave routes of the Libyan Sahara. His most recent book is *The Man Who Invented History: Travels with Herodotus* (2008).

JAMES L. NEWMAN is an Emeritus Professor of Geography in the Maxwell School at Syracuse University. His most recent books are *The Peopling of Africa: A Geographic*

Interpretation (1995), *Imperial Footprints: Henry Morton Stanley's African Journeys* (2004) and *Paths Without Glory: Richard Francis Burton in Africa* (2010).

CLARE PETTITT is Professor of Victorian Literature and Culture in the English Department at King's College London. She is the author of *Patent Inventions: Intellectual Property and the Victorian Novel* (2004), and *'Dr. Livingstone, I Presume?': Missionaries, Journalists, Explorers, and Empire* (2007).

MILBRY POLK is the Executive Director/Co-Founder of Wings WorldQuest, a non-profit organization that focuses on the discoveries of women explorers.Her books include *Women of Discovery* (with Mary Tiegreen; 2001) and *The Looting of the Iraq Museum, Baghdad* (edited with Angela Schuster; 2005).

RUSSELL POTTER is Professor of English at Rhode Island College. He has written extensively about the 19th-century fascination with the Arctic. His most recent book is *Arctic Spectacles: The Frozen North in Visual Culture, 1818–1875* (2007).

PETER RABY is an emeritus fellow and former Vice-Principal of Homerton College, Cambridge. Among his many books are *Alfred Russel Wallace: A Life* (2001) and a study of Victorian scientific travellers, *Bright Paradise* (1996). Most recently, he has edited the *Cambridge Companion to Harold Pinter* (2009).

PAUL ROSE is a television and radio broadcaster. He was the Base Commander of Rothera Research Station, Antarctica, for the British Antarctic Survey and was awarded The Polar Medal. For his work with NASA and the Mars Lander project on Mount Erebus, Antarctica, he was awarded the US Polar Medal; he was also awarded the Royal Geographical Society's Ness Award.

JOHN ROSS is a Melbourne-based journalist and publisher. He was Editor-in-Chief of *Chronicle of the 20th Century* (Australian edition, 1999) and *Chronicle of Australia* (2000). He is the author of some 20 books, including *Country Towns* (1975), *One People, One Destiny: The Story of Federation* (2001) and *Voices of the Bush* (2001).

ANTHONY SATTIN is a writer and broadcaster who specializes in Africa and the Middle East. His books include the highly acclaimed *The Pharaoh's Shadow: Travels in Ancient and Modern Egypt* (1999) and *The Gates of Africa* (2003), which tells the story of Mungo Park's employers, the African Association. His latest book is *A Winter on the Nile: Florence Nightingale, Gustave Flaubert and the Temptations of Egypt* (2010).

JEREMY SCOTT is the nephew of the explorer Gino Watkins and son of J. M. Scott, another member of the Air-Route Expedition, which is the subject of his book *Dancing on Ice* (2008).

JULES STEWART is a London-based journalist who has published four books on the British in India. His most recent work, *Crimson Snow* (2008), tells the story of the disastrous First Anglo-Afghan War. His previous books include *The Savage Border: The History of the North-West Frontier* (2007), *The Khyber Rifles* (2005) and *Spying for the Raj* (2006), the story of the Pundits.

OLIVER TOOLEY has carefully avoided any form of adventure or danger throughout his life. He became an expert on his grandfather Frank Kingdon-Ward because nobody else did, and to correct errors about him.

ROBERT TWIGGER, writer and explorer, has been described as a '19th-century adventurer trapped in the body of a 21st-century writer'. He was the first person to retrace Alexander Mackenzie's exact route, as recounted in his book *Voyageur. Across the Rocky Mountains in a Birchbark Canoe* (2006). He is the author of several other books, including *Lost Oasis: Adventures In and Out of the Egyptian Desert* (2007).

SIR JOHN URE is a former British ambassador to Cuba, Brazil and Sweden, having also served as an officer in the Cameronians in Malaya (during the Emergency) and as a diplomat in Russia (during the Cold War). He was written a dozen historical and travel books which have been widely translated, the latest being *Shooting Leave: Spying Out Central Asia in the Great Game* (2009).

RONALD WATKINS is the author of *Birthright* (1993) and *Unknown Seas: How Vasco da Gama Opened the East* (2003). He has travelled extensively throughout Central America, Europe and East Asia. He works as a writing collaborator and is the author of more than 30 books.

SUSAN WHITFIELD is the director of the International Dunhuang Project at the British Library, making available online archaeological artifacts and manuscripts from the Silk Road, including those acquired by Sir Aurel Stein. She has written many books and articles, including *Aurel Stein on the Silk Road* (2004).

ISOBEL WILLIAMS is a Fellow of the Royal College of Physicians of London. She has written the biography of Edward Wilson, *With Scott in the Antarctic. Explorer, Naturalist, Artist* (2008) and lectures on Antarctic matters.

参考文献

大海原

クリストファー・コロンブス

C. コロンブス『クリストーバル・コロンの四回の航海』、「大航海時代叢書」1、1965、岩波書店

L. カサス『インディアス史』1〜4、長南実・増田義郎訳、「大航海時代叢書」第2期21〜24、1981、1983、1987、1990、岩波書店

フェリペ・フェルナンデス＝アルメスト『コロンブス：不可能を征服した男』、永井淳訳、「大探検家シリーズ」、1977、草思社

S. E. モリスン『大航海者コロンブス：世界を変えた男』、荒このみ訳、「大航海者の世界」1、1992、原書房

Boyle, David, *Toward the Setting Sun: Columbus, Cabot and Vespucci and the Race for America* (New York: Walker Books, 2008)

Keen, Benjamin (ed. and trans.), *The Life of Admiral Christopher Columbus by his Son, Ferdinand* (London: Folio Society, 1960; 2nd ed., Brunswick, NJ: Rutgers University Press, 1992)

Taviani, Paolo E., *Christopher Columbus: The Grand Design* (London: Orbis, 1985)

ヴァスコ・ダ・ガマ

ガマ『ドン・ヴァスコ・ダ・ガマのインド航海記』野々山ミナコ訳、増田義郎注、「大航海時代叢書」1、1965、岩波書店

G. E. da アズララ『ギネー発見征服誌』、長南実訳、川田順造注、『大航海時代叢書』2、1967、岩波書店

生田滋『ヴァスコ・ダ・ガマ：東洋の扉を開く』、「大航海者の世界」2、1992、原書房

Correa, Gaspar, *The Three Voyages of Vasco da Gama, and his Viceroyalty, from the Lendas da India* (London: Hakluyt Society, 1869)

Hart, Henry H., *Sea Road to the Indies: An Account of the Voyages and Exploits of the Portuguese Navigators, together with the Life and Times of Dom Vasco da Gama, Capitão-Mór, Viceroy of India and Count of Vidigueira* (New York: Macmillan, 1950)

Howe, Sonia E., *In Quest of Spices* (London: Jenkins, 1946)

Nilakanta Sastri, K. A., *A History of South India from Prehistoric Times to the Fall of Vijayanagar* (London: Oxford University Press, 1966)

Phillips, J. K. S., *The Medieval Expansion of Europe* (Oxford: Oxford University Press, 1988)

Ravenstein, E. G. (trans. and ed.), *A Journal of the First Voyage of Vasco da Gama, 1497–1499* (London: Hakluyt Society, 1898; repr. New York: B. Franklin, 1963)

Watkins, Ronald J., *Unknown Seas: How Vasco da Gama Opened the East* (London: John Murray, 2003)

フェルディナンド・マゼラン

増田義郎『マゼラン：世界をひとつにした男』、「大航海者の世界」3、1993、原書房

Bergreen, Laurence, *Over the Edge of the World* (New York: Morrow, 2003)

Joyner, Tim, *Magellan* (Camden, ME: International Marine, 1992)

Pigafetta, Antonio, *Magellan's Voyage: A Narrative Account of the First Navigation*, trans. R. A. Skelton (New York: Dover, 1994)

ルイ-アントワーヌ・ド・ブーガンヴィル

L. A. de ブーガンヴィル『世界周航期』、山本淳一訳、「17・18世紀大旅行記叢書」2、1990、岩波書店

L. A. de ブーガンヴィル、D. ディドロ『世界周航記／ブーガンヴィル航海記補遺』、山本淳一・中川久定訳、「シリーズ世界周航記」2、2007、岩波書店

Bougainville, Louis-Antoine de, *The Pacific Journal of Louis-Antoine de Bougainville, 1767–1768*, trans. and ed. John Dunmore (London: Hakluyt Society, 2002)

Dunmore, John, *Storms and Dreams. Louis de Bougainville: Soldier, Explorer, Statesman* (Stroud: Nonsuch, 2005)

Kimbrough, Mary, *Louis-Antoine de Bougainville, 1729–1811: A Study in French Naval History and Politics* (Lewiston: E. Mellen Press, 1990)

ジェイムズ・クック

ジェイムズ・クック『太平洋探検：第1回航海〜第3回航海』1〜6（岩波文庫）、増田義郎訳、2004、2005、岩波書店

ジェイムズ・クック『南半球周航紀』、原田範行訳、「シリーズ世界周航紀」3、4、2006、岩波書店

ジョン・バロウ『キャプテン・クック：科学的太平洋探検』、荒正人・植松みどり訳、「大航海者の世界」6、1992、原書房

J. C. ビーグルホール『キャプテンジェイムス・クックの生涯』、佐藤皓三訳、1998、成山堂書店

Collingridge, Vanessa, *Captain Cook: Obsession and Betrayal in the New World* (London: Ebury Press, 2002)

David, Andrew, *The Charts and Coastal Views of Captain Cook's Voyages, Vol. 1, The Voyage of the Endeavour 1768–1771* (London: Hakluyt Society, 1988)

Kaeppler, A. L. and others, *James Cook and the Exploration of the Pacific* (London: Thames & Hudson, 2009)

Robson, John, *The Captain Cook Encyclopaedia* (London: Chatham Publishing, 2004)

Robson, John, *Captain Cook's World: Maps of the Life and Voyages of James Cook, R.N.* (Milsons Point, NSW: Random House, 2000; London: Chatham Publishing, 2001)

陸地の探検

エルナンド・デ・ソト

Duncan, David Ewing, *Hernando de Soto: A Savage Quest in the Americas* (New York: Crown, 1995)

Clayton, Lawrence A., Knight, Vernon Jones Jr. and Moore, Edward C. (eds), *The de Soto Chronicles: Expedition of Hernando de Soto to North America 1539–1543*

(Tuscaloosa: University of Alabama Press, 1993)
Hemming, John, *The Conquest of the Incas* (London: Macmillan; New York: Harcourt Brace Jovanovich, 1970)
Hudson, Charles, *Knights of Spain, Warriors of the Sun: Hernando de Soto and the South's Ancient Cheifdoms* (Athens: University of Georgia Press, 1997)

ルイスとクラーク
Ambrose, Stephen E., *Undaunted Courage: Meriwether Lewis, Thomas Jefferson, and the Opening of the American West* (New York: Simon & Schuster, 1996)
DeVoto, Bernard (ed.), *The Journals of Lewis and Clark* (Boston: Houghton Mifflin, 1953)
Gilman, Carolyn, *Lewis and Clark: Across the Divide* (Washington, DC and London: Smithsonian Books, 2003)
Ronda, James P., *Lewis and Clark Among the Indians* (Lincoln and London: University of Nebraska Press, 1984)

トマス・ベインズ
Baines, Thomas, *Explorations in South West Africa* (London: Longman & Co., 1864)
Baines, Thomas, *Journal of Residence in Africa, 1842–1853*, ed. R. F. Kennedy, 2 vols (Cape Town: 1961–64)
Braddon, Russell, *Thomas Baines and the North Australian Expedition* (Sydney: Collins, 1986)
Carruthers, Jane and Arnold, Marion, *The Life and Work of Thomas Baines* (Vlaeberg: Fernwood Press, 1995)
McAleer, J., *Representing Africa: Landscape, Exploration and Empire in Southern Africa, 1780–1870* (Manchester: Manchester University Press, 2010)
Stevenson, Michael (ed.), *Thomas Baines: An Artist in the Service of Science in Southern Africa* (London: Christie's, 1999)
Wallis, J. P. R., *Thomas Baines of King's Lynn, Explorer and Artist, 1820–1875* (London: Cape, 1941)

リチャード・バートン
リチャード・バートン『バートン版千夜一夜物語』大場正史訳、1～10＋別巻、1973、74、河出書房新社／1～11、2003、2004、筑摩書房
Brodie, Fawn M., *The Devil Drives: A Life of Sir Richard Burton* (New York: W. W. Norton; London: Eyre & Spottiswoode, 1967)
Burton, Isabel, *The Life of Captain Sir Richard F. Burton KCMG, FRGS*, 2 vols (London: Chapman & Hall, 1893)
Burton, Richard, *Selected Papers on Anthropology, Travel, and Exploration*, ed. Norman M. Penzer (London: A. M. Philpot, 1924)
Fortnightly Review, 'Richard Burton', article by Ouida (June 1906)
Lovell, Mary S., *A Rage to Live: A Biography of Richard and Isabel Burton* (London: Little, Brown; New York: W. W. Norton, 1998)

ナイン・シン
P. ホップカーク『チベットの潜入者たち：ラサ一番乗りをめざして』、今枝由郎・鈴木佐和子・武田真理子訳、2004、白水社
Barrow, Ian J., *Making History, Drawing Territory: British Mapping in India*, c. *1756–1905* (New Delhi: Oxford University Press, 2003)
Keay, John, *Explorers of the Western Himalayas, 1820–1895* (London: John Murray, 1996)
Madan, P. L., *Tibet: Saga of Indian Explorers* (New Delhi: Manohar Publishers, 2004)
Markham, Clements R., *A Memoir on the Indian Surveys* (London: Allen & Co., 1871)
Rawat, Indra Singh, *Indian Explorers of the 19th Century* (New Delhi: Ministry of Information and Broadcasting, 1973)
Waller, Derek, *The Pundits: British Exploration of Tibet and Central Asia* (Lexington: University Press of Kentucky, 1990)

ニコライ・プルジェワルスキー
ニコライ・プルジェワルスキー『蒙古と青海』上、下、田村秀文・高橋勝之・谷耕平訳、「アジア内陸叢刊」3、1939、1940、生活社
ニコライ・プルジェワルスキー『中央アジアの探検』上、下、田村俊介訳、1982、白水社
ニコライ・プルジェワルスキー『黄河源流からロプ湖へ』、加藤九祚・中野好之訳、「西域探検紀行選集」、2004、白水社
P. ホップカーク『ザ・グレート・ゲーム：内陸アジアをめぐる英露のスパイ合戦』、京谷公雄訳、1992、中央公論社
Rayfield, Donald, *The Dream of Lhasa: the Life of Nikolay Przhevalsky (1839–88), Explorer of Central Asia* (London: Elek, 1976)

ネイ・エライアス
G. モーガン『幻の探検家ネイ・イライアス』、吉沢一郎・斎藤明子訳、「ヒマラヤ《人と辺境》」1、1976、白水社
Black, C. E. D., *A Memoir on the Indian Surveys, 1875–1890* (London: India Office, 1891)
Elias, Ney (ed.), *A History of the Moghuls of Central Asia, Being the Tarikh-i-Rashidi of Mirza Muhammad Haidar, Dughlat*, trans. E. D. Ross (London: Sampson Low & Co., 1895)

フランシス・ヤングハズバンド
F. ヤングハズバンド『エヴェレスト登山記』1930、第一書房
F. ヤングハズバンド『西蔵：英帝国の侵略過程』、松山公三訳、1943、小島書店／2009、慧文社
F. ヤングハズバンド『カラコラムを越えて』、石一郎訳、「西域探検紀行選集」、2004、白水社
P. ホップカーク『ザ・グレート・ゲーム：内陸アジアをめぐる英露のスパイ合戦』、京谷公雄訳、1992、中央公論社

金子民雄『ヤングハズバンド伝：激動の中央アジアを駆け抜けた探検家』、2008、白水社
Allen, Charles, *Duel in the Snows: The True Story of the Younghusband Mission to Lhasa*. (London: John Murray, 2004)
Fleming, Peter, *Bayonets to Lhasa* (London: Rupert Hart-Davis; New York: Harper, 1961)
French, Patrick, *Younghusband: The Last Great Imperial Adventurer* (London: HarperCollins, 1994)
Seaver, George, *Francis Younghusband: Explorer and Mystic* (London: John Murray, 1952)
Verrier, Anthony, *Francis Younghusband and the Great Game* (London: Cape, 1991)

マーク・オーレル・スタイン
マーク・オーレル・スタイン『中央アジア踏査記』、沢崎順之助訳、「西域探検記行選集」、2004、白水社
J. ミルスキー『考古学探検家スタイン伝』上、下、杉山二郎ほか訳、1984、六興出版社
P. ホップカーク『シルクロード発掘秘話』、小江慶雄・小林茂訳、1981、時事通信社
Walker, Annabel, *Aurel Stein, Pioneer of the Silk Road* (London: John Murray, 1998)
Whitfield, Susan, *Aurel Stein on the Silk Road* (London: The British Museum Press; Chicago: Serindia, 2004)

河川

サミュエル・ド・シャンプラン
Biggar, H. P. (ed.), *The Works of Samuel de Champlain*, 6 vols (Toronto: Champlain Society, 1922–36)
Fischer, David Hackett, *Champlain's Dream: The Visionary Adventurer Who Made a New World in Canada* (New York: Simon & Schuster, 2008)
Heidenreich, Conrad E., 'The Beginning of French Exploration out of the St Lawrence Valley: Motives, Methods, and Changing Attitudes toward Native People', in Warkentin, G. and Podruchny, C. (eds), *Decentring the Renaissance* (Toronto: University of Toronto Press, 2001), 236–51
Heidenreich, Conrad E., 'Early French Exploration in the North American Interior', in Allen, J. L. (ed.), *North American Exploration: A Continent Defined*, vol. 2 (Lincoln: University of Nebraska Press, 1997) 65–148
Litalien, Raymonde and Vaugeois, Denis (eds), *Champlain: the Birth of French America*, (Montreal-Kingston: McGill Queen's Press, 2004)

ジェイムズ・ブルース
J. ブルース（中川久定ほか編）『ナイル探検』、長島信弘・石田由美訳、「17・18世紀大旅行紀叢書」10、1991、岩波書店
A. ムアーヘッド『青ナイル』、篠田一士訳、「ノンフィクション・ライブラリー」、1963、筑摩書房
髙知尾仁『表象のエチオピア：光の時代に』、2006、悠書館
Bredin, Miles, *The Pale Abyssinian: A Life of James Bruce, African Explorer and Adventurer* (London: Harper Collins, 2000)

アレグザンダー・マッケンジー
Gough, Barry, *First Across the Continent* (Norman: University of Oklahoma Press, 1997)
Mackenzie, Alexander, *Voyages from Montreal* (London and Edinburgh, 1801)
Morse, Eric, *Fur Trade Canoe Routes of Canada* (Toronto: University of Toronto Press, 1979)
Twigger, Robert, *Voyageur: Across the Rocky Mountains in a Birchbark Canoe* (London: Weidenfeld & Nicolson, 2006)
Woodworth, John and Flygare, Halle, *In the Steps of Alexander Mackenzie* (Prince George, BC: AMVR Association, 1989)

マンゴ・パーク
マンゴ・パーク（ロナルド・ミラー編）『ニジェール探検行』、森本哲郎・広瀬裕子訳、「世界探検全集」５、1978、河出書房新社
Boyle, T. C., *Water Music: A Novel* (Boston: Little, Brown; London: Gollancz, 1981)
Hunwick, John O. and Boye, Alida Jay, *The Hidden Treasures of Timbuktu* (London and New York: Thames & Hudson, 2008)
Lupton, Kenneth, *Mungo Park, The African Traveler* (Oxford: Oxford University Press, 1979)
Park, Mungo, *Travels into the Interior of Africa* (London: Eland, 2003)
Sattin, Anthony, *The Gates of Africa: Death, Discovery and the Search for Timbuktu* (London: Harper Perennial, 2004; New York: St Martin's Press, 2005)

ジョン・ハニング・スピーク
Burton, R. F., *The Lake Regions of Central Africa*, 2 vols (London: Longmans, 1860)
Carnochan, W. B., *The Sad Story of Burton, Speke and the Nile; Or was John Hanning Speke a Cad?* (Stanford, CA: Stanford General Books, 2006)
Maitland, Alexander., *Speke and the Discovery of the Source of the Nile* (London: Constable, 1971)
Ondaatje, Christopher, *Journey to the Source of the Nile* (Toronto: HarperCollins, 1998)
Speke, John Hanning, *Journal of the Discovery of the Source of the Nile* (London: Blackwood, 1863)
Speke, John Hanning, *What Led to the Discovery of the Nile* (London: Blackwood, 1864)

デイヴィッド・リヴィングストン
デイヴィッド・リヴィングストン『アフリカ探検記』、菅原清治訳、「世界探検全集」８、1977、河出書房新社
Helly, Dorothy O., *Livingstone's Legacy: Horace Waller and Victorian Mythmaking* (Athens: Ohio University Press,

1987)
Jeal, Tim, *Livingstone* (New Haven and London: Yale University Press, 2001)
National Portrait Gallery, *David Livingstone and the Victorian Encounter with Africa* (London: NPG Publications, 1996)
Pettitt, Clare, *'Dr. Livingstone, I Presume?'. Missionaries, Journalists, Explorers, and Empire* (London: Profile Books; Cambridge MA: Harvard University Press, 2007)
Ross, Andrew C., *David Livingstone: Mission and Empire* (London and New York: Continuum, 2006)

フランシス・ガルニエ
Carné, Louis de, *Travels on the Mekong* ('The Political and Trade Report of the Mekong Exploration Commission') (repr. Bangkok: White Lotus, 2000)
Delaporte, Louis and Garnier, Francis, *A Pictorial Journey on the Old Mekong* (vol 3 of 'The Mekong Exploration Commission Report') (repr. Bangkok: White Lotus, 1998)
Garnier, Francis, *Voyage d'exploration en Indo-Chine* (Paris, 1885); English translation: *Travels in Cambodia and Laos and Further Travels in Laos and Yunnan*, 2 vols (Bangkok: White Lotus, 1996)
Keay, John, *Mad about the Mekong: Exploration and Empire in South East Asia* (London: HarperCollins, 2005)
Osborne, Milton, *The Mekong: Turbulent Past, Uncertain Future* (New York: Atlantic Monthly Press, 2000)

ヘンリ・モートン・スタンリー
H. M. スタンリー『暗黒大陸』、宮西豊逸訳、「世界教養全集」23、1974、平凡社
ヘンリー・モートン・スタンリー『緑の魔界の探検者：リビングストン発見記』、仙名紀訳、「地球人ライブラリー」、1965、小学館
R. ホール『栄光と幻想：探検家スタンレー伝』、米田清貴訳、1977、徳間書店
Driver, Felix, *Geography Militant: Cultures of Exploration and Empire* (Oxford and Malden MA: Blackwell, 2001)
Fabian, Johannes, *Out of Our Minds: Reason and Madness in the Exploration of Central Africa* (Berkeley: University of California Press, 2000)
Jeal, Tim, *Stanley: The Impossible Life of Africa's Greatest Explorer* (London: Faber and Faber, 2007)
Newman, James L., *Imperial Footprints: Henry Morton Stanley's African Journeys* (Potomac, VA: Brassey's/Potomac, 2004)

極地の氷を目指して

フリチョフ・ナンセン
フリッチョフ・ナンセン『コーカサス紀行』、西謙一訳、1942、科學主義工業社
F. ナンセン『極北：フラム号北極漂流記』（中公文庫）、加納一郎訳、2002、中央公論新社
Nansen, Fridtjof, *The First Crossing of Greenland*, trans. Hubert Gepp (Northampton, MA: Interlink Publishing, 2003)
Shackleton, Edward, *Nansen: The Explorer* (London: H. F. & G. Witherby, 1959)

エドワード・ウィルソン
R. スコット『南極探検日誌』、中田修訳、1986、ドルフィンプレス：オセアニア出版社
A. チェリー・ガラード『世界最悪の旅：スコット南極探検隊』（中公文庫）、加納一郎訳、1944、朋文堂／2002、中央公論新社
Scott, R. F., *The Voyage of the 'Discovery'*, 2 vols (London: Smith, Elder & Co., 1905)
Williams, I., *With Scott in the Antarctic, Edward Wilson. Explorer, Naturalist, Artist* (Stroud: The History Press, 2008)
Wilson, Edward, *Diary of the 'Discovery' Expedition to the Antarctic Regions 1901–1904*, ed. Ann Savours (London: Blandford Press, 1966)
Wilson, Edward, *Diary of the 'Terra Nova' Expedition to the Antarctic 1910–1912*, ed. H. G. R. King (London: Blandford Press, 1972)

ロアール・アムンセン
R. アムンゼン『アムンゼン探検誌』、加納一郎訳、1942、朋文堂
R. アムンゼン『ユア号航海記：北極西廻り航路を求めて』（中公文庫）、長もも子訳、2002、中央公論新社
R. アムンゼン『南極点征服』（中公文庫）、谷口善也訳、2002、中央公論新社
Bomann-Larsen, Tor, *Roald Amundsen* (Stroud: Sutton, 2006)

ウォリー・ハーバート
Herbert, Wally, *Across the Top of the World* (London: Longmans, 1969; New York: Putnam, 1971)
Herbert, Wally, *The Noose of Laurels* (London: Hodder & Stoughton; New York: Atheneum, 1989)
Herbert, Wally, *The Polar World: The Unique Vision of Sir Wally Herbert* (Weybridge: Polarworld, 2007)

砂漠へ

ハインリヒ・バルト
Barth, Heinrich, *Travels and Discoveries in North and Central Africa*, repr. 3 vols (London: Frank Cass, 1965)
Boahen, A. A., *Britain, the Sahara and the Western Sudan 1778–1861* (Oxford: Clarendon Press, 1964)
Diawara, Mamadou, de Moraes Farias, Paulo Fernando and Spittler, Gerd (eds), *Heinrich Barth et l'Afrique* (Cologne: Rüdiger Köppe Verlag, 2006)
Herrmann, Paul, *The Great Age of Discovery* (New York: Harper, 1958)
Kirk-Greene, A. H. M. (ed.), *Barth's Travels in Nigeria* (London: Oxford University Press, 1962)

チャールズ・スタート

G. ブレイニー『距離の暴虐：オーストラリアはいかに歴史をつくったか』、長坂寿久・小林宏訳、1980、サイマル出版会
Cannon, Michael, *The Exploration of Australia* (Sydney: Reader's Digest, 1987)
Stokes, Edward, *To the Inland Sea: Charles Sturt's Expedition 1844–45* (Hawthorn: Hutchinson, 1986)
Sturt, C. N., *Two Expeditions into the Interior of Southern Australia, during the years 1828, 1829, 1830 and 1831*, 2 vols (London: Smith, Elder & Co., 1833)
Sturt, C. N., *Narrative of an Expedition into Central Australia during the Years 1844, 5 and 6*, 2 vols (London: T. & W. Boone, 1849)

ガートルード・ベル
G. ベル『シリア縦断紀行』1、2（東洋文庫）、田隅恒生訳、1994、1995、平凡社
J. ウォラック『砂漠の女王：イラク建国の母ガートルード・ベルの生涯』、内田優香訳、2006、ソニー・マガジンズ
Bell, Gertrude, *Amurath to Amurath* (London: Heinemann, 1911)
Howell, Georgina, *Daughter of the Desert: The Remarkable Life of Getrude Bell* (London: Macmillan, 2006); *Gertrude Bell: Queen of the Desert, Shaper of Nations* (New York: Farrar, Strauss & Giroux, 2007)
Winstone, H. V. F., *Gertrude Bell* (London: Cape; New York: Quartet, 1978)
Gertrude Bell archive: http://www.gerty.ncl.ac.uk/

ハリー・セント・ジョン・フィルビー
ハリー・セント・ジョン・フィルビー『サウジ・アラビア王朝史』、岩永博・冨塚俊夫訳、「りぶらりあ選書」、1997、法政大学出版局
Meulen, D. van der, *The Wells of Ibn Sa'ud* (London: John Murray, 1957)
Monroe, Elizabeth, *Philby of Arabia* (London: Faber, 1973)
Philby, H. St J. B., *Arabian Days* (London: Hale, 1948)
Philby, H. St J. B., *A Pilgrim in Arabia* (London: Hale, 1946)
Philby, H. St J. B., *Forty Years in the Wilderness* (London: Robert Hale, 1957)

ラルフ・バグノルド
バグノルド、ラルフ『飛砂と砂丘の理論』、金崎肇訳、1963、創造社
Bagnold, R. A., *Sand, Wind and War. Memoirs of a Desert Explorer* (Tucson: University of Arizona, 1990)
Gordon, John W., *The Other Desert War. British Special Forces in North Africa, 1940–1943* (New York: Greenwood, 1987)
Goudie, Andrew, *Wheels Across the Desert. Exploration of the Libyan Desert by Motor Car 1916–1942* (London: Silphium, 2008)
Kelly, Saul, *The Hunt for Zerzura. The Lost Oasis and the Desert War* (London: John Murray, 2002)

ウィルフレッド・セシジャー
W. セシジャー『ベドウィンの道』、篠田一士訳、ヘディン、A.、ハラー、H.、セシジャー、W.「ゴビ砂漠探検記・世界の屋根を越えて・ベドウィンの道」、1978、筑摩書房
W. セシジャー『湿原のアラブ人』、白須英子訳、2009、白水社
Maitland, Alexander, *Wilfred Thesiger: The Life of the Great Explorer* (London: HarperPress, 2006)
Philby, H. St J. B., *The Empty Quarter* (London: Constable, 1933)
Thesiger, Wilfred, *Arabian Sands* (London: Longmans Green, 1959)
Thesiger, Wilfred, *The Life of My Choice* (London: Collins, 1987)
Thomas, Bertram J., *Arabia Felix: Across the Empty Quarter of Arabia* (London: Jonathan Cape, 1932)

大地の生命

アレクサンダー・フォン・フンボルト
A. フンボルト『新大陸赤道地方紀行』上、中、下、大野英二郎・荒木善太郎訳、「17・18世紀大旅行紀叢書」第2期9、10、11、2001、2002、2003、岩波書店
D. ボッティング『フンボルト：地球学の開祖』、西川治・前田伸人訳、2008、東洋書林
Hein, Wolfgang-Hagen (ed.), *Alexander von Humboldt: Life and Work*, trans. John Cumming (Ingelheim am Rhein: C. H. Boehringer Sohn, 1987)
Kellner, L., *Alexander von Humboldt* (London and New York: Oxford University Press, 1963)

マリアンヌ・ノース
Birkett, Dea, *Spinsters Abroad: Victorian Lady Travellers* (Oxford: Basil Blackwell, 1989)
Lees-Milne, A., 'Marianne North', *Journal of the Royal Horticultural Society*, 98 (6), June 1964, 231–40
North, Marianne, *Recollections of a Happy Life*, ed. and intro. Susan Morgan (Charlottesville: University of Virginia Press, 1993; orig. ed. London: Macmillan, 1892)
North, Marianne, *Some Further Recollections of a Happy Life* (London: Macmillan, 1893)
North, Marianne, *A Vision of Eden*, ed. G. Bateman, 4th ed. (London: Royal Botanic Gardens, Kew and HMSO, 1993)
Polk, Milbry and Tiegreen, Mary, *Women of Discovery* (New York: Clarkson Potter, 2001)
Ponsonby, L., *Marianne North at Kew Gardens* (London: Webb and Bower, 1990)

アルフレッド・ラッセル・ウォレス
A. R. ウォレス『マレー諸島：オランウータンと極楽鳥の国』、宮田彬訳、1995、新思索社
A. R. ウォレス『アマゾン河・ネグロ河紀行』、田尻鉄也訳、2001、御茶の水書房

アルフレッド・ラッセル・ウォレス『ダーウィニズム：自然淘汰説の解説とその適用例』、長澤純夫・大曾根静香訳、2008、新思索社

P. レイビー『博物学者アルフレッド・ラッセル・ウォレスの生涯』、長澤純夫・大曾根静香訳、2007、新思索社

Berry, Andrew (ed.), *Infinite Tropics: An Alfred Russel Wallace Anthology* (London and New York: Verso, 2002)

Knapp, Sandra, *Footsteps in the Forest: Alfred Russel Wallace in the Amazon* (London: Natural History Museum, 1999)

Wilson, J. G., *The Forgotten Naturalist: In Search of Alfred Russel Wallace* (Kew, Victoria: Arcadia, 2000)

フランク・キングドン-ウォード

F. キングドン・ウォード『青いケシの国』、倉知敬訳、1982、白水社

F. キングドン・ウォード『ツアンポー峡谷の謎』（岩波文庫）、金子民雄訳、2000、岩波書店

Kingdon-Ward, Frank, *A Plant Hunter in Tibet* (Bangkok: White Orchid, 2006)

Kingdon-Ward, Frank, *Burma's Icy Mountains* (Bangkok: White Orchid, 2006)

Lyte, Charles, *Frank Kingdon-Ward. The Last of the Great Plant Hunters* (London: John Murray, 1989)

新次元の世界へ

ジーノ・ワトキンズ

Chapman, F. Spencer, *Watkins' Last Expedition* (London: Chatto and Windus, 1934)

Chapman, F. Spencer, *Northern Lights: The Official Account of the British Arctic Air-Route Expedition, 1930–1931* (London: Chatto and Windus, 1932)

Lindsay, Martin, *Those Greenland Days* (London: Blackwood, 1932)

Scott, J. M., *Gino Watkins* (London: Hodder & Stoughton, 1935)

Scott, Jeremy, *Dancing on Ice* (London: Old Street Publishing, 2008)

ユーリイ・ガガーリン

ユーリイ・ガガーリン『宇宙への道』（ポケット・ライブラリ）、江川卓訳、1961、新潮社

ユーリイ・ガガーリン『地球の色は青かった：宇宙飛行士第一号の手記』、朝日新聞社訳、1961、朝日新聞社

ユーリイ・ガガーリン、ウラジミール・レベデフ『宇宙への挑戦：ガガーリン大佐の遺稿』、石黒寛訳、1968、徳間書店

W. G. バーチェット、A. パーディ『宇宙船ボストーク：第1号から月計画へ』（岩波新書）、岸田順之助訳、1962、岩波書店

Burgess, Colin and Hall, Rex, *The First Soviet Cosmonaut Team: Their Lives, Legacy and Historical Impact* (New York: Springer, 2009)

French, Francis and Burgess, Colin, *Into That Silent Sea: Trailblazers of the Space Era 1961–1965* (Lincoln: University of Nebraska Press, 2007)

Hall, Rex and Shayler, David, *The Rocket Men: Vostok and Voskhod, The First Soviet Manned Spaceflights* (New York and Chichester: Springer, 2001)

ジャック-イヴ・クストー

J. Y. クストー『世界の海底に挑む』、日下実男訳、1966、朝日新聞社

J. Y. クストー、P. クストー『海のテロリスト：サメはなぜ人間を襲うのか？　その本能と習性』、森珠樹訳、「クストー・海洋探検シリーズ」2、1973、主婦と生活社

J. Y. クストー『沈黙の世界』、佐々木忠義訳、J. Y. クストー、C. F. チチェスター、K. クック「沈黙の世界、太平洋ひとりぼっち、漂流五十日」、1978、筑摩書房

J. Y. クストー、R. モーズ『偽りの楽園：クストーアマゾンの旅』、柴田都志子訳、1987、光文社

Cousteau, Jacques-Yves, *World Without Sun*, ed. James Dugan (New York: Harper & Row; London: Heinemann, 1965)

Cousteau, Jacques-Yves and Schiefelbein, Susan, *The Human, the Orchid and the Octopus* (New York: Bloomsbury, 2007)

アンドルー・ジェイムズ・イーヴィス

Brook D. B. (ed.), 'The British New Guinea Speleological Expedition, 1975', *Transactions of the British Cave Research Association*, 3, 1976

Brook, D. B., *Caves of Mulu* (London: Royal Geographical Society, 1978)

Howes, Chris, *To Photograph Darkness* (Gloucester: Alan Sutton, 1989)

Shaw, Trevor R., *History of Cave Science: The Exploration and Study of Limestone Caves, to 1900* (Sydney Speleological Society, 1992)

引用出典一覧

p. 7 C. P. Cavafy, 'Ithaca', from *Collected Poems*, trans. Edmund Keeley and Philip Sherrard (London: Hogarth Press, 1975); p. 20 quoted in F. Fernández-Armesto, *Columbus on Himself* (London: Folio Society, 1992) p. 158; p. 28 quoted in M. Kaplan, *The Portuguese: The Land and Its People* (New York: viking, 1991), p. 29; p. 32 Antonio Pigafetta, *The First Voyage Round the World, by Magellan. Translated from the accounts of Pigafetta, and other contemporary writers,* trans., with notes and introduction, Lord Stanley of Alderley (London: Hakluyt Society, 1874), p.101; pp. 33, 36, 37 Antonio Pigafetta, *Magellan's Voyage: A Narrative Account of the First Circumnavigation*, trans. R. A. Skelton (New Haven: Yale UP, 1969); pp. 40, 43 Louis-Antoine de Bougainville, *A Voyage Around the World*, trans. J. R. Forster (London, 1772); p. 46 J. C. Beaglehole (ed.), *The Journals of Captain James Cook on His Voyages of Discovery*, 4 vols (London: CUP, 1955–74), vol. II, p. 322; p. 56 James Elroy Flecker, 'The Golden Journey to Samarkand', 1913, *Collected Poems* (London: Secker & Warburg, 1916); p. 60 E. G. Bourne (ed.), *Narratives of the Career of Hernando de Soto in the Conquest of Florida as Told by a Knight of Elvas ...*, trans. Buckingham Smith (New York: A. S. Barnes & Co., 1904), Vol. 2, p. 162, www.americanjourneys.org/aj-024/; pp. 64, 69, 70 Bernard DeVoto (ed.), *The Journals of Lewis and Clark* (Boston: houghton Mifflin, 1953); p. 72 quoted in J. P. R. Wallis, *Thomas Baines of King's Lynn, Explorer and Artist, 1820–1875* (London: Cape, 1941), p. 158; p. 72 Roderick Murchison, quoted in J. P. R. Wallis, *Thomas Baines of King's Lynn, Explorer and Artist, 1820–1875* (London: Cape,1941), p. xvii; p. 72 Thomas Baines, *Journal of Residence in Africa, 1842–53*, ed. R. F. Kennedy, 2 vols (Cape Town, 1961–64), vol. 1, p. 9; p. 72 Thomas Baines, *Journal of Residence in Africa, 1842–53*, ed. R. F. Kennedy, 2 vols (Cape Town, 1961–64), vol. 1, p. 10; p. 74 Quoted in Jane Carruthers and Marion Arnold, *The Life and Work of Thomas Baines* (Vlaeberg: Fernwood Press, 1995), p. 50 and p. 171; p. 75 Thomas Baines, *The Victoria Falls, Zambesi River...* (London: Day & Son, 1865), p. 3; p. 75 RGS, JMS/2/35/a, Thomas Baines to Sir George Cathcart, 13 April 1853; p. 77 RGS, CB5/33, 'Victoria Falls of the Zambesi: A series of oil paintings'; p. 78 Thomas Baines, *Explorations in South West Africa* (London: Longmans & Co., 1864), p. 34; p. 78 Thomas Baines, *Journal of Residence in Africa, 1842–53*, ed. R. F. Kennedy, 2 vols (Cape Town, 1961–64), vol. 1, p. 1; p. 79 Murchison: RGS, CB5/33, 'Victoria Falls of the Zambesi: A series of oil paintings'; p. 79 Baines, quote in J. P. R. Wallis, *Thomas Baines of King's Lynn, Explorer and Artist, 1820–1875* (London: Cape, 1941), p. 188; p. 79 RGS, JMS/2/35/a, Thomas Baines to Sir George Cathcart, 13 April 1853; p. 80 Richard F. Burton *The Kasîdah Of Hâjî Abdû El-Yezdî* (1880); p. 83 'Discovery...' Richard F. Burton, *The Carmina of Caius Valerius Catullus* (London, 1894); p. 85 Lord Derby, quoted in *The New York Times*, 21 August 1921; p. 86 'Pay, pack, and follow', Isabel Burton, *The Life of Captain Sir Richard F. Burton KCMG, FRGS*, (London: Chapman & Hall, 1893), Vol. 2, p. 569; p. 86 'Now that I know...' Isabel Burton, *The Life of Captain Sir Richard F. Burton KCMG, FRGS*, (London: Chapman & Hall, 1893), Vol. 2, p. 442; pp. 87, 92 Sir Clements Markham, *A Memoir of the Indian Survey* (London: Allen & Co., 1871); p. 102 Francis Younghusband, *The Heart of a Continent* (London: John Murray, 1896); p. 106 quoted in Peter Hopkirk, *Foreign Devils on the Silk Road: The Search for the Lost Cities and Treasures of Chinese Central Asia* (London: John Murray, 1980); p. 116 H. P. Biggar (ed.), *The Works of Samuel de Champlain* (Toronto: Champlain Society, 1922–36); pp. 121, 123 James Bruce, *Travels to Discover the Source of the Nile* (Edinburgh: J. Ruthven, 1790); p. 130 Mungo Park, *Travels in the Interior Districts of Africa* (London, 1799); p. 136 J. H. Speke, *Journal of the Discovery of the Source of the Nile* (London: Blackwood, 1863); p. 142 David Livingstone, *Livingstone's African Journal, 1853–1856*, ed. I. Schapera (London: Chatto & Windus, 1963); p. 153 Francis Garnier, *Voyage d'exploration en Indo-Chine* (Paris, 1885); English translation 2 vols: *Travels in Cambodia and Laos and Further Travels in Laos and Yunnan* (Bangkok: White Lotus, 1996); p. 158 A. J. Mounteney Jephson, *The Diary of A. J. Mounteney Jephson: Emin Pasha Relief Expedition, 1887–1889*, ed. Dorothy Middleton (Cambridge: CUP, 1969); p. 169 Fridtjof Nansen, *Farthest North* (London: Newnes, 1898), p. 58; p. 174 R. F. Scott, *Scott's Last Expedition, Vol. I, Journals of Captain R. F. Scott* (London: Smith, Elder & Co., 1913); p. 189 Wally Herbert, *The Polar World* (Weybridge:Polarworld, 2007); pp. 196, 199, 201, 202 Heinrich Barth, *Travels and Discoveries in North and Central Africa* (London: Longman, Brown, Green, Longmans & Roberts, 1857–58); p. 204 C. N. Sturt, *Narrative of an Expedition into Central Australia during the Years 1844, 5 and 6* (London: T. & W. Boone, 1849); pp. 206, 207 C. N. Sturt, *Two Expeditions into the Interior of Southern Australia, during the years 1828, 1829, 1830 and 1831* (London: Smith, Elder & Co., 1833); p. 208 C. N. Sturt, *Narrative of an Expedition into Central Australia during the Years 1844, 5 and 6* (London: T. & W. Boone, 1849); p. 210 Gertrude Bell, Diary, 21/1/1902: Gertrude Bell Archive, Newcastle University, www.gerty.ncl.ac.uk/; p. 210 'I have known...' quoted in Georgina Howell, *Gertrude Bell: Queen of the Desert, Shaper of Nations* (New York: Farrar, Strauss & Giroux, 2007); p. 213 caption, Getrude Bell, letter, 7/3/1914: Gertrude Bell Archive, Newcastle University, www.gerty.ncl.ac.uk/; p. 214 'Confound...' quoted in Georgina Howell, *Gertrude Bell: Queen of the Desert, Shaper of Nations* (New York: Farrar, Strauss & Giroux, 2007); p. 214 'They are...' Gertrude Bell, letter, 16/8/1922: Gertrude Bell Archive, Newcastle University, www.gerty.ncl.ac.uk/; p. 215 Harry St J. Philby, *Arabian Days* (London: Hale, 1948); p. 221 R. A. Bagnold, *Libyan Sands* (London: Hodder & Stoughton, 1935); p. 222 *The Times*, 3 January 1931; p. 223 *Geographical Journal* 82, p. 120; p. 225 Wilfred Thesiger, *The Life of My Choice* (London: Collins, 1987); p. 227 Wilfred Thesiger, *Arabian Sands* (London: Longmans Green, 1959); p. 232 Francis Darwin (ed.) *The Life and Letters of Charles Darwin*, vol. 2 (New York: Basic Books, 1959), p. 422; p. 233 letter of Alexander von Humboldt to J. F. Blumenbach, June 1795; pp. 234, 235, 237, 239 Alexander von Humboldt, *Personal Narrative of a Journey to the Equinoctial Regions of the New Continent* (London: Penguin, 1995); pp. 240, 244 Marianne North, *Recollections of a Happy Life* (London: Macmillan & Co., 1892); p. 245 Marianne North, *Some Further Recollections of a Happy Life* (London: Macmillan & Co., 1893); p. 248 'should civilized man...' A. R. Wallace, *The Malay Archipelago* (London: Macmillan & Co., 1869); p. 248 'I should like...' A. R. Wallace, *My Life* (London: chapman & Hall, 1908), p. 248; p. 249 letter of A.R.Wallace to Samuel Stevens, first published in *Annals and Magazine of Natural History*, 5 February 1850; p. 250 'a good...' A. R.Wallace, *Travels on the Amazon and Rio Negro* (London: Ward Lock, 1889), p. 145; p. 250 'almost at ...' letter of Richard Spruce to John Smith, 25 December 25 (R.B.G. Kew), quoted in Peter Raby, *Alfred Russel Wallace* (London: Chatto & Windus, 2001), p. 77; p. 252 A. R. Wallace, *Contributions to the Theory of Natural Selection* (London: Macmillan & Co., 1871); pp. 253–54 A. R. Wallace to Samuel Stevens, 21 August 1856 (Cambridge University Library), quoted in Peter Raby, *Alfred Russel Wallace* (London: Chatto & Windus, 2001), p. 113; p. 254 A. R. Wallace, *The Malay Archipelago* (London: Macmillan & Co., 1869), p. 411; p. 255 A. R. Wallace, *The Malay Archipelago* (London: Macmillan & Co., 1869), p. 434; p. 263 F. Kingdon-Ward, 'The Assam Earthquake of 1950', *The Geographical Journal*, Vol. 119, No. 2 (1953), pp. 169–82; p. 266 Jeremy Scott, *Dancing on Ice* (London: Old Street Publishing, 2008); p. 267 Charles Dickens, 'The Lost Arctic Voyagers', *Household Words*, 9 December 1854, p. 392; pp. 270, 273 quoted in Kevin W. Kelley (ed.), *The Home Planet* (Reading, MA: Addison Wesley, 1988); p. 276 quoted in Ross R. Olney *Men Against the Sea* by (New York: Grosset & Dunlap, 1969); p. 282 quoted in Trevor R. Shaw, *History of Cave Science: The Exploration and Study of Limestone Caves, to 1900* (Sydney Speleological Society, 1992)

図版出典一覧

a: above; b: below

1 Courtesy of the American Philosophical Society; 2 British Library, London; 6 National Maritime Museum, Greenwich, London (BHC1932); 8, 9, 11 © Royal Geographical Society, London; 12 Scott Polar Research Institute, University of Cambridge; 13 Fridtjof Nansen/National Library of Norway, Oslo, The Picture Collection; 14 from Heinrich Barth, *Travels and Discoveries in North and Central Africa…* (London: Longman, Brown, Green, Longmans & Roberts, 1858); 17 Bibliothèque nationale de France, Paris; 18 akg-images/Gilles Mermet; 19 Georg-August-Universität Göttingen, Ethnographic Collection. Photo Harry Haase; 21a Museo Navale di Pegli, Genoa; 21b, 22 Agosto, courtesy Palazzo Tursi, Genoa; 23 Museo Naval, Madrid; 25 British Library, London; 26 © AISA; 29 akg-images; 31 The Art Archive/Science Academy Lisbon/Gianni Dagli Orti; 34-35 Biblioteca Estense, Modena; 36–37 Courtesy Lilly Library, Indiana University, Bloomington, Indiana; 39 Bibliothèque nationale de France, Paris; 41 National Library of Australia, Canberra (6045157); 43 National Library of Australia, Canberra (9454368); 44 Bibliothèque nationale de France, Paris; 45 Courtesy of Hordern House Rare Books; 46 Museum of New Zealand, Te Papa Tongarewa, Wellington; 47 © Crown Copyright and/or database rights. Reproduced by permission of the Controller of Her Majesty's Stationery Office and the UK Hydrographic Office (www.ukho.gov.uk); 48 Peter Mazell (after S. Parkinson), 'View of the great peak & the adjacent country on the west coast of New Zealand'. National Library of Australia, Canberra (8391515); 49 Natural History Museum, London; 50 National Library of Australia, Canberra (8391494); 53 Natural History Museum, London; 54 National Maritime Museum, Greenwich, London (BHC2375); 57 Reproduced with the kind permission of the Director and the Board of Trustees, Royal Botanic Gardens, Kew; 58 from Richard F. Burton, *Personal Narrative of a Pilgrimage to el-Medinah & Meccah* (London: Longman, Green, Longman, and Roberts, 1855); 59 © Royal Geographical Society, London; 61 British Museum, London; 62 Library of Congress, Geography and Map Division, Washington, D.C.; 63 Library of Congress, Washington D.C.; 65 Courtesy of the American Philosophical Society; 66 Joslyn Art Museum, Omaha, Nebraska, 1986.49.214. Gift of Enron Art Foundation; 68 Collection of the New-York Historical Society, 1971.125. Gift of the Heirs of Hall Park McCullough; 69 Joslyn Art Museum, Omaha, Nebraska. Gift of Enron Art Foundation; 71 Missouri Historical Society, St Louis, William Clark Papers, Voorhis #2. Gift of Julia Clark Voorhis in memory of Eleanor Glasgow Voorhis; 73, 74, 76, 77 © Royal Geographical Society, London; 78 Reproduced with the kind permission of the Director and the Board of Trustees, Royal Botanic Gardens, Kew; 79 © Royal Geographical Society, London; 81 from Richard F. Burton, *Personal Narrative of a Pilgrimage to al-Madinah & Meccah* (London: Tylston & Edwards, 1893); 82 from Richard F. Burton, *Goa, and the Blue Mountains; or Six Months of Sick Leave* (London: Richard Bentley, 1851); 83 National Portrait Gallery, London; 84, 85 from Richard F. Burton, *The Lake Regions of Central Africa: A Picture of Exploration* (London: Longman, Green, Longman, and Roberts, 1860); 87, 88–89 © Royal Geographical Society, London; 90–91 © The British Library Board, London (Add. Or. 3013); 92, 94 © Royal Geographical Society, London; 95, 96 from Nikolai Przhevalsky, *Mongolia i strana tangutov* (*Mongolia and the Land of the Tanguts*) (St. Petersburg: 1875); 99, 100–01 © Royal Geographical Society, London; 103 © The British Library Board, London (Mss Eur F197/674(1)); 105 © Royal Geographical Society, London; 107 The British Library, London (Stein Photo 392/23(12)); 108 © The Trustees of the British Museum, London; 111 © The British Library Board, London (Or.8210/P.2); 113 © Royal Geographical Society, London; 114 from Francis Garnier, *Voyage d'Exploration en Indo-Chine* (Paris: Hachette, 1885); 115 Yale Center for British Art, Paul Mellon Collection, USA/The Bridgeman Art Library; 117 Library and Archives Canada (NL 15316); 118 Library of Congress, Geography and Map Division, Washington, D.C.; 119 Library and Archives Canada (NL 6643); 120 John Carter Brown Library at Brown University, Providence, Rhode Island; 121 National Portrait Gallery, London; 123 Courtesy of the Lewis Walpole Library, Yale University, New Haven; 124, 125 Cushing Memorial Library and Archives, Texas A&M University; 127 National Gallery of Canada, Ottawa; 128 © Royal Geographical Society, London; 129 The National Archives, UK; 131 R. Caillé, *Travels through Central Africa to Timbuctoo*, 1830; 132, 133, 134 Courtesy Anthony Sattin; 135 National Portrait Gallery, London; 137, 139, 140, 141, 143, 144, 145, 146 © Royal Geographical Society, London; 147 from David Livingstone, *Missionary Travels and Researches in South Africa* (London: John Murray, 1857); 148, 149, 150 © Royal Geographical Society, London; 152, 155 from Francis Garnier, *Voyage d'Exploration en Indo-Chine* (Paris: Hachette, 1885); 156 Bibliothèque nationale de France, Paris; 159 Stanley Archives, collection King Baudouin Foundation, under trust of RMCA Tervuren, Belgium; 160, 161, 162 © Royal Geographical Society, London; 163 from Henry Morton Stanley, *How I found Livingstone; travels, adventures, and discoveries in central Africa; including four months' residence with Dr. Livingstone* (London: S. Low, Marston, Low, and Searle, 1872); 165 Stanley Archives, collection King Baudouin Foundation, under trust of RMCA Tervuren, Belgium; 167 © Royal Geographical Society, London; 168, 169 Fridtjof Nansen/ National Library of Norway, Oslo, The Picture Collection; 170 © Royal Geographical Society, London; 171, 173 Fridtjof Nansen/National Library of Norway, Oslo, The Picture Collection; 175 © Royal Geographical Society, London; 176, 177 Scott Polar Research Institute, University of Cambridge; 178, 179 © Royal Geographical Society, London; 180 Scott Polar Research Institute, University of Cambridge; 182, 184, 185 Photographer unknown/National Library of Norway, Oslo, The Picture Collection; 186 Fram Museum, Oslo; 187 National Library of Australia, Canberra (23814300); 188 © Bettmann/Corbis; 189, 190, 191, 192 Courtesy Herbert Collection; 194 Gertrude Bell Archive, Newcastle University; 195, 197 © Royal Geographical Society, London; 198, 200, 202, 203a, 203b from Heinrich Barth, *Travels and Discoveries in North and Central Africa…* (London: Longman, Brown, Green, Longmans & Roberts, 1858); 205 National Library of Australia, Canberra (2377285); 206 National Library of Australia, Canberra (2377287); 207 National Library of Australia, Canberra (5263644); 209, 210, 212, 213a, 213b, 214 Gertrude Bell Archive, Newcastle University; 216, 217, 218, 219, 220, 222, 223 © Royal Geographical Society, London; 226 Pitt Rivers Museum, University of Oxford (2004.130.12990.1); 227 Pitt Rivers Museum, University of Oxford (2004.130.17285.1); 229 Pitt Rivers Museum, University of Oxford (2004.130.19462.1); 231 © Royal Geographical Society, London; 234 Natural History Museum, London; 235 © Royal Geographical Society, London; 236 akg-images; 239 © Royal Geographical Society, London; 241, 242, 243 Reproduced with the kind permission of the Director and the Board of Trustees, Royal Botanic Gardens, Kew; 244 Private collection; 245, 247 Reproduced with the kind permission of the Director and the Board of Trustees, Royal Botanic Gardens, Kew; 249 Private collection. Copyright A. R. Wallace Memorial Fund; 250 Natural History Museum, London; 252 from A. R. Wallace, *The Malay Archipelago, land of the Orang-Utan and the Bird of Paradise: a narrative of travel, with studies of Man and Nature* (London: Macmillan & Co., 1869); 253, 254 Natural History Museum, London; 255, 256 from A. R. Wallace, *The Malay Archipelago, land of the Orang-Utan and the Bird of Paradise: a narrative of travel, with studies of Man and Nature* (London; Macmillan & Co., 1869); 257, 258, 260, 261, 262, 263 © Royal Geographical Society, London; 265 Robbie Shone; 267 Private collection; 268, 269 Scott Polar Research Institute, University of Cambridge; 271, 272, 273 RIA Novosti/aviation-images.com; 275 © Rykoff Collection/Corbis; 277 Private collection; 278 Popperfoto/ Getty Images; 279 Kobal Collection; 280 © Carrie Vonderhaar, Ocean Futures Society/KQED; 283 Andy Eavis; 284 Jerry Wooldridge; 285, 287 Andy Eavis; 288 Gavin Newman

索　引

ア行

カ行

索　引

サ行

タ行

索　引

ナ行

ハ行

索　引

訳者あとがき

本書はRobin Hanbury-Tenison, ed. *The Great Explorers* (London: Thames & Hudson, 2010) の全訳である。

本書は「探検」を舞台となる場所によって「海」「大陸」「河川」「南極と北極」「砂漠」の5種類に区分し、さらに主に動植物の標本採集という博物学的な目的をもった探検を「大地の生命」としてまとめ、最後に航空・宇宙・深海・洞窟での探検をひとまとめにし、都合7種類の分野から40人の探検家を取り上げた小伝集であるが、最後の洞窟探検についてはA・J・イーヴィス当人が執筆している。

本書の内容については、各執筆者が既に簡にして要を得た解説を草しているので、屋上屋を架す愚は避けるが、表記に関して二点だけ読者にご注意いただきたい。

一点目は国名・地名について。本書では「イギリス」を原則にしたが、「英国陸軍工兵隊」などのように、慣用的に「イギリス」よりも「英国」のほうがしっくりする場合にのみ原則を曲げることにした。England は「イングランド」である。

二点目はイギリスの階級制度に基づく「敬称」としての「卿（Lord）」と「サー（Sir）」について。貴族に対する尊称の'Lord' には「卿」を訳語とし、いわば文化勲章受章者のような功労者である 'baronet' と 'knight' に冠する 'Sir' には、本来訳語がないので「サー」にしてある。本書に登場する人物では、具体的に挙げると「サー・ジョゼフ・バンクス」は平民であり、ブリストル卿やソールズベリー卿は貴族である。

この単純なイギリスの階級制度を理解していない人が多いために、辞書も含めてあちこちで混乱が見られる。

最近も某全国紙の一面に毎日掲載されている「コラム」のような欄に「フィリップ・シドニー卿」さらに「シドニー卿」という表記が見られた。これはどう見ても Sir Philip Sidney を示している。そうなると、この執筆者は 'Sir' を「卿」としたのだろうが、Sir は姓（surname）にだけ冠することはできないので、「シドニー卿」はあり得ない表現である（もちろん、Sir Philip は可）。

また、やはり最近出版された英文学関係の一般書で、ディケンズの『荒涼館』を取り上げたくだりに、「貴族のレスタ・デッドロック卿」云々という一文があり、「貴族のサロン」にまで話が及んでいるが、そもそもレスタ・デッドロックは貴族ではなく、Sir Leicester Dedlock、つまり平民なので、その解説は意味をなさないことになる。

R・ハクスリー編著『西洋博物学者列伝』に続いて、今回も悠書館の長岡正博氏の緻密で鋭い後ろ楯を得られたお陰で、東北地方太平洋沖地震後の瓦礫の山を睨みながらも無事、最終締め切り日に（！）完成にまで漕ぎ着けることができた。多謝

2011年4月3日

植松　靖夫

【編著者】

Robin Hanbury-Tenison

（ロビン・ハンベリ–テニソン）

著名な探検家・著作家・映像作家・環境保護論者。『サンデイ・タイムズ』（1982年）によれば〈この20年間で最大の探検家〉である。王立地理学会の評議員・副会長で、ゴールド・メダル受賞者。*The Oxford Book of Exploration* (1993)、や *The Seventy Great Journeys in History* (Thames & Hudson, 2006) の編者。

【訳者】

植松靖夫（うえまつ・やすお）

上智大学大学院博士後期課程修了。東北学院大学教授。主要訳書にH.P. ラヴクラフト『文学と超自然的恐怖』、K. チェズニー『ヴィクトリア朝の下層社会』、K. ヒューズ『十九世紀イギリスの日常生活』、H. メイヒュー『ヴィクトリア時代ロンドン路地裏の生活誌』、G. ウェイトマン『図説・テムズ河物語』、C. ヒバート『図説・イギリス物語』、R. マンキェヴィチ『図説・世界の数学の物語』、M. ファーバー『文学シンボル事典』、U. エーコ『美の歴史』、コリン・ウィルソン『人狩り』、R. ハクスリー『西洋博物学者列伝』など。

世界探検家列伝

——海・河川・砂漠・極地、そして宇宙へ——

2011年9月15日

編著者	ロビン・ハンベリ–テニソン
翻訳者	植松靖夫
装　幀	桂川　潤
発行者	長岡正博
発行所	悠書館

〒113-0033　東京都文京区本郷 2-35-21-302
TEL 03-3812-6504　FAX 03-3812-7504
http://www.yushokan.co.jp/

2011 Printed in China
ISBN978-4-903487-49-6
定価はカバーに表示してあります